スポーツパフォーマンスの
アセスメント
競技力評価のための測定と分析

渡部一郎【監訳】

Assessments for Sport and Athletic Performance
Features 50 comprehensive tests for athletes and clients
David H. Fukuda

NAP
Limited

To Tamiko, for all of the revisions and ramblings you've endured over the years without receiving the credit you deserve. Without your love and unconditional support, this project would not have been possible and my days would certainly be incomplete.

To Brogan and Josette, I can only hope to add as much meaning to your lives as you have to mine. When we find ourselves at the bottom of a valley, we always dig in, support each other, and go for broke, so that we can enjoy the view from the top of the next peak together.

注意：すべての学問は絶え間なく進歩しています。研究や臨床的経験によってわれわれの知識が広がるに従い，各種方法などについて修正が必要になります。ここで扱われているテーマに関しても同じことがいえます。本書では，発刊された時点での知識水準に対応するよう著者・訳者および出版社は十分な注意をはらいましたが，過誤および医学上の変更の可能性を考慮し，本書の出版にかかわったすべての者が，本書の情報がすべての面で正確，あるいは完全であることを保証できませんし，本書の情報を使用したいかなる結果，過誤および遺漏の責任も負えません。読者が何か不確かさや誤りに気づかれたら出版社にご一報くださいますようお願いいたします。

Authorized translation of the original English edition,
Assessments for sport and athletic performance
by David H. Fukuda

Copyright © 2019 by David Fukuda

All rights reserved. Except for use in a review, the reproduction or utilization of this work in any form or by any electronic, mechanical, or other means, now known or hereafter invented, including xerography, photocopying, and recording, and in any information storage and retrieval system, is forbidden without the written permission of the publisher.

Photographs (interior): © Human Kinetics; Illustrations: © Human Kinetics, unless otherwise noted.

Translation copyright © 2019 by NAP Limited, Tokyo
All rights reserved.

Printing and Bound in Japan

監訳者序文

　近年のテクノロジーの発展により，スポーツ界において様々なデータが収集され，それを活用することによって競技パフォーマンスの向上が加速しています。米国のプロスポーツにおいてはその傾向が顕著であり，MLB（Major League Baseball：メジャーリーグベースボール）ではピッチャーが投じた球の回転数や打者が放った打球の角度や飛距離なども瞬時に収集され，ピッチャーや打者の評価の指標の１つとなっています。また，全米で最も人気のあるアメリカンフットボールのプロリーグ（NFL：National Football League）では，毎年ドラフトにかかりそうな有望な選手を集め，コンバインと呼ばれる測定会が行われます。ここで測定された選手の身体特性を基準の１つとして，NFLの各チームはその年にドラフトする選手を選んでいるのです。

　このようなデータが存在するおかげで，コーチはチームの方向性を定め，選手は自身の長所と短所を客観的に把握することができるのです。もしデータが存在しなければ，コーチは戦術や方針を立てるのが難しくなり，選手は何を向上・改善させればよいかわからないまま練習やトレーニングにのぞまなければならないでしょう。データは，大海原を航海中の船乗りにとってのコンパスのように，現在地と目的地を定めるための非常に重要なツールとなるのです。

　しかし，多くが困難と感じることは，データのとり方や収集したデータの扱い方です。データのとり方によってそのデータの信頼性は大きく左右されます。そのため，データを収集する際は一貫した測定方法を用いることが重要ですが，測定者が異なったり，測定環境が変わったりすることも，実際には少なくありません。また収集したデータは，統計的な処理を行ったり，標準値または他のデータと比較することで，「生きた」データとなります。さらに，それらのデータを実際に活用し，パフォーマンスの向上につなげるところまでが，アセスメントの真の目的といえるでしょう。

　本書は，より詳細な測定方法や比較対象となる標準的データだけでなく，アセスメントから得られたデータの活用方法まで，多岐にわたって詳細に解説しています。スポーツ指導者やS&Cコーチ，トレーナーの方々に，本書を測定方法の参照にするだけでなく，得られたデータから目標を定め，また，日々の選手のコンディションを把握し，最適な強度や量のトレーニングを処方するための手引書として活用いただければ幸いです。

　最後に，原書の翻訳にあたっては，嶋田あゆみさん，近江顕一さんにご協力をいただきました。また，ナップ社の亀田由紀子さんには大変お世話になりました。お三方にこの場をかりまして，心よりのお礼を申し上げます。

2019年12月

渡部　一郎

序　文

　本書の内容は，学校で使用される教科書に一般的に含まれる情報とは異なり，コーチングやフィットネスの専門家に向けて，身近で包括的なアセスメント（評価）の概要を提供するために考え出された。このプロジェクトに著者としてかかわることは非常に魅力的だったが，それは運動生理学の博士号を取得し大学で教育や研究を始めるずっと前から，私自身がコーチだったからである。

　スポーツやエクササイズのアセスメントについての本には，パーセンタイル値を含む標準的データの表が必要以上に多い。本書では異なる方向性をとり，標準的データをいくつかのカテゴリーに分け，統一された理解しやすい様式で紹介している。また別の特徴として，実施方法をわかりやすく説明し，測定のセッション間における標準化の過程を容易にするために，台本形式でそれぞれの評価方法を記述していることがある。

　私のコーチとしての経験の多くは，その成果を距離や高さ，重量，タイムなどの変化によって単純に計測することのできない競技のものであり，これらの活動におけるパフォーマンスの向上は，私の潜在的に偏った認識に基づくものだった。アセスメントをいくつかでも実施していれば，受け持った選手の成長を評価するという難しい作業に向き合う時に安心できただろう。加えて，地域でコーチとして活躍する方々，スポーツやフィットネスの活動にボランティアとして貢献している方々に対して，参加するすべての人が潜在能力を最大限に引き出しながら前向きな経験ができるようなリソースを提供することが重要である。

　米国国立医学図書館は，スポーツパフォーマンスを「身体活動のトレーニングを積んでいる人あるいは技術的に優れた人が，特定の身体活動の手順や方法を実行すること」と定義しており，それは「生理学的，心理学的，社会文化的要因の組み合わせによって」影響を受けるとしている。重要なのは，この定義がスポーツパフォーマンスをエリートレベルの選手だけのものと限定していないこと，またコーチやフィットネスの専門家が前述の影響要因において大きな役割を担うということである。さらに，スポーツパフォーマンスはトレーニングと技術の発展というスペクトルの上に存在し，このスペクトルにおいて前進するということは，非常に個人的なプロセスである。週末だけ運動する人，競技から引退した人，将来を嘱望されるエリートアスリートの卵まで，スポーツに参加するすべての人が，目標を達成する過程でアセスメントから恩恵を得るだろう。

限されたインプットによって意思決定を行うことは，ただ推測するのと同じことである。アセスメントを適切に用いることで，意思決定の過程で助けとなる有益なデータを得ることができる。例えば，選手がサッカーの試合の終盤において目に見えるほどスピードが落ちていると気づいた時，この疲労状態に陥ったのは有酸素性トレーニングが足りていないためだと推測するかもしれない。フィットネスの特性についての情報がないことから，このように即断し，有酸素性エクササイズを行うために貴重なトレーニングの時間を割いたり，通常の練習時間をさらに延長したりといった行動をとる可能性もある。しかし，有酸素性能力の測定や，運動強度や疲労度の自己申告等からなる定期的なアセスメントを実施していれば，この選手は蓄積された疲労によりスピードが落ちており，実際にはトレーニング時間を短くしたり，リカバリーを長くしたりしなければならないことに気づくかもしれない。

　この時点での有酸素性能力の測定は個人の疲労状態に影響される可能性もあるが，プレシーズンの有酸素性能力の数値と，アセスメントにより明確になった問題を改善するためのその後のトレーニングによって，コーチ陣は選手が適切にトレーニングを積んでおりトレーニング不足ではないと自信を持つことができるだろう。そして，自覚的運動強度や疲労度の評価を毎日（または毎週）行うことで，このような問題を改善するためにトレーニングセッションをどのタイミングで調節するかを見極める助けとなる。

　総合的な身体の管理，パフォーマンス，教育，健康等，主な関心がどこにあるかにかかわらず，多くのコーチとフィットネスの専門家の目的は，選手やクライアントのパフォーマンスの向上である。関心のある分野に対して科学的手法を用いるということは，複雑で時に問題を生じることもある。これは，コーチ達のミーティングの場において，新しい評価方法が提案された時に不満の声があがることから明らかである。コーチングは一種の芸術として捉えられるべきだが，定期的な数値によるフィードバックがない限り，選手やクライアントの成長は滞ってしまうだろう。特に，歴史のある種目（武術や武道等）においては，変化を起こすことは容易でなく，昔からの「今まで通りのやり方にしがみつく」考え方が残っている。しかし，私たちが選手やクライアントに対して結果を望むように，私たちも選手やクライアントに対する自身の取り組み方を評価しそれに対して柔軟になるべきである。

　多くのチームや組織において人材やリソース（資源）が縮小していく中で，コーチやフィットネスの専門家は，関心のある分野以外のことも含む幅広い業務を行わなければならないことが多い。専門的なスタッフが機器類のそろった研究室で個別にアセスメントを行うことが理想ではあるが，多くのチームや組織においては時間や人材，リソースが制限されている。このようなことから，アセスメントは競技の練習やトレーニングのセッションの中で，コーチやトレーナー，フィットネスの専門家によって行われることが多い。

アセスメントの有益性

　通常，アセスメントの結果は選手の技術や能力を見極め，適切なプレーのポジションや専門競技を決定するために用いられる。フィットネスの専門家はこれらの結果を集めることでクライアントを標準データと比較して評価することに関心があるだろうし，一方でコーチは潜在的なパフォーマンスを予測することに特に魅力を感じるだろう。アセスメントは，選手やその親，コーチに，ある特定の競技動作における特定の技術や能力の重要性を知らしめるといった，教育的な目的で用いることもできる。最近は，これらのアセスメ

ントの結果は「プリハビリテーション」【訳注：prehabilitation：外傷・障害予防を目的としたエクササイズ，後述】を用いた外傷・障害予防の指標として，また筋の非対称性を明らかにするためにも利用される。これらの分野におけるアセスメントの有益性については，後述する。

標準データとの比較

　個人や少数グループの選手のトレーニングを行う際に困難なことは，他から隔絶された状況で他と比較することなく選手の能力を判断しているということである。これは，自己満足や，基礎的な技術や身体能力の評価不足へとつながる。この難しい問題の良い例が，選手がジュニアレベルからより上のカテゴリーへと移行する時や，高校から大学へとステップアップする時である。チームで最も足の速い短距離選手が突然同じレベルの選手に囲まれてもがき苦しんだり，高校で州のチャンピオンだったレスリングの選手が大学の練習場で数年間大学での経験を積んだ同じように高校の時に州のチャンピオンだった選手たちに囲まれ圧倒されたりといった例がある。最初のケースでは，競争力をつけるためにさらにトレーニングを積んで準備をすることができたはずである。2つ目のケースでは，年上の選手と比較して潜在的に劣っている点を明確にするためにアセスメントを実施できた可能性もある。状況にかかわらず，似通った選手の標準データや過去に蓄積されたデータと比較することで，現時点での能力や目的に向けた進捗状況を明確に把握できるのである。

パフォーマンスとの関連性

　運動科学の分野では，様々な研究によって，特定の身体特性と潜在的なパフォーマンスとの関係性を明らかにしようとしている[18, 23]。このような予測は，競技や技術のレベルが高い者と低い者を区別したり，成功している選手と同様の技術を持つ者を分類したりする能力として現れる。しかし多くの場合で，これらの予測は，1つの事柄がもう一方の事柄を引き起こすということではなく，ある2つの結果が密接に関連しているという判断に基づいていることを理解しておかなければならない。おそらく，このことについて最も研究されているアセスメント方法は，有酸素性能力を測定することで持久性のパフォーマンスを予測したり，最大パワーの出力を測定することで爆発的な動作を必要とする競技での成功を予測したりすることだろう。研究室外で簡単に行うことのできるアセスメント「**フィールドテスト（field tests）**」も，特定のスポーツにおいて活躍できるかどうかについて短時間で多数の選手を評価できるという有用性のためによく研究されている。例として，より優れたサッカー選手はそうでない選手と比較して，体脂肪率が低く，有酸素性能力が高いことに加え，アジリティ（敏捷性）やスピードのアセスメントにて高いスコアを記録する傾向がある[19]。経験の長いコーチは，成功する可能性を秘めている選手を見極めるために，独自の方法を生み出していることも多い。この場合には，アセスメントのデータは，質的な評価を補強したり確認したりする補足的な役割を担いうる。

　統計学において，「**倹約性（parsimonious）**」という言葉は，最小限の情報入力で予測力を最大限にすることを表わす。この概念は「思考節約の法則」とも呼ばれ，アセスメントを計画したり導入する過程においては，手順の複雑さや実施時間に関してまず考慮されるべきである。アセスメントにおける倹約性とは，わずかなアセスメントでより多くの有用な情報を集めることができることを示す。

教育的で有益なデータ

　ある特定のトピックについて，選手や他の関係者（家族，チームメート，他のコーチやフィット

ネスの専門家）を教育したりフィードバックを与えたりする時に、アセスメントのデータは特に役立つ。子どもが幼い頃、保護者は、子どもの基本的身体測定値（身長、体重、BMI等）という形で重要なアセスメントのデータに触れ、成長曲線として示された標準データと比較することになる。こういった情報は、子どもが正常に成長しているかどうか確認するため、医療従事者や家族によって注意深く追跡される。多くの保護者は、統計について質問されるとわけがわからないといった顔をするが、自分の子どもの身長や体重がどのパーセンタイルにあり、どのくらいの体型でなければならなかったかということは教えられるだろう。同じように、体型等のアセスメントのデータを用いて、成長を目に見える形で表わしたり、意思決定の過程を後押ししたりすることができる。これは、保護者に対して、なぜこのような方法でトレーニングを行い、次にどのようなことをするかを伝える時に特に役立つのである。

選手の場合、アセスメントの結果は、トレーニングに取り組む姿勢やトレーニングに対する理解を促進する助けとなる。例えば蒸し暑い気候の時、選手は脱水状態でトレーニングに現れ、トレーニング後も適切な給水をしないことが多い[20]。尿の色を自己申告する簡易な評価によって、選手のこのような問題を視覚化することができ[1,2]、また水分補給と疲労の関係性に止まらず、サッカー選手のスプリントやドリブルといったパフォーマンスとの関係性[13]を説明する簡単な教育的セッションを行うことにより、日中やトレーニング後に水分を補給するという動機づけをすることができる可能性もある。

トレーニングプログラムの計画と修正

アセスメントは、新しいトレーニングプログラムを考えたり、現在のプログラムに修正を加えたりする時にも有用である。基準値を定めることで、個別のプログラムを作成し、適切なトレーニング目標を設定する根拠を提供することができる。例えば、体格や筋力を重視していたコーチから、スピードを重視する新しいコーチ陣が選手を引き継ぐこともあり、そのような場合に、最初のアセスメントではトレーニングで重点を置く特定の要素を明らかにする必要があるだろう。筋力対スピード、あるいは瞬発力対有酸素性能力に基づくトレーニングのグループをつくることを検討してもよいだろう。これは、アセスメントの過程で明らかになった向上させたい要素によって選手をグループ分けし、特定のトレーニングプログラムや目標を設定するという、オフシーズントレーニングの1つのオプションともなる。

最初の目標が達成された時、そのトレーニングプログラムを漸進させることができる。筋力に関しては、最初にグループ内で筋力が弱いと判断された選手が、他の選手と同等の筋力や筋持久力を達成した時、向上が必要な別の体力要素に特化するか、さらに筋力を向上させるようにトレーニングプログラムを調整してもよいだろう。一貫したアセスメントによって疲労度を監視し、休息やリカバリーを管理することもできる。疲労度を評価する方法には、運動に対する自覚的な努力度や瞬発力（跳躍高や跳躍距離等）、動作の速度（バーベルのスピード等）等の様々な項目を定期的に評価すること等がある[6,22]。例えば、トレーニングセッション前に毎回行う垂直跳びの測定結果が普段よりも低い場合、その日のトレーニング強度を下げたりプログラムを変更したりする必要があることを示している可能性がある。

外傷・障害とプリハビリテーション

「プリハビリテーション」とは、潜在的な外傷・障害のリスクを減少させるために特別に選択したエクササイズプログラムを行うことを指す[14]。様々な測定方法によって明らかになった筋の非対

称性（左半身と右半身，上半身と下半身，プッシュ動作とプル動作等）は，外傷・障害または個人の解剖学的特徴によるパフォーマンスの欠点に関連していたり，トレーニングによって引き起こされていたりする可能性がある。着地や急な減速時に，膝の外傷，特に前十字靱帯（ACL）の損傷を負いやすい選手がいる。この問題は，男性と女性の四肢のアライメントや筋の発達具合の違いに起因している可能性がある[8, 26]。ACL損傷リスクの増加につながる筋力や柔軟性の筋群間の差（大腿四頭筋優位）や下肢間の差（利き側優位），身体の部位間の差（体幹優位）は，アセスメントを用いて明らかにすることができる[7]。例えば，下半身の筋力とパワーを表わす片脚ホップテストは，筋の非対称性だけでなく，片側性の（主に片脚だけを使う）エクササイズの必要性を明らかにするためにも使うことができる[21]。さらに，このような外傷・障害の可能性を減らすために，予防的なトレーニングプログラムを組み込むこともできる。

パフォーマンスを軸にした継続的な向上

選手を管理する過程は，継続的な改善の過程として捉えるべきである。これを念頭に置き，さらに科学的手法による質の高いフィードバックに重点を置きながら，計画（plan）–実行（do）–検討（check）–改善（act）サイクル（PDCAサイクル）（図1.1）という，品質管理の分野に由来するモデル[9]を，アセスメントの重要性を表わすために用いることができる。

このサイクルにおける「計画」，「実行」，「改善」の部分は，コーチやフィットネスの専門家が伝統的に持つ，質的な強みを表わしている。「計画」は最初の戦略分析や目標設定の過程であり，「実行」はこの計画を実際に実行に移すこと，「改善」は実施したことに対する総括的な反応（手に入る情報の内容を理解したり評価すること）や調節することである。「検討」の部分は，適切なアセスメントを通して収集した確固たる量的データによって，意思決定過程へ情報を提供する形成的フィードバックをすること（入手した情報をまとめたりチェックすること）を表わす。質的な要素（観察）と量的な要素（データ）を統合したこの周期的なアプローチによって，選手のニーズだけでなく戦略的なアプローチに対する反応をも管理することができる。例えば，PDCAサイクルを用いることで，PDCAの1サイクルによって個別に調整を加えるべきか，あるいは数サイクル後にトレーニングスタッフによるトレーニング過程の変更を考慮すべきかを決めることができるだろう。

アセスメントは適切な情報に基づいた意思決定を可能にするはずである。綿密に計画され適切に選択されたアセスメントの結果は，コーチやトレーニングスタッフ，他の関係者によって，トレーニングプログラムの作成や修正のために用いることができ，また個人とチームの両方の視点から長所や短所を明らかにするためにも用いることができる。アセスメントを初めて行うにあたってよくある失敗は，追跡評価をせずに1回きりしか行わないことである。アセスメントを定期的に計画すれば，以前のパフォーマンスを超える新しい水準を打ち立て，目標を設定し，表彰する機会を設けることもできるため，これは残念なことである。

PDCAサイクルを利用する：クライアントや選手の観点

選手の観点からみると，PDCAサイクルを使うことで，トレーニングやフィットネスの向上に対して明確で，プロセス指向で，結果を基準としたアプローチをとることができる。PDCAサイクルは，選手に対して具体的な目標についての情

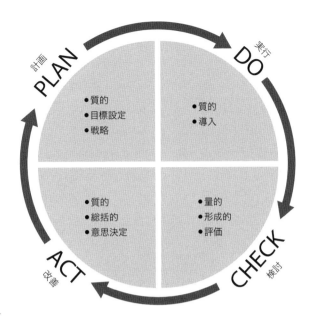

図 1.1 PDCA サイクル

報を提供し，積極的にプログラムに参加する，または意思決定プロセスに対する深い理解を得るよい機会となる。最初の面談やミーティングは，サイクルの「計画」の一部であり，目標や，選手が自覚する強みや弱みを明らかにし，最初のアセスメントの計画を説明することができる。初めてPDCA サイクルを導入する時には，「実行」と「検討」の部分を統合し，選手が自覚する強みと弱みを検証し，以前に設定した目標を達成できる可能性を確認するために，一連のアセスメント（バッテリーテスト）を実施する。「改善」の部分は，コーチやフィットネスの専門家が，量的なデータを自身の質的な観点によって評価し解釈する機会である。必要であれば，サイクルの本格的な「実行」の一部としてのトレーニングプログラムや介入が2 周目に入る前に，クライアントや選手のフィードバックをもとに「計画」部分を見直すこともできる。その後は，選手の目標に対する進捗状況を示し，トレーニングプログラムや介入の変化を促すために，定期的に「検討」を実施することができる。PDCA サイクルを継続するにつれ，さらなる変化を必要とする機会や脅威が明らかになる

かもしれない。例えば，あるアセスメントから得られたパフォーマンスのデータが一定期間変化しないのであれば，選手に対するその要素の関連性に疑問を持つべきである。

PDCA サイクルを利用する：コーチやフィットネスの専門家の観点

　コーチやフィットネスの専門家は，トレーニングプログラムや介入の作成や修正に加えて，選手の評価を容易にし，この過程で用いられるアセスメントを最適化するために，PDCA サイクルを利用することができる。具体的には，選手の重要な強みや弱みを明確にするために行う最初のアセスメント種目の選択において，対象となるスポーツや身体活動に対する自身の知識や経験を用いることができる。PDCA サイクルを使って進めていくことで，これら一連のアセスメントを，測定記録と対象となる活動の関連性が反映するように系統的に調整することができる。クライアントのフィットネス特性を新たに明らかにする新しいアセスメントを付け加えることや，別のアセスメントに入れ替えることも考慮できる。最終的に，こ

のアセスメントの組み合わせは，コーチやフィットネスの専門家が利用するカスタマイズされた一連のアセスメントとなる一方で，そこに含まれるアセスメントを微調整することもできる。コーチやフィットネスの専門家がアプローチ全体を一新してしまうことはよくみられるが，このPDCAサイクルを利用した過程の繰り返しによって，そのような潜在的な危険性を避けることができる。

選手の属性

　ある選手の集団を表わす正規分布曲線（釣鐘曲線）を頭の中に描くと，大多数が同様の運動能力やフィットネス特性を有し（典型的），比較的少数が高度な能力を（傑出），あるいは未発達の能力を（最適下）有している（図1.2）。アセスメントのアプローチと評価の過程，またはコーチやフィットネスの専門家の考え方によって，チームへの選出が検討されうる，または特定のトレーニングプログラムへの参加が考慮されうる選手が限定される。コーチはその競技の元競技者であることも多いが，高い技術や身体能力を有する傑出した個人に引き寄せられる傾向がある。確かに，こういった選手は最も簡単に目に留まるため，アセスメントの過程はこの隠れた問題を深刻化させる可能性もある。しかしアセスメントは，多くの選手がどのようにパフォーマンスを発揮しているかを見極め，以前の測定結果と組み合わせることで，最近になって向上した選手を確認することも可能にする。さらに，教育者としてのコーチのサポートが必要であったり，運動能力の測定において停滞がみられている選手を明らかにする機会を与えてくれる。これは，私たちコーチのコーチング能力を正しく発揮し，新しいあるいは独自のトレーニング介入を実施することで，自身の成長を促すことができるチャンスでもある。

　そこで，この正規分布曲線は一体何を表わしているのだろうか。コーチングを始めたばかりの頃やトレーニングを見始めたばかりの頃，私たちコーチの知識は非常に限られものだっただろう。選手が1人加わるにしたがって新しい情報が加わり，傑出した選手の定義は常に変化していく。経験を得るにしたがって知識の幅が広がり，最終的には傑出した選手，最適下の選手，大多数の典型的な選手の違いを明確に認識できるようになる。この知識の基盤は独自の正規分布曲線となり，これをもとに新しい選手達を比較することができる。標準データの美点は，常に同様の情報を与えてくれることであり，それをもとにより多くの情報に基づいた評価を行えることである。

　時には，正規分布曲線の最適下の部分に当てはまる選手の集団を受け持つかもしれない。このような場合には希望を失いがちだが，アセスメントによって測定されたフィットネス特性の多くは改善が可能であり，コーチングやトレーニングによって特定の特性を向上させることができる。実際，能力が傑出し，わずかな改善の余地しかない選手に比べ，最適下または典型的な選手の方がより簡単に改善できるともいえる。この意味で，現段階で最も発達した能力を持つ選手よりも，より大多数の改善の可能性のある選手のグループを受け持つことを検討するのは賢明だといえるだろう。このことから，選手の評価とトレーニングについて，いくつかの興味深い疑問が生じる。私たちコーチは，平均以上の選手のことを中心に考えてしまう傾向があるのか？　すべての選手に同じ種類のトレーニングが必要なのか？　これらの疑問は，向上する身体的（および精神的）な才能や能力が年齢間および同年齢内で劇的に異なる青少年年代の選手のトレーニングを行う時に，最も問題となる。この問題は，アマチュアやボランティアではなく，教える技術が高い，または技術指導経験のあるコーチやトレーナーが青少年年代のトレーニングを受け持つべきであり，管理能力の高

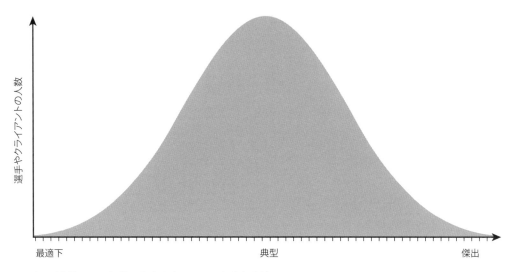

図 1.2 選手の測定結果の一般的な分布を表わした正規分布曲線

いコーチやトレーナーがより高いレベルの選手を受け持つべきであるという考え方に信頼性を与えるものである。

才能の評価と管理

このアプローチは，才能の見極め，選定，育成，移行といった過程に関して特に重要である[15, 27]。才能の見極めの際，特定のスポーツ活動にまだかかわっていない個人に対して，成功する可能性を測るためにアセスメントを用いることができる。選手が発掘されそのスポーツに引き合わされた後，そのスポーツに特異的なさらなるアセスメントが，発達段階または競争的な状況において選手を振り分ける際に重要となる。身体能力が特に発達した選手はこの過程によって見極められるが，最初に参加したスポーツを継続しないのであれば，他のスポーツ活動への移行や紹介も選択できる。このコンセプトは青少年年代の発達に直接的に応用できる。一定期間ごとに縦断的にデータが収集されれば，コーチや他の関係者が，このような選手に長期的な影響を及ぼす可能性のある決断を下す際に用いることができる。

才能の発掘と選手の選定

才能の発掘については，大人数の集団において，一般的なフィットネス特性と身体能力を評価する目的でアセスメントが用いられる傾向がある[23]。このようなアセスメントの対象者は，まだ特定のスポーツや身体活動に参加していないため，その結果は，特定の目標や結果の成功や達成を予測する，あるいはより適切に表現をするとそのような目標や結果と「関連性が高い」ものとなる。この過程は，個人の興味と能力を競技機会とより早期に引き合わせるためのものである。選手の選定では，成功している選手やスポーツに特異的なスキルのすでに知られている特徴を考慮したより特異的なアセスメントを行い，それによって個人を適切な育成計画へと導くことができる[11]。つまり，アセスメントは才能の発掘と選手の選定において重要な情報を提供する。その情報は，長期的な意思決定の過程のみならず，選手のスポーツにおける将来的な経験にも大きな影響を与える可能性が高い。

選手の育成

選手の育成過程では，成熟過程を通して青少年

年代の選手の成長を追跡するためにアセスメントが用いられることがある[10, 12]。個々の選手を年齢別の標準データと比較することで、様々な身体的要素について早熟型か、平均型か、晩成型かを判定することができる。青少年年代の選手のフィットネス特性は大きく変化するが、この変化が起こる年齢やどれだけ急速に変化するかは個人によって劇的に異なるということを、この年代の選手とかかわる時には理解していなければならない。小児の運動生理学者の間で使われる慣用句として「子どもは小さな大人ではない」という言葉がある。しかし、無作為に選ばれた11～14歳の青少年年代の選手2人は、身体的および生理的に同様の差異を示すという議論もできる。これらの違いは、コーチやトレーナに、選手のニーズに応じてトレーニングやアセスメントの過程を管理し、またスポーツ活動からの脱落を最小限にするように促すうえで重要である。特に、発達途上の選手は青少年期にぎこちない動作（adolescent awkwardness）を経験することもあり、筋力やパワーの向上に集中する前に基本的な運動技能（または動作パターン）を学習し直す必要があるかもしれない[10, 17]。成人では、アセスメントは、競技レベルに特異的な才能の発達過程や個々のキャリアに対するインプットを与えることができる。

才能の移行

才能の発掘や選手の選定のコンセプトは、才能を移行する目的で行う評価を通じて、元々の目標に向かって前進できなかった選手の集団に対して応用することもできる。才能の移行の興味深い例として、オーストラリア国立スポーツ研究所が行うスポーツドラフト（Sports Draft）がある[3]。スポーツドラフトとは、重点的なコーチングや技術的なトレーニングがスピード、パワー、アジリティ等の特定の身体的スキルと組み合わさった時、格闘技やパドルスポーツにおいて才能を開拓できないかを検討する試みである。このアプローチは過度に野心的にみえるかもしれないが、より一般的な才能の移行の例として、陸上競技のスプリンターがボブスレーで成功したり、体操選手がエアリアル競技において秀でたりといったことが挙げられる。コーチやフィットネスの専門家の知識は、才能の移行を判定する目的でアセスメントを用いる場合に、特に重要となってくる。

アセスメントの導入

アセスメントの過程は、コーチやフィットネスの専門家の観点と、選手管理の観点の両方から考えられるべきである。コーチやフィットネスの専門家に対する選手のニーズを明らかにするために、最初にこのアプローチを用いることが特に有益となるだろう。

コーチやフィットネスの専門家は、単にアセスメントを導入すること自体を目的としてアセスメントを導入することを避けるべきであり、以下の疑問への答えを用意しておかなければならない。つまり、アセスメントから何を得たいのか、また、得られたデータによって選手を目標に対して向上させることができるのか、という疑問である。ニーズに基づくアプローチによって、不必要なアセスメントやそれに関連したリソースの影響を最小限にすることができるだろう。さらに、対象の選手は、データの収集ではなく、付加価値のある意思決定によって促進される継続した向上に集中することができる。そこで、この節の意図として、基礎的な知識は豊富にあるにもかかわらず、不慣れなこと、物事を複雑にしたくないということ、コミットすることに対する恐れ、通常業務から外れる等といった理由から、アセスメントを行うことをためらいがちなコーチやフィットネスの専門家の視点から、考慮すべき事項を示していく。

> ### アセスメントの結果による動機づけ
>
> アセスメントは，現実的な目標を設定し達成する過程を通して，モチベーションを与えるために用いることができる。レジスタンストレーニングにおいては，ウエイトリフティングの数種目の総重量のレベルを表わす 250 kg グループや 500 kg グループといったエリートのステータスを持つグループへの加入ということが，選手の動機づけになることもある。同様のグループは，スピード（50 m 走を 6 秒以下）や持久力（1,500 m 走のタイムが 4 分半または 5 分半以下）にも使われることがある。しかしこのような方法は，選手によっては，達成不可能な目標設定という意図しない結果につながることもある。高いレベルから初心者や低いレベルまで，多様な対象に対するより適切なアプローチとは，現実的な改善率に基づくより個別化した目標設定だろう。チーム等の集団の環境では，アセスメントにおいてある特定の結果を達成しようとすることは，チームや集団のリーダーを特定したり，確立したりする助けとなることもある。

リソースと潜在的な障害

必要なリソースを明確にするために，まず最初に評価する選手の数を明確にしなければならない。特定の期限の中でチーム全体（あるいは複数のチーム）を評価する場合と，一握りの選手を分散的に評価する場合とでは，必要なリソースが劇的に異なる。例えば，サッカーのキーパーやアメリカンフットボールのタイトエンドのグループに対する垂直跳びの測定は，最低限の施設でトレーニングセッションの初めに簡単に行うことができるが，チーム全体に対する有酸素性能力や最大筋力の測定は，フィールドや体育館，ウエイトルーム全体を使用する必要がある。コーチや選手の関係者によってアセスメントが導入されるには，多くの障害が存在するのである。主な懸念として，財源や専門性，時間等があるが，現在は安価で簡単なものから複雑で多くの時間がかかるものまで，数多くのアセスメントが考案されている。適切な評価システムの導入は，選手とコーチや専門家両方のニーズや能力，さらに考えられる障害を明確にすることで，能率的に行うことができる。

実施可能なアセスメントの幅と厚み

通常，アセスメントは，身体のサイズ，体組成，柔軟性，バランスといった身体計測値に加え，スピード，アジリティ，筋力といったパフォーマンスの数値を評価することに適しているが，心臓血管系やパワー発揮に関する機能的な能力も評価できる。これらの機能的な分野 1 つひとつにおいて，目的とする活動やある特定の動作パターンに重点を置くために特定のアセスメントを用いることができるだろう。アセスメントは，定期的な個人の評価（自覚的運動強度，疲労，筋痛等）や健康に関する数値（心拍数，体組成等）を通じて選手の状態をチェックすることにも利用することができる。フィットネス特性，機能性や健康に関する数値にかかわる様々なアセスメントの中からどれを選ぶか，または特定の分野についてさらに掘り下げるかどうかといった判断は，選手のニーズに応じたコーチやフィットネスの専門家による裁量次第である。

特異性の偏重

前述したように，競技やトレーニングの環境に類似した環境で測定を行うことに利点があることから，測定方法もスポーツ特異的なものが理想的だろうという提案がされることもある。しかし，有用なデータの収集と特異性とのバランスをとろうとすると，綿密に設計された測定環境が必要となり，多くのフィットネスの専門家にとっては簡単に利用することができず，あまり役に立たないものである。そのような例として，アイスホッケー

選手のスピード，斜度，方向のコントロール能力を評価するためのスケートを履いて使用するトレッドミルや，視覚運動能力を評価するための没入型のバーチャルリアリティ装置が挙げられる。これらは管理された研究室の環境が必要であり，独自の経験と知識を持つコーチやフィットネスの専門家は，本書で紹介するような導入への障害が少ないアセスメントを選択するとよいだろう。

コーチやフィットネスの専門家の基礎知識

アセスメントの導入を成功させるために不可欠なものの1つとして，コーチやフィットネスの専門家によるアドバイスや指導がある。選手のニーズ，スポーツや身体活動の必要要素，導入の際の潜在的な制限については，コーチやフィットネスの専門家の目を通して考慮される必要がある。これらの分野においては，個人的，専門的な経験によって得た知識が，アセスメントの立案や実施後の効果を増大することができる。このような意味で，アセスメントが適切に導入された時には，コーチやフィットネスの専門家の知識や技術の延長であると考えられる。

導入に対する制限要素

ニューウェル（Newell）の三角形は「活動の最適な協調性とコントロール」を表わすために一般的に用いられる[16, 24]。このアプローチは，人間の動作や意思決定に関する個人，課題，環境面の制約を特定することを通して，伝統的に教育に応用されてきた一方で，本章の最終節で説明するように，SWOT分析を介することでアセスメントの導入に関する枠組みやアウトラインを開発するためにも用いることができる。この過程におけるコーチやフィットネスの専門家の個人的な影響を反映する個人面での制約には，アセスメントに関する専門性，自己啓発の欲求，創意，柔軟性，取り組みへの姿勢等がある。アセスメントの性質を反映する課題面の制約には，興味のある身体活動やスポーツ，使用する測定法が研究室ベースかフィールドベースか，スポーツ特異的あるいは一般的なフィットネス要素を測定したいという欲求等がある。アセスメントの導入に影響する環境面の制約は，人材や外的サポート（管理者，家族や後援会），選手の意欲，資金や時間等のリソースの利用可能性に関係する。

持続可能性

長期的な成功を確実にするためには，明確なタイムラインを決めなければならない。評価する必要のある選手の数や選択したアセスメントを実行するための時間等を考慮した後，複数のアセスメント実施日を決定するべきである。この過程を始める日程として合理的なのは，特定のトレーニングが始まる前，あるいはシーズンが始まる前の時期だろう。前述したとおり，1回のアセスメントを実行するだけでも重要な情報が得られるが，本当のメリットは数回繰り返さなければわからない。したがって，進捗を評価したり意思決定を容易にしたりするために，あるトレーニングプログラムを一定期間行った後や，シーズンの途中またはシーズン後に，追跡（フォローアップ）アセスメントのセッションを計画するべきである。

予算の検討

財源や使用できる施設や器具等を含め，予算はアセスメントを実施するにあたっての制限因子になりかねない。しかし選手のアセスメントは，必ずしも研究室やウエイトルーム等の施設で実施しなければならないということはない。選手を実際の競技や練習環境に近いところで評価することが理想的だという議論もある。金銭的な懸念は，予期せぬ出費や労力がかかりかねない測定器具についてもあるかもしれない。このような一般的な障

害は，先進的技術を使った機器やソフトウェアの利用や，スポーツ科学プログラムをメディアがセンセーショナルに伝えること，そして結果を過度に複雑にしてしまうことによって，悪化することもある。例えば，GPS（global position system）や環境センサーを内蔵した代謝を分析するウェアラブルデバイスは，選手の有酸素性能力を測定するために使うことができるが，単純なタイムの測定システムを用いた間欠性のシャトルランテストと気象情報でも同様の情報を得ることができ，さらに複数の選手を一度に測定できるというおまけもつく。

SWOT 分析

コーチやフィットネスの専門家がアセスメントを新たな手法の1つとして取り入れることに価値があるかどうか見極めるために，まずは実施による反響やアセスメント自体の情報を集める作業をする必要があるだろう。そこで，SWOT（strengths, weaknesses, opportunities, threats：強み，弱み，機会，脅威）分析の枠組み[4, 5, 25]は，アセスメント導入の実効性を確認する助けとなるだろう。

SWOT 分析では，個人が特に卓越していること（強み）や，欠点が明らかなところ（弱み）という内的要因を特定し，次にアセスメント導入による利益（機会）と障害（脅威）という外的要因の特定も含めてコーチや専門家の現在の状況の評価と組み合わせるのである。以下の一般的な分析は，ここで述べたSWOTの要因をいくつか用いて，典型的なコーチやフィットネスの専門家がアセスメントプログラムを導入することでどのようにステップアップできるかを明らかにする。

SWOT に関係する内的および外的要因

コーチやフィットネスの専門家がアセスメントの導入を考慮する時，この取り組みを行うことで余計な時間をとられ，トレーニングに集中できなくなる可能性を考えて，躊躇するかもしれない。アセスメントを事前に理解できていないことからくる未知への恐怖は，アセスメントの潜在的な利益を削減してしまう。アセスメント導入におけるこれらの「弱み」は，選手のことをよく把握できていることや，スポーツや身体活動についての知識が豊富にあるといった「強み」と比較する。

アセスメントの導入にあたって必要なコーチやトレーニングスタッフといった人材，さらには技術的な専門性等のリソースが使用可能かどうかという潜在的な「脅威」についての検討も行うべきである。さらに，選択したアセスメントによっては，器具や消耗品，トレーニング，施設費等に関連した費用がかかる可能性がある。これらの「脅

分析によりもたらされる麻痺状態

測定機器のソフトウェアによる総合的な分析と，集団を構成する多くの人（コーチ，トレーナー，経営者，保護者，選手等）を満足させたいという欲求は，過剰な量のデータを生み出し，コーチやフィットネスの専門家を困惑させ，「分析によりもたらされる麻痺状態（paralysis by analysis）」と呼ばれる恐ろしい状態につながることがある。心電図やGPSから吐き出されたデータを見たことがある人は，アセスメントやトレーニングセッション中に何が起こったかということに注目せずに，数字に没頭してしまうといったことが理解できるかもしれない。この状況は，平均心拍数や最高速度といった単純な結果と，有酸素性能力や自覚的運動強度といった生理的に関連した変数の推測値しか表わさないアセスメントを導入することで，回避することができる。

威」は，導入に関連した「機会」と天秤にかけることができる。「機会」の例として，選手のフィットネス特性や潜在的なパフォーマンスの向上に関連した多くの情報と，コーチやフィットネスの専門家自身の将来的な成長が挙げられる。

SWOT マトリックス

機会と強みが交わることで（OS），コーチやフィットネスの専門家による最適な意思決定や計画によって，選手のパフォーマンスや目標達成の可能性が増加する。これは，SWOT 分析の明らかなプラスの面が活用された場合の，最善のシナリオである。アセスメントに関連した機会と弱み（OW）を総合して考えると，アセスメント手順の知識を広げ経験を得ることで，個人的，専門的に成長し弱みを克服するという見通しが得られ，これは選手の利益となる。おそらく，最も魅力的な状況は，脅威と強み（TS）を関連づけることにあり，それはコーチやフィットネスの専門家が知識と技能を活用し，余計なリソースの必要性を最低限にする一連のアセスメントを考案するということである。最後に，最悪のシナリオとして，コーチやフィットネスの専門家がアセスメントのプログラムを結局は実行できないと判断するということがあるが，潜在的な脅威と弱みが交わることで（TW），将来的な導入に向けた戦略をたてることができるだろう。SWOT 分析の例として，アセスメントプログラム導入の検討を目的としてコーチやフィットネスの専門家に関連した要因を分析した表 1.1 を参照されたい。

まとめ

アセスメントは，クライアントや選手の強化を促進させると同時に，コーチやフィットネスの専門家の意思決定や目標設定の過程を改善することができる。アセスメントを取り入れることの実効性の判断については，使用可能なリソースや特定の結果といったいくつもの要因がかかわってくるだろう。既存の枠組みにアセスメントを導入することについては，様々な無視できない要因が存在する。続く章では，必要な器具や適切なアセスメントの選択過程を検証する。

表 1.1 コーチやフィットネスの専門家の視点によるアセスメントプログラム導入についての一般的な SWOT 分析

	強み（Strengths）：スポーツや身体動作に特異的な専門性，選手についての知識	弱み（Weaknesses）：アセスメントの手順の理解の欠如，トレーニング環境を乱すことへの恐れ
機会（Opportunities）：選手に関する知識の拡大	機会−強み（OS）：選手のパフォーマンスの向上，コーチやフィットネスの専門家による意思決定能力の向上	機会−弱み（OW）：個人的または専門的な分野における成長，向上の持続
脅威（Threats）：リソース（人員，費用，技術）の枯渇	脅威−強み（TS）：状況に応じたアセスメント手順の考案，リソースの創造的な利用	脅威−弱み（TW）：リソースまたは自己啓発の機会が得られた時に取り組む必要のある具体的なニーズを明確にすること

CHAPTER 2

アセスメント201：
どのような器具を使用するか？

> 「測定器具が機能しなかったり測定数値が間違っていると思われたりする時に，教科書の最後を見ても答えが載っていないことを，私はすぐに学んだのです。」
>
> マーチン・ルイス・パール（物理学者，1995年ノーベル物理学賞受賞）

　アセスメントに用いる器具は，選択した手順と割り当てられた予算によるが，ストップウォッチ，秤，長尺定規，カメラ，パソコン等の測定機器と，重り（ウエイト），ベンチ，マーカー，コーン等の用具である。アセスメントの実施者は，最先端の機器を使用したいと思うことも多いだろうが，測定するデータの普遍性や，測定セッションを過度に複雑にしてしまう可能性を考慮しなければならない。アセスメントの実施方法と結果の記録方法も検討しなければならない一方で，適切に管理された環境，安全な測定面，動作に十分な広さやサポート設備が適切に整ったアセスメントのためのスペースが必要である。

パフォーマンスの測定

　多くのアセスメントにおいては，様々な形で一定の時間内にタスクを完了させる能力，具体的には「パワー」と定義されるものが主な測定値である。そのため，使用される機器は一般的に，力・抵抗，距離・変位，時間等，パワーの出力に関連する要素を測定する。これらの測定値のうち，筋力やスピード等，パフォーマンスとの関係が非常に明確なものがある一方で，それほど明確でないものもある。例えば，体重は必ずしもパフォーマンスに関係する測定値ではないが，体組成（筋，脂肪といった体重の構成要素の相対的な量）の知識を活用することで，筋量に特に関係する力の発揮というプラスの効果と，一般的に重力の影響が働く体重のマイナスの影響とのつりあいという面で，体重がスプリントや跳躍の能力に与える影響が現れることになる[1]。パフォーマンスは様々に定義することができる比較的あいまいな用語であることから，アセスメント用の機器も同様に多種多様で，様々な要素を数値化するために用いられる。

費用対効果

　アセスメントに使用可能な機器は，価格と複雑さに関して実に多様である。伝統的な筋力測定に必要なのは，単純に持ち上げるための重り（ウエ

イト）であり，持久力のアセスメントにはストップウォッチである一方で，近年のテクノロジーの進歩や測定機器のマーケットの拡大によって，利用できるアセスメント用の機器の多様さには圧倒されるほどである。精密な計測ができ，様々なコントロールや専門的ソフトウェアを備えた研究グレードの性質の機器は極めて高価で，ほとんどの実用的な状況には必要性がない。しかし，消費者向け製品の需要の拡大と標準化された携帯テクノロジーの利用によって，従来なら研究室でしか行えなかったアセスメントが，体育館やウエイトルームで行えるようになったのである。また，コンピュータの計算能力の向上が，このようなアセスメントのコストを減少させ，さらに1つの測定で並行して集められた多数のデータを統合することも可能にした。したがって，アセスメントセッションが最終的にどれほど複雑なものになるかは，コーチと選手のニーズ，予算，技術的なノウハウとサポートの量によって決まることになる。

一般化可能性

標準データは，大人数の多様な個人の集団，もしくは似通った個人の集団のどちらかから集められた，標準的な数値や基準値によって構成されている。したがって，標準データを作成したアセスメントにおいて，どのような機器が用いられたかを理解することが重要である。

アセスメントには最新のテクノロジーを使いたいと思うかもしれないが，選手のデータを他のデータと比較しようと計画しているのであれば，比較するのに十分なデータ，特に同様のトレーニングを積んだ選手のデータが存在するかどうかを調べなければならない。さらに，ある特定のスポーツや専門分野における標準データは，最も適切な機器や新しく開発された機器ではなく，ある特定の機器を用いるように決定づける可能性がある。これは，特に長年にわたって標準データが集められているコンバイン【訳注：ドラフトに向けた選手の合同スカウティング】やチームへの選抜といった場合が該当する。

複数のアセスメントの結果を比較できるかどうかは，使用された機器による。大規模な標準データの収集では，研究に参加するすべての人に対して，研究者が特定の機器を選択して標準化することにより，測定結果を標準化することができる。体組成については，体脂肪率を評価するために使用される測定器具やテクノロジーによって，最終的な推定値が大きく異なる[8]。皮脂厚を測定するキャリパーと，生体インピーダンス法（BIA：bioelectrical impedance analysis）を用いた機器は，両方とも体脂肪率を推定するために用いることができるが，その技術的なアプローチ方法は非常に異なり（これについては後述する），結果が異なることもある。どちらの方法が正確かという議論は確かにあるが，選手の数値を比較する場合には，同様の機器を用いて収集された標準データを選択するか，あるいは最も関連性の高い標準データの収集に使用された機器を選択することがより重要となる。パフォーマンスの観点からの例として，バーベルの種類[9]，筋力や持久力のアセスメント時にストラップ[2]やベルト[12]を使用するかどうか，またはスピードやアジリティの測定におけるタイムの測定機器の種類[3]が挙げられる。したがって，コーチやフィットネスの専門家は，どのように標準データが収集されたか，そしてどのタイプの機器を使用できるかを知っておく必要がある。

時折，標準データや評価手順を作成する研究者にとっても，予想通りにいかないこともある。例えば，研究チーム（著者もメンバーだったかもしれない）が高齢者に向けたトレーニング処方を改善するための標準化したアセスメント手順を作り上げようとしていたとしよう[4]。推測される体組

成特性に応じてクライアントを分類するために，簡単なアセスメント（身長，体重，握力）をいくつか選択し，非常に臨床的な（そして高価な）手法と比較しようと考えた。よいアイディアではないだろうか？　身長，体重，握力の測定は十分に簡単なものだが，研究チームはより一般的に使用されている油圧式の握力計ではなく，デジタルの握力系を使用したのである。デジタル計の方がより正確な数値を出せるという議論もあるが，多くの専門家はすでに油圧式の握力計を使用していた。最終的に，この違いのために，この研究結果の専門家に対する有用性は制限されてしまったのである。

調整性

アセスメントの機器を選択する時には，「誰を測定するのか」そして「すべての選手は同じ体型か」ということを自身に問うべきである。2つ目の質問に対する答えは，多くの場合で「いいえ」だろう。そのため，機器の大きさ，そしておそらくはそのデザインにも関連したそれぞれの必要条件がパフォーマンスに影響する可能性がある。

すべての人に対して万能に機能する機器があるか

アセスメント時に使用される機器も含めて，多くの消費者向けの商品の設計は，通常，平均的な体格や体型向けに平均的な値を計量するように作られているため，調整という面で興味深い困難が生じる。しかし，スポーツや人間のパフォーマンスは，一般的にその本質として，絶えず極限まで追い込むことを強いるものである。さらに，傑出した選手や最高レベルのパフォーマンスをする者は，独特の体型や体格をしていたり（騎手，体操選手，プロバスケットボール選手，力士等），同じチーム内で体格に大きな差異があったり（アメリカンフットボール等）する。機器を選択する際には，可能な限り，男性と女性，大人と子ども，一般女性と妊娠中の女性等の間の基本的なサイズの違いについて考慮するべきである。

測定機器のデザインはパフォーマンスに影響するか

この問題の簡単な例が握力計であり，これは著者が運動科学の研究者となった時に最初に購入したものの1つである。著者が購入したモデルは

アセスメントを実施する前に測定者をトレーニングする

　本章では主にアセスメントで使用される機器について触れているが，測定の補助者やコーチに必要な条件も見過ごすことはできない。アセスメントを滞りなく実施するには，これらの人たちが器具やその潜在的に特殊な使用方法について熟知していなければならない。アセスメントに関係するすべてのコーチやサポートスタッフに，標準的な手順に加えて，測定中によく起こる間違いや問題等も知らせておくべきである。このようなトレーニングによって，一貫したアセスメントを実施できるとともに，結果に影響するパフォーマンスとは無関係の要素を制限し，データの質を向上させることができる。
　標準的な実施手順の作成を考慮するべきだが，少なくとも，すべての選手に対してアセスメントについて説明するための，簡単な言葉遣いで書かれた手順表は用意するべきである。簡単な言葉遣いを用いるのは，実施内容を確実に理解してもらうためである。それから，手順表に沿ってリハーサルを行い，測定を受けるすべての人に対して統一された方法で手順の説明を行う。さらに，手順の説明に際して，測定者の熱意や激励の仕方，激しさがアセスメント間で異なることでパフォーマンスに影響を与えかねない。実際にアセスメントを実施する前に，本番環境に限りなく近い環境でアセスメントのリハーサルを行うことで，予期せぬ問題を明らかにし，実施者にさらなる経験を積ませることもできる。

力発揮を時間経過とともに記録できるもので、格闘技、特に柔道を愛好してきた背景から、この機器を研究室に備えることに胸を躍らせたものである。将来的に調整が必要になる可能性については考慮せず、またこの機器のデザイン（野球のバットの持ち手のような形）も調整が不可能なものだった。手の小さい青少年年代の選手や、規格外の大きな手を持つエリートバスケットボール選手の測定をしようしたら、どうだろうか。柔道に関して私が自問したのは「選手は相手の体格や道着のデザインを自由に選べるだろうか」ということだった。最終的に私たちは、アセスメントの用途では、手の大きさによって測定結果を左右されたくないと考えた。当時探していた性能を持つ握力計のオプションは、ある程度限られていた。幸い、この分野で使用されている多くの一般的な握力計は調整が可能だった。しかし、それでも子どもの手には大きすぎた。機器の選択にあたっては、フリーサイズの機器が適切であるか、あるいは個別のサイズや、サイズ調整のオプションがあるか等を検討しなければならない。

データの収集と管理

アセスメントに使う道具の中で最も安価なものとして、データの記録用紙（図2.1）があり、これは被験者の個人的な情報や、実施の日付と時間、環境条件、結果といった重要な情報を記録するものである。アセスメントの過程においては、特に大人数の選手の包括的な測定の場合には、収集されたデータを記録し管理する標準化された方法が必要不可欠である。パフォーマンスに影響を与えそうな測定におけるムラや、それに関する情報を、できる限り記録することが重要である。多くの測定機器には独自のソフトウェアが付属しており、また多くの人が携帯型の記録機器の取り扱いに慣れてもいるが、測定のセッション中に集められた最も大切なデータを記録した用紙は、技術的

測定場所：_____	測定面：_____	測定日：_____
室温/気温：_____ ℃	相対的湿度：_____ %	測定時間：_____
	気圧：_____ mmHg	測定者：_____
被験者のID：_____	年齢：_____ 歳	衣服/靴：_____
性別：男性 女性	身長：_____ cm	体重：_____ kg

アセスメント：反動を用いた垂直跳び

	最高到達点 (cm)		立位での最高到達点 (cm)		垂直跳び高 (cm)
試技1		−		=	
試技2		−		=	
試技3		−		=	
				平均値 =	
				最高値 =	

渡部一郎 監訳：スポーツパフォーマンスのアセスメント、ナップ、東京、2019 (D. Fukuda, Assessments for Sport and Athletic Performance. Champaign, IL: Human Kinetecs, 2019).

図2.1 データ記録用紙の例

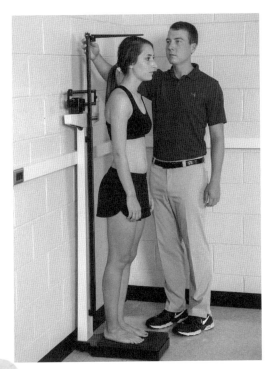

図 2.2　身長計

な障害や重要な情報の紛失に備えて保存しておかなければならない。記録を正確に保存することは，時間経過による変化を十分に評価し，必要に応じてコーチやトレーニングスタッフ間で収集されたデータに関して適切なコミュニケーションができることを保証するために重要である。

機器の種類

体組成に始まり，筋力や有酸素性能力といったフィットネス特性の多様さのために，アセスメントに使用される機器も多様である。体脂肪率を測定するキャリパーのように非常に特化された目的で設計されているものがある一方で，バーベルやダンベル等はより汎用的で様々な種類のアセスメントに使用できる。このように多様で複数の種類のアセスメントで使用する機会があることから，機器は以下のカテゴリーに分類して解説する：体型測定用機器，筋力測定器具，重力を利用した機

第2章　アセスメント201：どのような器具を使用するか？

器とその他の器具，距離や長さの測定機器，時間の測定機器，心拍計とGPSモニター，トレッドミルとローイングエルゴメーター，器具と質問表，衣服。

体型測定用機器

最も基本的な体型の測定として，身長や体質量（体重）がある。身長の計測には一般的に手動の身長計が用いられ，独立型，壁掛け型，医療用台秤（図2.2）の一部等の身長計がある。胴体と下肢の長さを推定する座高は，身長測定と同じ機器を用い，被測定者が椅子や台の上に座った姿勢で測定される。体質量の測定で最もよく使用される機器は台秤である。この種類の機器は，電源がなくても使用でき，またキャリブレーション（校正）手順が明確な点が特徴であるが（何も乗っていない状態でゼロとなる），測定が手動であるため正確性に欠け，測定時間が長くなる等の欠点もある。デジタル式の体重計は，専門的な技術を必要とせずにより正確な数値を計測できるが，電源を必要とし，キャリブレーションを電気的な機能に頼ることとなる。台秤とデジタル式の体重計との金額的な差はほとんどないが，デジタル式体重計に付加的な機能やより高い精密性を求めようとすると，非常に高価になる。

テープメジャー（巻尺）はウエストや殿部，上腕等特定の身体部位の長さや周径囲を計測するために使用される。そのような測定には標準的な柔らかいテープメジャーも使用できるが，織物製やグラスファイバー製で，ボタン式の巻き取り機能とギューリックがついた体型測定用のテープメジャーの方が適している。織物やグラスファイバーの素材は身体の起伏に合わせて調節することができ，また巻き取り機能がついていることでテープメジャーが絡まったり使用するうちに損傷することを避けることができる。ギューリックとは，スプリングを搭載した仕組みで，テープメ

ジャーの端に付属することで，アセスメント間において均一の張力を用いることができ，標準的な測定を正確に行うことを可能にする。

現在，様々な体組成の測定方法が利用されているが，体脂肪率や徐脂肪体重の測定に重点が置かれている傾向がある。皮脂厚の測定は，一般的にキャリパー（図2.3）を用いて実施され，測定結果を公式に当てはめて体脂肪率を推定することができる。測定の正確性や信頼性，耐久性によって，キャリパーの値段は異なる。最も安価なものはプラスチック製で，実施者が加える張力に左右され，耐久性が低くキャリブレーションの選択肢が限られている。より耐久性が高く正確なものは，スプリングを用いた金属製で，一定の張力をかけたりキャリブレーションを行ったりすることができる。皮脂厚から体脂肪率を推定するために用いる公式は特定のキャリパーを用いて考案されており，異なる種類のキャリパーを用いることでエラーが生じる可能性が高くなる。測定する集団に対して既存の公式が適していない時は，実際の皮脂厚の数値を使用することもできる。実際のところ，痩せている選手や若者を測定する場合等，実際の体脂肪率があまり重要でない場合には，この方法の方が適していることもある。

生体インピーダンス法を用いた機器は，全身の水分量の推定から（電気の抵抗値の測定により）体脂肪率を計算する。最も一般的で取り扱いが簡単な機器は，体重計に埋め込まれた電極によって左右の脚の間で分析を行うものである。全身の体組成法によって有効な推定値を計算するには食事と身体活動を標準化する必要があるが，生体インピーダンス法による体脂肪率は特に体水分量に影響される[5]。結果として，アマチュアレスリングで使用されるような多くの体重管理プログラムでは，生体インピーダンス法の測定とともに，適切な体水分量であることを確認するため，尿比重の評価が必要となる。

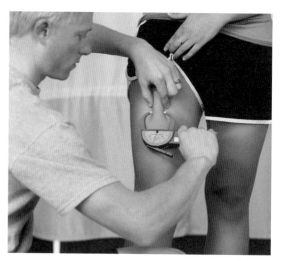

図2.3 キャリパー

筋力測定器具

筋力とパワーは，レジスタンストレーニングエクササイズ中の力発揮を数値化することで評価できる。したがって，このタイプのアセスメントを実施するにあたっては，フリーウエイト（バーベルやダンベル等）やウエイトマシンといったレジスタンストレーニング用の器具が必要となる。バーベルには数多くの種類があるが，標準的なウエイトリフティング用のバーベルはまっすぐな鋼鉄製で，長さは約2.2 m，握り部分の直径が28 mm，重さが20 kgである（図2.4a）。テキサスパワーバーのようなパワーリフティング用のバーベルは，より高重量に耐えられるように剛性が高い一方で，オリンピックウエイトリフティング用のバーベルは，ダイナミックな動作中にバーベルがよく回転するようにベアリングが組み込まれている。ローレット加工や網目状の刻み（バーベルの握り部分の表面が粗くなっているところで握った時の摩擦抵抗を増すための仕組み）もバーベルによって様々である。近年ではオリンピックウエイトリフティングとパワーリフティングの特性を併せ持つハイブリッドなバーベルも開発され，また体格の小さい人や青少年に向けた小型のバーベル（重さ15 kg，長さ2 m，握り部分の直径25

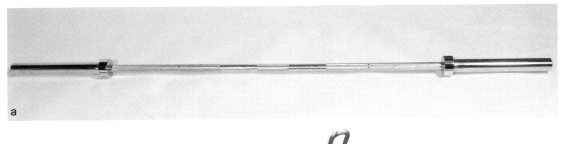

図2.4 （a）バーベル，（b）カラー

mm）も生産されている。アルミ製の軽量のトレーニング用バーベルもあるが，耐久重量が低いため，通常のバーベルと同じように加重すると湾曲してしまうおそれがある。様々な種目においてグリップが滑らないように炭酸マグネシウム（滑り止め用の白い粉末）を使用することや，デッドリフトの測定時等に握力の影響を最小限にするためリフティング用のストラップを使用することも考慮するとよい。最後に，バーベルからウエイトプレートが滑り落ちないように，安全クリップやカラーは常に使用するべきである（図2.4b）。スプリング式やクランプ型のカラーの重量はわずかだが，金属製の競技用のカラーは片方で2.5 kgの重量がある。

アセスメントの種類にもよるが，鋳鉄製の1.25〜20 kgのプレートがあれば十分だろう。アセスメントの中でバーベルを地面に落としたり勢いよく地面に下ろしたりするようなダイナミックな動作を実施するならば，ラバー（ゴム）コーティングされたバンパープレートの使用が望ましい。同様に，鋳鉄製やラバーコーティングされたダンベルやケトルベル（通常はペアで購入する）もあるが，測定する人によっては十分な負荷を与えるにはより高重量の物が必要となるかもしれない。

筋力や筋持久力のアセスメントで負荷を加える器具としては，メディシンボールやサンドバッグ，スレッド，ウエイトベスト等もある。特にメディシンボールは，ラバーコーティングされたバウンドさせることのできる硬いものから，ビニール製や革製で衝突時にたわむ柔らかいものまで，様々な種類がある。また，使用者の体格や目的とする動作に応じて，高重量になるにつれ大きさが増すタイプか，重量に関係なく大きさが一定のタイプのものから選択できる。

筋力の測定を行う場合には，ウエイトリフティング用のラックやスタンド，さらにベンチが必要となり，使用する重量に対して十分に耐えられる質や設計でなくてはならない。フラットな万能ベンチや角度調整が可能なベンチは，主に上半身の筋群を評価するアセスメントに使用できる。パワーラック（図2.5）は，通常4本の支柱からなり，高さ調節ができるバーベルを置くためのJフックと，バーベルが設定された高さより下がらないようにするための安全バーを備え，様々な種目を安全に実施するために使用される。壁掛けのラックや独立型のスクワットスタンド，ベンチと一体となった複合ラック等も，測定目的に使用される一般的な器具である。

図2.5　Jフックが付属したパワーラック

図2.6　握力計

　可変式のウエイトスタックとプーリー（滑車）システムを備えたウエイトマシンや標準的なウエイトプレートで荷重できる特殊なバー等は，アセスメントの際にフリーウエイトの代わりとして使用できる。これらの機器はフリーウエイトの動作を模倣しているが，その動作は通常1つの運動面上のみに制限される。そのため，ウエイトマシンはフリーウエイトエクササイズの実施に慣れていない人にとっては安全性が高く，安心して利用できるものである。しかし，これらは機器によって質と互換性が大きく異なることに留意すべきである。

重力を利用した機器とその他の器具

　アセスメントにおいて自体重が主な負荷抵抗である場合でも，特殊な器具が役立つだろう。プライオメトリック用のボックスやステップ台，階段，天井から吊り下げたロープといった器具を用いて，選手が自身の体重を動かすことで行う動作を数値化し評価する。高強度のダイナミックな動作中の安全面に関して，プライオメトリック用のボックスやステップ台，階段等を使用する際は滑らないサーフェス（地面や床）が不可欠であり，またロープを上る際はクッション性の高いマットが必要となる。独立型またはラックや壁についた懸垂用のバーやディップ用の器具は，同様の負荷抵抗を用いて筋持久力を評価することができる。これらの機器は，使用中に倒れることがないように頑丈で安定していなければならない。

　本章前半で何度か述べたとおり，握力計（図2.6）は，動作に関与する技術的な影響に関係なく全身の筋力を推定するために，スポーツ現場で一般的に使用される。さらに，バランスを測定するための器具（平均台や柔らかいバランスパッド等）や特定の姿勢をとるための補助的な器具（特注のパッドやベンチ等）も，アセスメントを万全に実施するために必要である。

距離や長さの測定機器

　距離や長さを最大限にすることは，多くのアセ

第2章 アセスメント201：どのような器具を使用するか？

図2.7 長座体前屈用のボックス

図2.8 垂直跳びの測定機器

スメントの主な目的となる。長さや距離を測定することも，総仕事量やパワーの出力を測定するための重要な構成要素である。短い長さを測定するにはメータースティックで十分であるが，長い距離を測定する場合は長めのテープメジャーを用いる必要がある。このようなテープメジャーは，測定後に素早く容易に片付けられるように，通常は持ち手と巻き取りシステムを備えている。明確に長さを示すためには，コーンやマーカー等の目印が必要となるだろう。一般的に用いられる距離でスピードやアジリティのアセスメントを行う場合には，トラックや人工芝，バスケットボールコート等のすでに距離がマークされている標準的な地面や床を使用することもできる。特殊な測定を大規模に行う場合には，ホイールメジャーや測量ロープ，フィールド用のペイントといった市販の道具を組み合わせることになる。

特定のアセスメントのための専用の器具も存在するが，そのような器具を追加で必要としない代替的な方法もある。例えば，柔軟性の測定は計測システムを備えた長座体前屈用のボックス（図2.7）を使用して実施でき，垂直跳びの測定は垂直な棒から均一に羽根が設置された器具（図2.8）を用いて実施できる。これらの器具の代わりに，マーカーや目印等を用いて床に適切な寸法を記したり（柔軟性），壁に高さを記したり（垂直跳び）する方法がある。

時間の測定機器

時間を測る最も基本的な器具はストップウォッチ（または時計）であり，値段や使いやすさ，汎用性から最も一般的な器具だろう。しかし，高い精密性が必要な場合や人的エラーを管理するために，様々なタイム測定システムが開発されてきた。赤外線の光電管を用いたタイミングゲートは，スプリントやアジリティのアセスメントで使用できる。これらの有線または無線の機器は，パソコンやコントローラーに接続し，測定の開始時と終了時に赤外線の光線が切られることでタイムを計測することができる。光学式のタイム測定システムや，接地の圧力でスイッチが入るコンタクトマット（図2.9）は，ジャンプ時の滞空時間や接地時間を測定するために似たような方法で使用できる。スプリント，ウエイトリフティング，ジャンプ等を撮影した動画中の特定の場面にかかる時間

図2.9　コンタクトマット

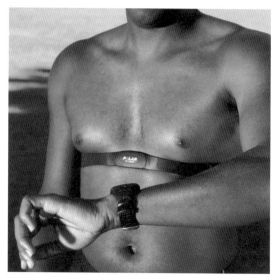

図2.10　心拍計

を検証する，パソコンや携帯端末用のソフトウェアもいくつか開発されている。

　多くのアセスメントが，測定者が直接行うスタートやストップ，方向転換の指示を用いる一方で，最近のテクノロジーの発展によって特定の測定手順において視覚的または聴覚的な合図を組み込むことができるようになった。さらに，一定のリズムを刻むように作られたメトロノームは，特定のエクササイズ（1分あたりの回数）やジャンプ（1秒あたりの回数），自転車（1分あたりの回転数）のアセスメントにおいて，動作速度を一定にするために用いることができる。

心拍計とGPSモニター

　アセスメントによっては，エクササイズ中の心拍数を測定する必要がある。これは，時計等を使って一定時間の心拍数を自身で数えることで簡単に測定できる。しかし，この種のアセスメントには技術的な要素が関係し，行っている活動の種類によっては心拍を探すことが難しいこともある。心拍計（ハートレートモニター）（図2.10）はフィールドやジムでの活動において一般的になってきており，費用も比較的安い。

　腕時計や携帯端末のソフトウェアに接続するチェストストラップ（心拍センサー）や，心拍計を搭載した腕時計もあり，運動中にリアルタイムで心拍数を表示できる。さらには，現在では多くの腕時計がGPS（global positioning system）を搭載するようになり，時間や距離だけでなくスピードや加速度の測定も可能となっている。

　心拍計を使用する際は，チェストストラップを装着する際のプライバシーや装着方法についても考慮する必要がある。装着方法を明確に説明することと，器具を装着するためのロッカールームのような専用エリアが必要である。

トレッドミルとローイングエルゴメーター

　多くのアセスメントはトレッドミルやエルゴメーターを使用せずに実施できるが，このような機器が適している特殊な場合もある。天候不良や環境をコントロールするのが難しい場合（地理的な問題等により）には，トレッドミルの使用が最適である。トレッドミルを選ぶ際は，最大スピー

図2.11　ローイングエルゴメーター

ド（多くの機器には制限がある）やベルト，デッキの幅や長さ，安全性を保つために必要な周囲のスペース等を考慮する必要がある。走路面は，ランニング時に適切な摩擦が生じるように清潔で過度にすり減っていないよう注意が必要である。さらに，屋外の地面の上でのランニングに近づけるため，あるいは既存の標準データと合理的に比較するために，ある程度のトレッドミルの傾斜が必要である。

　様々なローイングエルゴメーター（図2.11）が販売されているが，コンセプト2（Concept 2）というモデルには大量の標準的なデータが存在し，また近年ではこの機器を使用した特別な測定がいくつも開発されていることから人気がある。このエルゴメーターは，羽根を使った空気抵抗を利用し，また様々な有用なデータをディスプレイに表示することができるため，多くのジムで利用されている。このローイングエルゴメーターは羽根に対して働く空気の量を調節する通風調節ダンパー（自転車のギアに似たもの）を利用しているため，運動強度や空気抵抗は使用者がどれだけ強く引くかによって変化し，またパフォーマンスにも影響を与えうることを理解しておかなければならない。したがって，多くの場合，通風調節ダンパーのセッティングも記録し，アセスメント間で標準化するべきである。正しいローイングのテクニックがパフォーマンスに影響することも理解するべきであり，ローイング動作に慣れる時間が必要かもしれない。前述した他の機器と同様に，トレッドミルやローイングエルゴメーターが適切に機能し耐久年数を維持するためには，定期的なメンテナンスやキャリブレーションが必要不可欠である。

器具と質問表

　アセスメントには，紙や電子機器，質問表を用いて行うものがある。これらのアセスメントは通常，特定の項目に対してある時点でどのように感じているかを，あらかじめ定義された評価基準や比較対象に基づいて自身で記録する。質問は，大多数の選手が理解できるように，またアセスメント間の比較が可能なように，標準化して記述されているべきである。可能であれば，知見のある専門家によって作成され，評価され，同じような環境下でその有用性が立証されている質問表が望ましい。数字を用いた評価システム（図2.12のように，1～10の数字を用いたもの）や視覚的スケールを使用する時には，特定の数字に対する明確な説明がスケール内に示されるべきである。数字を使ったスケールにおける例として，「6＝まったく辛くない」に対して「ソファに座っているのと同等の活動量」，「17＝非常に辛い」については「すべてを出し切る手前」といったように，数値に関する簡単な説明文の記述が挙げられる。視覚的スケールの例としては，直線の左端が「疲労や筋痛がまったくない」，同じ線の右端が「疲労や筋痛が非常に大きい」といったものがある。これらの指標の説明文に加えて，選手の評価スケールを理解する能力が，アセスメントの結果を応用するうえで最も重要である。

　この問題の非常によい例が，学術的な場におけるグループプレゼンテーション中のクラスメートによる相互評価（peer review）だろう。学生は

それぞれのグループをいくつかの基準について1〜5のスケール（1が「可」，5が「優」となる）で評価するように指示される。学生は，教師が彼らの反応を検討し，それがグループのメンバーの最終的な成績に影響することを理解しているため，4や5といった評価が最もよく提出される。しかし，1人の学生がすべてのグループに対してすべての項目で1をつけることで，教師はその学生が非常に厳しい基準を定めているのか（それともクラス全体に対する個人的な抗争か），評価に対する説明が不十分だったか，もしくはその学生が指標や評価スケールを間違って理解したのかと思案するだろう。この状況は，アセスメントを実施する人が潜在的に与える影響や，自分の回答が特定の結果につながることを推測した時の選手の反応もよく表わしている。

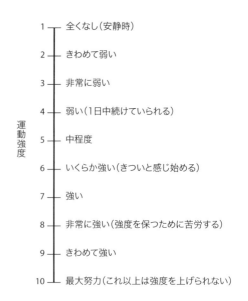

図2.12　自覚的運動強度のスケール

衣　服

アセスメント中に着用するものについては説明が必要ないようにも思えるが，アセスメントの実施過程に影響を及ぼすこともあるため，明確にしておくべきである。選手がスプリントやアジリティの測定を軍隊用のブーツで行おうとしたり（軍の環境以外で），ジャンプの測定をサンダルやビーチサンダルで行おうとしたりする場面を想像してほしい。推奨される靴は通常，実施する動作に合わせてつま先が覆われ，測定面に適したフィットした靴であるべきである。例えば，筋力に関するアセスメントには靴底が平らな靴が最適であり，クッション性のある靴はランニング等のアセスメントに適している一方で，芝生や人工芝で実施されるアジリティのアセスメントにはスパイクが最適だろう。しかし，スパイクの使用については，標準データの収集時に同様の測定面でスパイクを用いているかどうかによる。その他の衣服に関しては，アセスメント中に自由に動け，安全性を確保するために通気性がよく身体にフィットした可動性のよいものが推奨される。個別のスポーツや身体活動に特異的な測定においては，ユニフォームや練習や競技に通常使用される服が適している。最後に，リフティング用のベルトやストラップ等の器具を使用する時は，使用する順番が適しているか，そしてそれ以外に身につけているもの（腕時計やアクセサリー類，髪留めのゴム等）がパフォーマンスに何らかの影響を与えていないかを検証するべきである。

数式と計算図表

アセスメントの結果の多くは，高価な機器や侵襲的な手法を使わないと測定することが難しい他の値を推測するために利用することができる。これらの推測値は，予測方程式を確立するための研究とその後の統計的な分析を通じて確定される。予測方程式は，単純で簡単な代数学を用いるものから，より高度な数学の知識を必要とする複雑なものまで，様々な公式を用いる必要がある。予測方程式を使う簡単な方法として，図式計算を可能にする計算図表（ノモグラフ）を用いるものがある[7]。例として，13 cmの平均的な男女差を

考慮に入れ，両親の身長をもとにした，子どもの大まかな予測身長である両親の中間身長（mid-parental height）[13]の計算図表を示す。両親の中間身長は，男子の場合は母親の身長に 13 cm 足した後に父親の身長と平均し，女子の場合は父親の身長から 13 cm 引いた後に母親の身長と平均することで計算できる。ある男子または女子の両親の身長がわかっているのであれば，外側の直線上のその身長が該当する位置に印をつけ，その印を直線で結ぶ。この直線と中央の直線が交わる点が，推測される両親の中間身長である。父親の身長が 180 cm で母親の身長が 160 cm の男子の場合，次のように計算できる。

$$両親の中間身長 = \frac{(160\ \mathrm{cm} + 13\ \mathrm{cm}) + 180\ \mathrm{cm}}{2}$$
$$= 160\ \mathrm{cm}$$

この結果は，図 2.13 の図式計算を用いて確認することができる。両親の中間身長の計算はこのようにして確認する必要がないかもしれないが，より複雑な公式を用いる時に計算図表は特に役立ち，本書を通してそれらを紹介していく。

アセスメントのための空間と備品

アセスメントを実施し，使用する機器を設置する空間に対しては，特に気を配らなければならない。アセスメントに特化した空間は，研究室（および一部のウエイトルーム）の環境では一

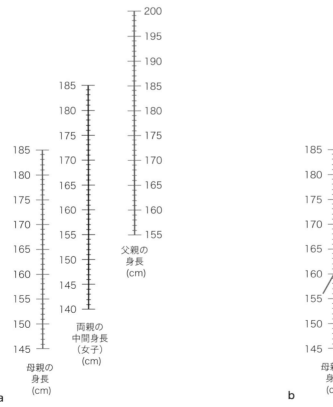
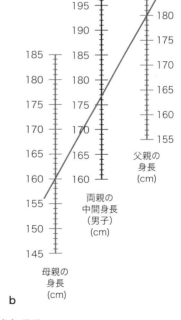

図 2.13 両親の中間身長の図式計算を表わした計算図表。（**a**）女子，（**b**）男子
13) より式を引用。

第Ⅰ部　アセスメントの基本

般的だが，スポーツの現場でアセスメントを行うための空間は一時的なもので，機器の持ち運びや保管の問題について検討しなければならない。両方のケースにおいて，電源のコンセントやインターネットへの接続の有無についても検討が必要だろう。テクノロジーが日々の活動の中で重要である一方で，よりシンプルな解決策の方が理想的である可能性も覚えておかなければならない。私

機器のキャリブレーションとメンテナンス

アセスメントのための機器を選択する際に非常に重要だが忘れがちなこととして，その機器が一貫して正確なパフォーマンスのデータを示すということがある。アセスメントに使用した機器が不正確な数値を示したり，パフォーマンスに関係のない要素に大いに影響されたりした場合，集められた結果は使い物にならない。機器を使用する際に正しく動作すると仮定したとしても，定期的にその機器を使用しているのであれば，定期的なキャリブレーションが必要となってくるだろう。さらに，アセスメントを実施する際に使用する施設や機器は，選手およびコーチやフィットネスの専門家の安全性を確保するために，清潔でよくメンテナンスされていなければならない[6]。図2.14に，基本的な施設と機器の安全性チェックリストを示す。

私たちコーチが行うアセスメントの多くは，国際的な測定基準を満たすための精密性は必要とされないが，できる限り正確な計測をし，選手のパフォーマンスが向上したか退行したかを明らかにしたい。したがって，定期的なメンテナンスやキャリブレーションについて，実施する頻度，必要な技術的知識や費用等の項目を含む手順をつくることを考慮すべきである。一般的に使用される機器（トレッドミルや体重計等）の多くは，正確性や整合性を保つために専門的なサポートが必要である場合が多い。特定の機器に対してキャリブレーションの手順が必要ないと思われる場合でも，定期的なメンテナンスや清掃は耐久性を維持するためにも実施すべきである。さらに，適切に機能しメンテナンスされた機器によって，測定者や被験者の安全性も確保される。必要な清掃とメンテナンスの手順についてのチェックリストと，実施日のリストが必要となる。

基本的な施設と機器の安全性チェックリスト

- ☐ 床の破損や摩耗のチェック
- ☐ 床の清掃（掃き掃除，掃除機，またはモップと除菌）
- ☐ 給水器の清掃と除菌
- ☐ 固定された機器の接地面のチェック
- ☐ 機器の肌と接する面の清掃と除菌
- ☐ すべての機器の損傷や摩耗，ベルトやネジ，ケーブルやチェーンなどの部品の緩みや突起，本体や足部分のストラップの不安定性や機能不全，アタッチメントやピンなどの機能不全や誤使用のチェック
- ☐ 機器の可動部の清掃と油さし
- ☐ パッドのひび割れや破損のチェック
- ☐ 滑り止め用マットの適切な配置，破損および摩耗のチェック
- ☐ 測定機器の張力，時間，回転数のチェック
- ☐ 適切な照明と換気の確認
- ☐ 使用後の機器の返却と適切な保管の確認

図 2.14 基本的な施設と機器の安全性チェックリスト

渡部一郎 監訳：スポーツパフォーマンスのアセスメント，ナップ，東京，2019 (D. Fukuda, *Assessments for Sport and Athletic Performance*. Champaign, IL: Human Kinetics, 2019) より。A. Hudy, "Facility Design, Layout, and Organization." In Essentials of Strength Training and Conditioning, 4th ed., edited for the National Strength and Conditioning Association by G. G. Haff and N.T. Triplett (Champaign, IL: Human Kinetics, 2016), 637 より転載。

が最近参加したスポーツ科学の計画を練る場において，トレーニング後に自覚的運動強度を記録するためにトレーニング場でのWi-Fiへの接続をどのようにするかという議論がされたが，クリップボードに数字を手書きして記録すればよいという意見ですぐさま解決してしまったのである。

アセスメント専用の空間であるか，一時的なスペースであるかに関係なく，安全性には細心の注意を払う必要があり，アセスメントの実施および測定者や参加者の人数に合わせて十分なスペースをとる必要がある。測定中に集中できる環境や観覧者の制限が必要であるならば，ステージエリアや個室が必要だろう。同様に，温度や湿度，騒音，照明といった測定環境を調節できることが，アセスメント間で一定の環境を再現するため，また競技環境を再現するために理想的である。測定面（コート，人工芝，芝生，マット等）に関しても，測定結果の競技や活動への移行性と，外傷・障害を予防し計画されたアセスメントを遂行する能力とを天秤にかけながら考慮しなければならない。さらに，測定面は潜在的なパフォーマンスに影響を与えるため，標準データが測定された環境と同じになるようにすべきである。

アセスメントの際には，動作を行うための適切な広さやステーション間のスペースが必要である。加えて，電源コード等の危険性のあるものができる限りむき出しになっていないようにするべきである。また，機器の損傷や不適切な使用の可能性を減らすために，適切な保管も考慮するべきである。幸いにも，ほとんどのコーチやフィットネスの専門家は，応急処置や心肺蘇生法（CPR）の資格を得る必要があるが，必要なものがそろった救急箱と自動体外式除細動器（AED）を完備しておくことで，緊急時に応急処置やCPRを最大限に行うことができる。そして，適切な医療機関の連絡先を記載した緊急時の計画表を備えておくべきである。

暑さや寒さ，湿度，風といった環境的な条件は，選手のパフォーマンスに影響を与えるばかりか，使用する機器にも影響を及ぼすことがある[10, 11]。もちろん，電子機器には環境面の影響で機能不全が起こる可能性が常にあるが，選手がグラウンドや人工芝，測定機器に接地する際の摩擦力が変化するだけでも，パフォーマンスに影響が及ぶことがある。その他に，屋外で行う測定における向かい風や追い風の影響がある。したがって，アセスメントを実施する際には，天気予報や，アセスメント時の室内の環境，使用機器の制約を明確に把握しておく必要がある。

まとめ

アセスメント時に機器を使用するうえでの一般的な検討事項として，特定の機器や用具に必要な費用，その利点，調整性，メンテナンス，安全性といった項目がある。加えて，データ収集の過程に関する問題や，使用可能なテクノロジー，他の選手や標準データと比較するための最終的な測定結果の標準化といった項目は，測定を開始する前に検討するべきである。アセスメントに使用する機器についてのコーチやトレーニングスタッフの適切なトレーニングや使用経験に加えて，一定した測定環境を用意することは，被験者が適切なパフォーマンスを発揮することに影響を及ぼす要因となる。最後に，体型や身体的なパフォーマンス（力や抵抗，距離や長さ，スピード等），その他の重要な要素に関するアセスメントやその補助のために使用できる様々な機器がある。

CHAPTER 3

アセスメント301：
どのアセスメントを用いるか？

「スポーツにかかわる者がよく起こす間違いは，選手について知ることよりも戦術について考えることにより多くの時間をかけてしまうことである。」

マイク・シャシェフスキー（米国デューク大学男子バスケットボール部監督）

現存するアセスメントの多様さに困惑することもあるかもしれないが，対象となる選手の競技に特有のニーズを理解し，コーチが重要だと考える情報を整理することで，アセスメントの選択のプロセスを単純にすることができる。さらに，プロトコル（実施手順）は，その後何度も繰り返し行えるよう，選手にもコーチにも容易に実施できるようにすべきである。アセスメントが終了したら，その結果は，選手とコーチが初回の測定からの基準値や一般的なデータと比較できなければならない。したがって，選手とコーチのニーズは，関連するアセスメントの選択や実施との間で，有益なフィードバックにつながるようにバランスがとれているべきである。

選手のニーズ

アセスメントは，選手が自身で発見した課題，またはコーチの知識や経験を通して選択すべきである。このような課題は，選手の目標やパフォーマンスの成果のような形で現れることが多い。有効なアセスメントは，このような目標や成果を直接評価するのではなく，選手のフィットネス特性や現在の状態について付加的な情報を得るために使うこともできると考えることが重要である。クロスカントリーの選手はタイムを向上させたいと考え，それは直接的には有酸素性能力と関連があるかもしれないが，スプリント能力が関係するレース終盤での競り合いで負けてしまうという傾向もあるかもしれない。アメリカンフットボールのワイドレシーバーの選手はチームにおいて先発の座を射止めたいと考えるかもしれず，それにはスプリントスピードや筋力，パワーが必要である。選手は単に筋力を向上させるか，体脂肪を減らして筋量を増やしたいと考えるかもしれないが，様々な筋群の筋力の基準値や体組成を明確にすることは依然として必要である。

コーチのニーズ

コーチはアセスメントを実際に選択する前に，自らの専門的知識や経験を用いて，選手の目標や

パフォーマンスの結果に注目し，より深く考察することができる。さらに，選択したアセスメントは，トレーニングや競技に関する意思決定過程において役に立つだろう。目標やパフォーマンスの数値は，選択したアセスメントの結果による判断に直接的に関係しているかもしれない。しかしより典型的には，フィットネス特性を測定する様々なアセスメントを基に下された判断は，「**マージナルゲイン（marginal gains）**」と呼ばれる段階的な向上につながり，最終的に選手のニーズを満たすことにつながるのである。この方法こそ，アセスメントの選択と実施を通してコーチの視点とスポーツ科学者の視点を組み合わせることで利益の核心へと迫ることのできる道なのである。

アセスメントの関連性

「**妥当性（validity）**」と「**信頼性（reliability）**」（後述）という言葉は，特定のアセスメントの健全性を表わす重要な指標であるが，アセスメント選択のプロセスを開始する時により有用な言葉は「**関連性（relevance）**」だろう。より具体的には，「このアセスメントはその個人や状況にどれだけ関連があるか」，あるいは「選手のニーズに対してこのアセスメントがどれだけ役に立つか」といった疑問を持たなければならない。この問題を解決するための最初の1歩となるのが，どのフィットネス特性が関連しているかを見極めることである。一般的なフィットネスのアセスメントでは，幅広く測定を行うのが妥当だろう。選手に特定の目標や容易に特定できる欠点があるのであれば，このプロセスは比較的単純だろう。多くのスポーツにおいては，自身で測定プロセスを作成するための基礎となる共通のアセスメントの組み合わせが存在する。

第1章でも述べた通り，アセスメントの目的は，選手またはコーチの明確になった目標に対して何らかの見通しを立てることである。これらの目標やパフォーマンスの数値は1つのフィットネス特性だけでは簡単に数値化できないかもしれない。このような場合，目標やパフォーマンスの成果について可能な限り理解できるように，潜在的に関連するフィットネス特性のアセスメントを注意深く選択すべきである。例えば，選手の目標やパフォーマンスの成果が持久的なパフォーマンスに関連しているのであれば，最初に選択するアセスメントは心肺系の持久力に関連したもの（図3.1の「アセスメント1」とラベルのついた濃い色の円）となるだろう。選手がチームメイトより体格が小さく，筋力が弱いと思われる時，体組成と筋力の評価に関するアセスメントも選択となるかもしれない（図3.1の「アセスメント2」「アセスメント3」とラベルのついた円）。さらに，他のアセスメント（図3.1の「アセスメント4」「アセスメント5」の円）を加えていくこのプロセスは，選手とコーチが，この一連のアセスメントによって事前に決定した目標やパフォーマンスについての理解を十分に向上させることができると自信を持てるまで続ける。この簡単な理論上の例を用いることで，複数の個別のアセスメント（図3.1の内側にある色の濃い円。円が大きいほど関連性が高い）からなる一連のアセスメント（assessment battery）によって，達成目標やパフォーマンスの成果（図3.1の外側にある薄い色の円）をできる限り明確にしたり「予測」したりする助けとすることができる。

実施の容易さ

アセスメントの選択は，実施にあたって使用可能なリソースとあらゆる障害を考慮に入れながら行わなければならない。このために，必要となる器具や施設を具体的にし，それらが現在使用可能か，また使用にあたって費用が掛かるかどうかを

第I部　アセスメントの基本

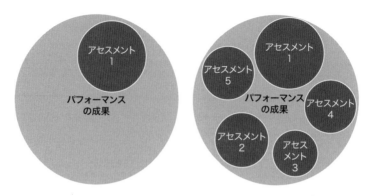

図 3.1　パフォーマンスの成果を基準にアセスメントの関連性を検討する例1

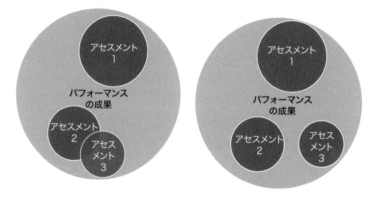

図 3.2　パフォーマンスの成果を基準にアセスメントの関連性を検討する例2

明らかにすべきである。例として，筋力のアセスメントには，レジスタンストレーニング用の器具が必要なものがある。ウエイトルームが簡単に使用できるようであれば，アセスメントの実施も容易だろうが，使用できないのであれば，器具を借りたり買ったりするために費用が掛かるだろう。実施するアセスメントが，選手かコーチどちらかにとって初めて行うものであれば，実施手順に慣れるのに時間がかかることも考慮しなければならない。選択したアセスメントの実施が長期的に見て有益なのであれば，最初にこの習熟過程に費やす時間よりも，アセスメントから得られる利益の方が大きいため，通常は問題とならないだろう。

余剰のアセスメントに関する問題

アセスメント1つが非常に有益であるなら，できる限り数多く実施した方がよいのではないか。コーチが受け持つ選手をより深く理解しようと考え，特定のフィットネス特性（アジリティなど）を検討している場合に，運動科学者やスポーツ科学者との話し合いで起こる典型的なシナリオがある。コーチは多すぎるほどのアセスメントのリスト（それに頭痛も！）を手にしているだろう。これは研究の計画でもよく起こり，予算や時間に制約があることを誰かが言い出さない限りアセスメントの数が増えていくのである。

　包括的で徹底的な一連のアセスメントを実施することが理想的ではあるが，選手とコーチは誰でも時間や予算に制限があるだろう。したがって，測定するフィットネス特性の重複を最小限にしながら，特定されたニーズを評価するために十分な数のアセスメントを選択することを目的とすべきである。簡単な理論上の例に話を戻すと，追加す

るアセスメント（図3.2の「アセスメント3」とラベルのついた円）が既存のアセスメント（図3.2の「アセスメント2」の円）と重複するような状態や，目標や目的とするパフォーマンスの成果（図3.2の外側の薄い色の円）について十分な情報を得られないといった状況を避けたいのである。このようなケースでは，時間や予算上の負担から，第3の余剰と考えられるアセスメントの使用を正当化できないだろう。

基礎的なフィットネス特性のアセスメント

本書に掲載したアセスメントは，基礎的なフィットネス特性を測定するものであり[14, 19]，それは体型と体組成，柔軟性とバランス，スピードとアジリティ，パワーと爆発的筋力，筋力と筋持久力，心肺機能，選手のモニタリングなどである。以降の章で各アセスメントと推奨される評価手順について解説するので，これらのフィットネス特性についてもより明確に理解できるだろうが，各要素の概要についてここで述べることとする。

体型と体組成

体型とは，個人の身体のサイズや比率を数値化したものである。体重や身長は典型的な体型のアセスメントであり，また体格指数（BMI：body mass index）を計算するためにも使用できる。身体の特定の部位の長さや周径囲の相対的なサイズ，さらにその比較を比率として表わすことで，各選手の体型や体格を見極めることができる。ウエストとヒップの周径囲の比（ウエスト−ヒップ比）は，簡易的に健康の潜在的リスクを評価するための一般的な体型の数値であるが，特定のタイプの選手や男女間でも明確に異なる値がみられる。

体組成は，個人の総体重を構成する各要素（脂肪，筋，水分，骨など）の概要を表わす。「**体重（body weight）**」（科学者はニュートンという単位で力として測定するが，より一般的にはキログラムで表わされる）は「**体質量（body mass）**」（科学者によってキログラムで測定される）と区別され，これは重力による様々な影響を考慮するためである。私たちが行うアセスメントは，比較的安定した重力下の地球上で行われ，結果が研究論文雑誌に掲載されないと仮定されるので，本書では体重（キログラムで測定する）を使用する。皮脂厚のアセスメントと生体インピーダンス法は，体脂肪量（体脂肪率の形で）や徐脂肪量（筋量を含む脂肪以外の質量）を求めるためにスポーツの現場で一般的に使用される評価方法である。どの競技の選手が最も徐脂肪量が多いと報告されているかわかるだろうか。相撲の力士である。ある力士は徐脂肪体重が120 kg，体脂肪率は33％であり，総体重は約180 kgであったという報告がある[9]。この情報は，選手のトレーニング状況について独特の洞察を与えるものであり，体脂肪率を測定しなければわからなかったかもしれないことである。この種の数値はフィットネスの特徴についての情報の重要な要素であり，体重管理やトレーニングのプログラム導入を検討するにあたって大きな影響を与える。体型や体組成を推定する方法の選択は，使用できる機器やアセスメントにかかる費用，測定者の経験といった要素に左右される。

柔軟性とバランス

柔軟性は，関節（肘，膝，股関節，首など）を中心に身体の部位（腕，脚，胴体，頭など）を動かす能力と説明できる。柔軟性のアセスメントは，体組成のアセスメントと同様に間接的にパフォーマンスに影響を与える傾向がある。最低限の柔軟性は特定の動作における適切な可動性を得るために必要ではあるが，過度の柔軟性（**関節過可動性**）

は受傷につながることもある。したがって，柔軟性のアセスメントは，必要な可動域を有することや特定の関節または筋群における柔軟性の欠如を確認し，ストレッチングのプログラムを作成したりトレーニングのプロセスを管理したりするために用いられることが多い。

バランスはいくつかの要素によって構成されるが，一般的には身体を意図する姿勢で維持したり，静的（動作が制限された）および動的（動きを伴う）状態の両方で安定性を維持することと定義できる。バランスのアセスメントは様々な方法で実施できるが，選手がいかに自身の身体（より具体的には重心）を足の接地面（支持部）に収めることができるかということを評価する。

これらのアセスメントは，選手が特定のポジションや姿勢を維持できる時間を計測するといったものから，支持部から身体を伸ばすことのできる距離や限定された支持部の中で移動できる距離を計測するといったものまで幅広いものがある。目を閉じたり，支持部を変化させたり，地面を不安定にしたりして，環境に変化を加えることで，より高い複雑性を加えることができる。例えば，開眼し安定した地面の上でバレエダンサーと柔道選手のバランスの評価が同等であったとしても，閉眼で不安定な地面の上では柔道選手に軍配が上がるだろう。これはおそらく，バレエダンサーが通常のトレーニングやパフォーマンスにおいて視覚情報に頼る傾向があるからだと考えられる[17]。柔軟性の場合と同様に，バランスの欠如も受傷リスクに関連する可能性があるが，バランスについては体組成や運動制御，スポーツのパフォーマンスとも密接な関係が考えられる。

スピードとアジリティ

スピードはシンプルに，特定の時間内に移動する距離と定義できるが，さらには「**加速（acceleration）**」というスピードを増加させる能力や，「**最高速度（maximal speed）**」という最も速いスピードを達成する能力として説明することもできる。加速や最高速度を測定する器具は利用することが難しいことが多いが，決められた距離を移動した時間を測定することでこれらの数値の指標となる。測定に用いる距離は，対象のスポーツや身体活動に応じて有益な情報を得られるように設定する。さらに，短距離（5～6秒または20～40 m）のスプリントを数回（10回以下），短時間（30秒以下）の休息を挟んで行う反復スプリント能力が，間欠性のスポーツや身体活動の場合に測定される。

アジリティは，スピード，バランス，協調性を統合しながら方向転換する能力と定義される。さらに，加速（スピードを上げる）と減速（スピードを落とす）の能力は，アジリティのパフォーマンスに影響を与える重要な要素である。アジリティのアセスメントは，方向転換の回数や，ターン間の距離，総距離，動作のパターンによって異なる。アジリティのアセスメントはたいてい決められた動作パターンを実施するが，合図によって方向転換させることでより複雑なものとすることもできる。例えば，決められた動作を行うアセスメントにおいてエリートとそうでないラグビー選手の間で差がほとんどなかった場合でも，合図によって方向転換するアセスメント（方向転換の方向が無作為）の結果はエリート選手の方が明らかに優っていたのである[20]。

パワーと爆発的筋力

パワーは正式には，特定の時間内に完了する仕事量，あるいは力と速度の積と定義される。実際には，パワーまたは爆発的筋力（爆発力）は，極めて高い力を非常に素早く発揮する能力（**力の発揮率**ともいう）により決まる。そのため，力発揮とスピードの間にはトレードオフ（二律背反）が存在し，パワーの発揮を最適化するためにはその

2つのバランスをとらなければならない。例えば，特定の種目（スクワット，ベンチプレスやデッドリフト）を制限された可動域の中でよりゆっくりとした速度で行うパワーリフティングと，特定の種目（クリーン＆ジャークやスナッチ）を速く行わなければならないためより軽い（相対的に）重量を挙上するオリンピックウエイトリフティングを比較してみよう。オリンピックウエイトリフティング選手はパワーリフティング選手と比較して，パワー発揮を測定する一般的なアセスメントである反動を用いた垂直跳びにおいて，より優れた結果を示すという報告もある[13]。またパワーのアセスメントは，短時間の高強度の運動に使用される「無酸素性」エネルギーシステムの測定に用いられる。これによって，パワーを測定するアセスメントが，事実上は数秒という短時間で行われる理由もわかる。スポーツの現場でパワーを測定する場合には，通常は選手の身体または器具の移動距離や，身体や器具を決められた距離を移動させるのに必要な時間を計測することで数値化する。

筋力と筋持久力

筋力とは，特定の筋や筋群の力発揮の成果であり，筋線維の構成，筋のサイズや構造，神経筋のシステムなどの影響を受ける。アセスメントの目的では，筋力は通常，最大挙上重量として推定され，少ない回数（1～5回）挙上できる最大重量によって測定される。挙上する回数にかかわらず，このようなアセスメントでは被験者が身体への負荷としての重量を挙上する必要がある。したがって，受傷のリスクを最小限にするためには，適切なテクニックや安全な動作パターンが非常に重要となる。筋力のアセスメントは一般に，実際に挙上した重量や発揮した力で測定される（**絶対筋力**）一方で，コーチによっては比較目的で結果を選手の体重で除すこともある（**相対筋力**）。

筋持久力は，特定の筋や筋群によって最大下の負荷で長時間，繰り返し自発的に筋力を発揮する，または自発的な力発揮を維持する能力と定義できる。筋持久力のアセスメントの多くは，あらかじめ決められた負荷（自体重，自体重の割合，最大筋力の割合等）を用い，特定の動作を完了できた回数を記録する。例えば，毎年ナショナルフットボールリーグ（NFL）により行われるスカウティングコンバインには，102 kgの重量を用いてできる限りの回数を行うベンチプレステストがあり[12]，全米ホッケーリーグ（NHL）のスカウティングコンバインには，自身の体重の70～80％の重量を用いて1分間に25回というペースを維持して行う似たような測定がある[3]。筋力と筋持久力の関係性から，筋持久力のアセスメントにおける回数は，最大筋力の数値を推定するために用いられることもある。筋持久力を測定する別の方法として，選手が特定の姿勢を維持できる時間を計測するものもある〔**等尺性筋力**（isometric strength）〕。

心肺機能

心肺機能は，身体の有酸素性能力であり，運動中に肺，心臓，筋を通して酸素を取り入れ利用する能力のことである。心肺機能のアセスメントは，使用されるエネルギーシステムから「有酸素性」のアセスメントと呼ばれることもある。有酸素性のエネルギーシステムは，長時間の活動を支えるものであり，短距離競技専門の選手よりも長距離専門の選手において測定値が高い。このため，このようなアセスメントでは，決められた仕事量（特定の走行距離）を完了するためにかかった時間，あるいは決められた時間内に完了した仕事量（走行距離）を数値化する測定が行われる。選手のトレーニング状況やコーチのニーズに応じて，漸進的な強度の変化（スピードの増加）を伴って，あるいは伴わないで，最大努力または最大下の努力

でのアセスメントを実施できる。最大努力でのアセスメントは、選手が疲労困憊になるまで運動を行うが、最大下努力でのアセスメントは、自覚的強度や心拍数によってあらかじめ決められた強度に達した時点で終了する。

選手のモニタリング

その他に、アセスメントの有用な形式として、選手のモニタリングがある。モニタリングは、生理的、精神的な負担、トレーニングの負荷強度や量、回復など様々な項目について、日ごとあるいは週ごとの値を測定する。これらは、外的トレーニング負荷（完了した仕事量）を数値化するために使われるものと、内的トレーニング負荷（トレーニングに関連した生理的・心理的ストレス）を数値化するために使われるものがある。さらには、回復、筋痛、脱水状態をモニタリングするものもある。モニタリングの多くは選手自身の自己申告によって行うことができ、前述したアセスメントに比べ頻繁に記録するのに適している。モニタリング形式のアセスメントは、個別性が大きいという性質から、標準データとの比較よりも、選手自身の典型的な数値と比較することで、トレーニングプログラムや生活要因（睡眠や食事など）の調整のためのインプットとして利用できる。

SWOT分析を用いたアセスメントの選択

ある時点における個々の選手またはグループのアセスメントの評価方法の1つとして、SWOT（strengths, weaknesses, opportunities, threats：強み、弱み、機会、脅威）分析を用いるものがある[2, 4, 22]。このプロセスでは、第1章で説明した方法とは多少異なり、内的要因つまり、特に優れた技術の分野（強み）と、向上が必要な特定のフィットネス特性（弱み）を特定するためのアセスメントを選択する。これらを、目指す目標やパフォーマンスの成果の達成を援助する外的要因（機会）と、妨げとなる外的要因（脅威）を明確にするといった、選手の現在の状況や環境の評価と組み合わせる。以下に詳しく解説する。

内的要因

強みと弱みは文字通りに解釈でき、認識されている選手のフィットネス特性が内的要因となる。例えば、あるバスケットボール選手はリバウンドをとるためのジャンプの能力を有するが（パワーまたは爆発的筋力と下肢の筋力によって裏づけされる）、心肺機能（試合の後半で常に疲労する）と上半身の筋力（平均的なディフェンスに苦戦する）が低いことでパフォーマンスが制限されていると、コーチが認識しているとする。ベースラインを定める測定において、アセスメントを用いて、これらの強みや弱みを確認することができる。追跡（フォローアップ）測定において、以前に特定した強みや弱みが改善されているかどうかを確認することができる。

外的要因

選手がアセスメントに費やす時間や選択したアセスメントを実施するためのスタッフなどのリソースの有無という、潜在的な脅威について検討するべきである。さらに、選択したアセスメントに応じて、機器や消耗品、トレーニングにかかわる費用や、測定の施設が利用可能かどうかということも要因となるだろう。これらの脅威は、対象のフィットネス特性の明らかな改善またはマージナルゲイン、そして選手が定めた目標やパフォーマンスの成果に対するあらゆる影響に関連する機会と天秤にかけることができる。

表3.1は、アセスメントの選択が、選手の目指す目標やパフォーマンスの成果に向かって進むことに与える影響を明らかにすることに、本書で

解説する SWOT 要素を用いた一般的な分析がどのように役立つかを表わしている。

機会と弱みが関わり合うと (OW)，不足していたり最適下であるフィットネス特性を明確に改善させるために最適な状況を作り出し，それは選手の目標やパフォーマンスの成果に対する前進となるだろう。これによって，適切なアセスメントの選択ができ，また SWOT 分析のプラス面が活用できるのである。関連した機会と強み (OS) を一緒に検討することで，典型的または傑出していると分類されたフィットネス特性における段階的な改善（またはマージナルゲイン）の可能性がもたらされ，選手の目標やパフォーマンスの成果に向けて前進できる。コーチにとって最も有益な状況は，おそらく，脅威と弱みが組み合わさる時 (TW) であり，欠落したまたは最適下のフィットネス特性にわずかな改善しか起こらず，結果としてトレーニングプログラムや他の介入に修正を促す。最後に，最悪のシナリオとして，典型的または傑出したフィットネス特性の評価を継続するためのリソースの使用が正当化されないということがあり，潜在的な脅威と強みが関連するところ (TS) はアセスメントや介入の継続が断たれるという結果につながるのである。

この一般的な SWOT 分析は，特定されたフィットネス特性に向上の余地があるという前提に基づいているが，常にそうであるとは限らない。そのため，このような問題を解決するために，コーチやフィットネスの専門家の知識や経験に頼るのである。

アセスメントの原則

妥当性と信頼性のコンセプトを忠実に守ることは，アセスメントの有効性を保証することにつながる。さらに，選手の適切な管理に加えて，選択したアセスメントの順序やタイミングについても検討しなければならない。

特異性

適切なフィットネス特性が特定されたら，コーチはそれに関連したアセスメントを選択しなければならない。このプロセス中のこの段階においては，選手は対象のスポーツや身体活動の特異性という重要な原則に頼る必要がある。特異性がアセスメントの選択にどのような影響を与えるかは，複数の要因により決定する。これらの要因とは，そのスポーツで一般的に使われる動作パターンや，その動作のスピードや持続時間，使用される筋，さらにそれらの筋がどのように使用されるか，といったことである[6, 15]。しかし，評価の最初の段階に関して述べたように，特異性についてはある程度の常識の範囲で考慮しなければならない。

表 3.1 選手の視点によるアセスメント選択のための一般的な SWOT 分析

	強み (Strengths)：認識されているまたは証明されているフィットネス特性	弱み (Weaknesses)：認識されているまたは証明されているフィットネス特性
機会 (Opportunities)：明確な改善またはマージナルゲイン	機会−強み (OS)：既存の強みの向上であり，パフォーマンスの成果に利益をもたらす可能性を伴う	機会−弱み (OW)：既存の弱みが明確に改善し，意図したパフォーマンスの向上を伴う
脅威 (Threats)：向上が起こらず，リソースが枯渇する（人員，費用，技術）	脅威−強み (TS)：リソースを無駄にし，既存の強みに対する集中が適切でない	脅威−弱み (TW)：代替的な介入の特定によって正当化されたリソースの使用

スポーツの一般的なニーズ

アセスメントを選択するプロセスにおいて，対象のスポーツにおける動作パターンを考慮しなければならない。このプロセスにおいては，そのスポーツに必要なエクササイズの様式（走る，跳ぶ，投げる，自転車に乗るなど）と，それらのエクササイズが単一の動作（個別的動作）か，複数の連続した動作（連続的動作）か，または同一の動作の繰り返し（周期的動作）によって実施されるかを分類する必要がある。個別的動作と連続的動作において，動作は通常簡単に特定できるが，特定のニーズに的を絞るためにいくつかのフェーズ（相）へと分解する必要がある。周期的動作について検討する場合は，繰り返される動作が主な焦点となり，どれほどの時間繰り返されるかということが，必要なアセスメントの種類を決める重要な指標となる。この過程の手短で簡単な例を，テニスを例として説明する[5, 10]。

> テニスは，サーブ，フォアハンドとバックハンドのストローク，ネットプレーといった複数の連続した動作で構成され，それらの間に短時間のスプリントを挟む。各ストロークは特有の準備，バックスイング，インパクト，フォロースルーといったフェーズによって成り立っている。

この段階から，これらの動作を実行するために使用される動作，神経や筋が特定される。身体の動作は，上肢（上半身を主に使う），下肢（下半身を主に使う），またはその両方（全身）を使うものとして表わすことができ，さらにはその動作が押す動作か，引く動作か，回旋動作か，身体を安定させる動作か，それらの複合的なものかというように分類することができる。さらに，利き腕や利き脚の使用がこれらの動作に影響を与えるかどうかや，両側を同時に使用するか（両側性），それとも片側ずつ使うのか（片側性）を判別することも関係してくるだろう。その後これらの情報は，使用される関節や筋群を特定することにも利用できるが，これは関連するアセスメントを選択するうえで特に関心がもたれることが多い。

> 下半身の筋力やパワーに加えて，一般的なバランス能力や安定性は，テニスのストロークに必要な上半身のパワーや爆発的な筋力発揮につながる。

対象となるスポーツや身体活動と関連した動作の全体的な持続時間と強度は，代謝エネルギーの利用方法を反映するが，それも考慮に入れなければならない。無酸素性のエネルギー供給システムは，ホスファゲン機構と解糖系の2つの要素から構成されている。2～3秒ほどの非常に短時間の爆発的な動作は，主にホスファゲン機構によってエネルギーを供給され，10秒～数分にわたる高強度の動作では，主に解糖系によって供給される。個別的動作と連続的動作は，動作の明確な開始と終了があり，持続時間が短いため，一般的にはホスファゲン機構によって維持される。常に高い強度で行われる周期的動作は，解糖系によって維持される可能性がある。しかし，周期的動作が長時間にわたって低強度で持続したり，高強度の個別的動作や連続的動作が休息や回復を挟んで繰り返されたりする時（スプリントのインターバルトレーニングや高強度間欠性トレーニングのように），長時間の活動に対してエネルギーを供給する有酸素性のエネルギーシステムがその役割を引き継ぐ。

> テニスの試合は，ポイントの間に短い休息（約20～40秒）を挟んで行われる連続的な動作（10秒以下）の繰り返しからなる。試合全体の時間は様々だが，数時間に及ぶ場合もある。

対象のスポーツや身体活動中に使用されるエネルギーシステムや，評価する必要のあるフィットネス特性についての一般的な知識は，最適なアセスメントを選択する助けとなる。例として，テニスにおいては，以下に挙げる一連のアセスメントが妥当だろう[5]。

- スピード，バランス，協調性を評価するためのリアクティブ・アジリティテスト
- スピードを評価するための反復スプリント能力測定
- 下半身のパワーや爆発的筋力を評価する垂直跳び
- 上半身のパワーや爆発的筋力を評価するメディシンボール投げ
- 下半身の筋力を評価するスクワットの3 RMテスト（3回挙上できる最大重量を測定するテスト）
- 心肺機能を評価する間欠性シャトルランテスト

優位性と重要性

状況によっては，選手の対象となるスポーツをより徹底的に評価する必要があるだろう。このような評価は，動作時間分析から集められた知識やエネルギーシステムの貢献度といったことまで，非常に複雑なものになりえ，評価者にはおそらく特段たる理由もなかったり，不利益を（少なくとも混乱を）与えたりするのである。2つのスポーツの例を使ってこの問題を説明することができる。サッカーの試合の動作時間分析では試合の大部分は歩行に費やされるということがわかり[23]，格闘技においては有酸素性エネルギーシステムが主に使用されると研究で示されている[8]。どちらの場合も，経験の少ない測定者によって対象の競技についての知識がなく評価が行われれば，最も重要なアセスメントは心肺機能に関するものであるという結論になるかもしれない。しかし，サッカー選手ではスピードやアジリティに，格闘技の選手ではパワーに主に焦点を当てるべきであると，コーチやトレーナーが即座に教えてくれるだろう。これは，これらのケースで心肺機能が関係ないということではなく，特定の競技において優位な要素に加えて，その競技で成功するための決め手となる要素も考慮しなければならないということである。

選手の制約

前述の通り，ニューウェルの三角形は，一般的に「活動の最適な協調性とコントロール[16, 21]」を表わすために使用される。これに関しては，動作や人間のパフォーマンスに対する個人面，運動課題面，環境面の潜在的な制約を明らかにすることが，最適なアセスメントの選択につながるだろう。

個人面：個人面の制約は，選手の身体的および心理的な状態を反映し，アセスメントの選択に影響するだろう。特に体組成は，アセスメントを完遂できるか，または体重や身長，腕や脚の長さといった体型の主な要素を考慮して結果を解釈しなければならないかといったことを判断するために用いることができる。ある種の測定方法は，その性質から万人への適用が制限され，また安全性のために子どもや高齢者には特別な配慮が必要である。選手の成熟度（身体的および心理的），体力レベル，トレーニングの経験によって，より複雑で体力を必要とするアセスメントを実施することもできる。重症度や箇所によるが，既存の外傷・障害やその危険性によって，特定のアセスメントに参加できない場合もある。性別（およびその他の個人的要素）ごとの標準データの有無も，制限の一因となる。

運動課題面：運動課題面の制約は，対象のスポーツや身体活動に要求される性質と，関連するフィットネス特性を反映し，各選手に対して適切

なアセスメントがどれかということに強く影響する。これは特異性の概念が特に重要になるところであり，運動課題面の制約，フィットネス特性，選択するアセスメント間の調整が必要不可欠である。特定のスポーツにおける運動と休息の比率によって，フィットネス特性の種類とそれに対応するアセスメントが決まりうる。前述のサッカーの例をとると，典型的な運動と休息の比率は1：4よりも大きく[11]，運動は短時間のスプリントや方向転換を，長時間の休息は歩行や立位姿勢を表わしている。この場合は，短い距離のスピードとアジリティのアセスメントを選択できる。選手によっては，特定のポジションに必要となる能力によって，関連するアセスメントが決まるだろう。アメリカンフットボールの例では，できるだけ高い位置でボールをキャッチすることが求められるワイドレシーバーの選手には垂直跳びの測定が適切であり，オフェンスラインの選手は相手のディフェンスラインの選手を押し戻す役割を担うため，上半身の最大筋力や筋持久力の測定がより適切だろう。対象のスポーツや身体活動における競技レベルや参加レベル，時にはルールも，アセスメントの選択に影響を及ぼすことがある。

環境面：トレーニング施設やスポーツ組織の方針といったものも含めた環境面の制約も，アセスメントの選択に影響を及ぼすことがあり，計測したり一般に公表できる情報の種類や，屋内外の施設，騒音，プライバシーなどの実際の環境についての制約などがある。さらに，社会的規範や，コーチや選手の関係者（管理者や家族，友人，後援会）からの期待といった項目も，実施するアセスメントの種類と公開する情報に関して考慮しなければならない。一般に，変化と持続的な改善に対する環境的，組織的サポートは，アセスメントの選択と実施の助けとなる。

妥当性

妥当性の概念は有用性とは異なり，アセスメントに対して様々な形で応用できる[7, 15, 18]。一般に，妥当性（より具体的には論理的妥当性または表面的妥当性）とは，目的の数値を測定するためのアセスメントの性能を指すが，アセスメントの結果が測定環境以外の実際の環境でも意味をなすかという生態学的妥当性の概念を含めるように広義に考えることもできる。研究の観点からは，妥当性のあるアセスメントとは，あるフィットネス特性を測定するうえで最も正確とされている方法と同等の測定結果を示すということである。例えば，有酸素性能力を推定することを目的としたアセスメントでは，呼気ガス分析装置を用いた呼気ガスの分析によって計測された最大酸素摂取量と同等の数値を計測できるものが，妥当性があると考えられる。

アセスメントにおいて実施されるスポーツ現場での測定と，基準となるような研究室ベースの測定との直接的な比較には複数の制限があるため，コーチはこれらの測定間の強い相関関係（識別的妥当性）をあてにすることが多い。生態学的妥当性はこのような論点の1つであり，より管理された環境（研究室）で測定された臨床的な結果と，選手が競技を行う環境で計測されたパフォーマンスの成果の間の不一致は，結果を普遍化できないことにつながるというものである。弁別的妥当性とは，特定のアセスメントの結果が異なるフィットネス特性を有する個人（選手対そうでない者，持久系選手対筋力系またはパワー系選手等）を効果的に区別できることを指す。本書に掲載したアセスメントはこれらの妥当性を念頭に置いて選んだものである。しかし，自身の状況において特定のアセスメントがどれだけ妥当性があるかを検討すべきであることはいうまでもない。

信頼性

　信頼性とは，特定の数値を常に計測する一貫性を指し[7]，アセスメントの実施およびアセスメントに使用する機器に関連して前述した。信頼性のあるアセスメントが，基準となる数値と全く同じ数値が計測できなくても，高い相関関係がある場合には，特定のフィットネス特性の変化を観察するために使用することができる。「**精密性**（precision）」という言葉は，信頼性と妥当性のサブカテゴリーとして考えることができ，あるデータ要素についてどれだけ確信できるかを示すものである[7]。より具体的には，精密性とは，ある特定の結果が起こる妥当な範囲を示すものである。例えば，0.05 kg の精密性を持った体重計で測定された 99.8 kg の体重は，99.75 kg から 99.84 kg の間であると確信できる。この特定のフィットネス特性の測定値に対する信頼によって，アセスメントセッション間の変化を適切に比較できる。アセスメントの主な目的の1つは，選手のパフォーマンスが向上したかどうかを判定することなので，選択されたアセスメントの実際の手順，測定環境や機器について，その信頼性を検討しなければならない。

測定人数

　評価する選手の人数とアセスメントの実施にかけられる時間は，最初に考慮しなければならないことである。これらの情報によって，選択するアセスメントの種類や必要な機器の量，必要な人員の数が決まる。アセスメントの種類と利用可能なリソースに応じて，例えば気が散ることでパフォーマンスに影響を与えかねないリアクティブ・アジリティテストでは外的要因を取り除くために選手を個別に測定したり，持久力のテストやシャトルランは取り仕切りやすい人数で実施したりというように，一度に実施できる人数が決まる。最終的な決定は，コーチのスポーツ，選手，測定環境についての知識に大きく依存する。

順　序

　通常，数種類のアセスメントが一連の測定として実施されるため，各アセスメントの実施にかかる時間（休息や回復時間も含む）や，必要なアセスメントのセッション数，測定する選手の人数，アセスメントを実施する順序を検討しなければならない。一般的にアセスメントの順序は，事前に実施されたアセスメントによって次に実施されるアセスメントのパフォーマンスが妨げられないように決めるべきである[24]。これを念頭に置き，疲労を生じにくいアセスメントを最初に実施し，その後にスピードやアジリティ，パワー，筋力や筋持久力，そして心肺機能のアセスメントと続くのがよい。この一般的なガイドラインは，選択した具体的なアセスメントによって，身体的に消耗する課題より前に技術的な要素を必要とする課題を行ったり，持久系の運動より先に筋力を必要とする運動を実施したりできるよう，修正する必要もあるだろう[15, 18]。選択したすべてのアセスメントにかかる時間が，利用可能な時間よりも長い場合は，時間の制約の中で複数のアセスメントのセッションを計画しなければならない。このような場合には，前述したガイドラインを考慮してアセスメントを分散することが勧められる。

　アセスメント間の時間も，最初のアセスメントからの回復を促すために十分に設けられるべきであるが（アセスメントの強度によって数時間～数日），一般的なフィットネス特性が変化してしまうほど長くするべきではない。さらに，多数の選手を測定しなければならない場合には，複数のセッションに分ける必要もありうる。測定のステーション数によって，他のアセスメントに疲労が残りにくいものをひとまとめにすることで，身体的負荷がより高いアセスメントに進む前に実施することができる。この方法によって，アセスメ

ント間の休息時間を最小限にすることで，アセスメントセッションを手際よく実施することも可能である。

タイミング

タイミングも，アセスメントを実施する際に考慮することの1つである。スポーツ種目特有の必要条件（アセスメントがトレーニングの時間やその進行に影響しないか），選手の都合（アセスメントが選手の私生活や競技に対してマイナスの影響を与えないか），施設や人員の調整（特別な対応が必要か）等に関連した判断から，時間の制限が生じる。

ベースラインのアセスメントは，計画したトレーニングプログラムを開始する前の比較的トレーニング状況が落ち着いている時に実施することが勧められる。プレシーズンの時期や，トレーニングサイクル間の移行期にベースラインアセスメントを実施することが多い。しかし，大人数のグループでは，比較的安定してトレーニングを実施できているか見極めることが困難であるため，1回のベースラインアセスメントの結果だけでは情報が限られるだろう。したがって，定期的にアセスメントを実施することを検討するべきである。アセスメントの間隔は状況によって様々だが，プレシーズンやポストシーズンまたはトレーニングのフェーズ間といった移行期が，アセスメントを行う良い機会であり，その結果は将来的な計画を立てる際に役立つだろう。トレーニングなどの介入による適応が起こるためには，アセスメント間に適切な期間を設けるべきである。青少年期の選手に対しては，成長や発達を考慮に入れて3ヵ月ごとのアセスメントが推奨される[25]。

標準データの有無

アセスメントの選択は，選手の結果を比較するための標準データが存在するかどうかによって左右されることもある。この標準データは，様々な性質の個人の大きな集団（一般的な個体群との比較），または同様の性質を持った個人の大きな集団（対象となる特定の個体群との比較）の基準的な数値や標準値の集合からつくられる。比較対象となる特定の個体群の特性が，評価対象の選手の特性（年代，性別，スポーツや身体活動の種類，技術レベル等）と同様であれば，有益であり，より関連性が高くなる。コーチによっては，自身が担当した選手から，比較をするための十分なアセスメント結果を蓄積しているかもしれないが，以降の章には，紹介するアセスメントの既存の標準データも掲載する。

総合すると，前述したフィットネス特性（または特定の状況に関連すると考えられるフィットネス特性の集合）とそれらを測定するためのアセスメントは，選手のフィットネス特性（強みと弱み）を明らかにするために使うことができる。各要素を表わす測定値を標準データと比較し，前述した用語で表わすと，選手が各フィットネス特性について最適下，典型，傑出のどこに属するかを評価することができる。本章で説明したフィットネス特性を表わすスパイダーグラフ（レーダーチャート）の例を図3.3に示す。スパイダーグラフの読み取り方を示すために，第1章で示した正規分布曲線の内容を最適下，典型，傑出したグループの数値とともに組み込んでいる。

この情報は，関連するアセスメントを可視化することにより，意思決定のプロセスを強化することができる。例えば，あるフィットネス特性の数値の典型的な数値からの偏差は，特定の介入方法を選択するべきか，また選手が他の選手と比べて発達しているか，同等か，劣っているかを判断するために使用できる。図3.4のスパイダーグラフは，柔軟性，バランス，パワー，爆発的筋力が特に発達しているが，心肺機能の数値が低い選手

第 3 章　アセスメント 301：どのアセスメントを用いるか？

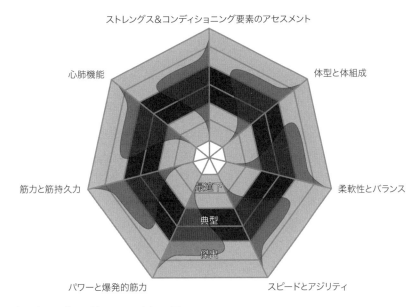

図 3.3　スパイダーグラフ（レーダーチャート）の例

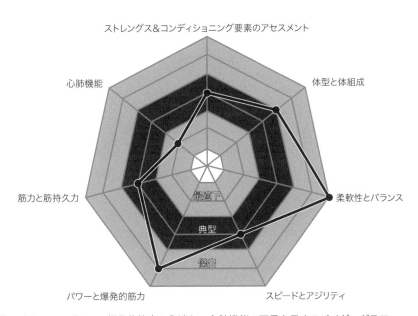

図 3.4　柔軟性，バランス，パワー，爆発的筋力の発達と，心肺機能の不足を示すスパイダーグラフ

を表わしている。反対に図 3.5 は，心肺機能が特に発達しているが，筋力と筋持久力が欠如している選手を表わしている。

選手やチーム全体のフィットネス特性を検証した後，その結果に応じて，トレーニングプログラムを修正したり新たな介入を取り入れるなどの決断を下すことができる。その後，追跡アセスメントを行い，実施した介入方法が効果的であったかどうか，スパイダーグラフに前回の数値（黒線）と今回の数値（白線）を示して比べることで判断できる（図 3.6）。このケースでは，筋力と筋持久力が最適下から典型へと向上したようにみえ，その他のフィットネス特性においても小さな変化がみられる。

第I部　アセスメントの基本

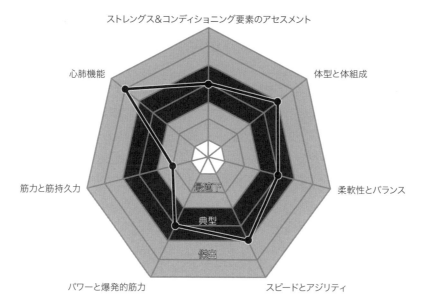

図 3.5　心肺機能の発達と筋力，筋持久力の不足を示すスパイダーグラフ

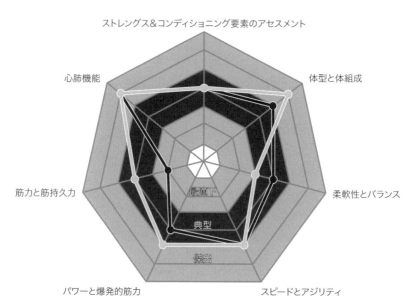

図 3.6　前（黒線）後（白線）の比較から改善を表わすスパイダーグラフ

一般的な推奨事項

　具体的にアセスメントを計画する前に，確認しておくべき推奨事項がある。それは，選手のスクリーニング，習熟過程，プレテストのガイドライン，ウォームアップ，アセスメントの実施手順などである。

参加にあたってのスクリーニング

　アセスメントを実施する前に，一般的な健康状態や運動に参加するための能力を確認しなくてはならない。本書では，その前提として，選手が既にスポーツや身体活動に参加しており，医師などによりその参加が認められていると仮定している。PAR-Q+（Physical Activity Readiness

Questionnaire for Everyone：すべての人を対象にした身体活動への準備具合に関する質問表）は，選手自身で実施でき，医師の許可を得る必要があるかどうかを判断するための選択肢の1つとなるだろう。また，残存する障害や，障害のある動作パターンといった既存の健康状態については，アセスメントを選択するうえで特別に考慮しなくてはならない。

習熟過程

公式にデータを収集する前に数回アセスメントを練習することで，選手とコーチの両方が手順や機器の扱いに精通することができる。このようなリハーサルセッションを行うことで，関連性が高く有用な結果を得る能力に影響を与えうる手順の問題や外的影響を明らかにできる。運動学習または工夫することで起こる急速な改善を通して新しい課題を素早く身につける能力は「学習効果 (learning effect)」と呼ばれるが，それも考慮する必要があるだろう。したがって，アセスメントを練習することで，選手は学習曲線に沿って向上でき，トレーニングプログラムや他の介入による変化を明確に示すことができる。

プレテストのガイドライン

トレーニングが比較的安定していることが望まれるように，日々の恒常性（周囲の環境における平衡と定義される）を保つことも推奨される。これは，体内の水分量や食事，前の身体活動から残存する疲労，睡眠に関連する要因などであり，特定のプレテストのガイドラインを理解することで対処することができる[18]。これらの推奨項目から，また生物学的活動の日変化を考慮して，アセスメントのセッションは通常1日の特定の時間に実施される。食生活習慣の大きな変動を抑えるために，体組成の測定は午前中に行われることが一般的である。アセスメントの必要事項に応じて，アセスメント前24時間は高強度の身体活動を避け，2〜4時間（体重測定では4〜6時間）以内には大量の食事をとらないようにすべきである。特にレジスタンストレーニングにおいて，最近新しい介入を実施したのであれば，パフォーマンスの向上に遅れが出るかもしれず，その変化を適切に捉えるためには負荷を軽くしたり強度を落としたりしてトレーニングを行う時間が必要である可能性もある。アセスメント結果を競技への準備具合の指標として用いる場合，実際の試合前には疲労が最も起きにくいアセスメントを，試合を想定したセッションの前にはより強度の高いアセスメントを実施することを検討すべきである。この方法によって，選手は日々のコンディションが必ずしも安定していない中でも，試合へ向けた通常の練習に取り組むことができる。

ウォームアップ

アセスメントを実施する前に，一般的および動作に特異的なウォームアップを行うべきである[15]。選手は，パフォーマンスにマイナスの影響を与える可能性があるため，アセスメントの前に長時間の静的ストレッチングを行うことを避けることが推奨される。したがって，徐々に強度を上げながら動的な動作を行うべきである。一般的なウォームアップの例を表3.2に示した。動作に特異的なウォームアップは，以降の章で紹介するアセスメントの手順の中で示す。

明確で簡潔なアセスメントの手順

データを信頼し，被験者や時点間の結果を効果的に比較するために，常に一定の方法でアセスメントを実施することで手順を標準化することは，最も重要である。したがって，アセスメントについての説明でも実施時にも，選手が求められていることを明確に理解できるように，効果的なコミュニケーションをとる必要がある。前述のとお

り，コーチが具体的な状況で練習し修正を施した台本を用いることで，説明をより上手に行うことができるだろう．この方法は，測定セッション間の手順からの逸脱を明確にし，それを最小限にするために役立つ．しかし，手順からの逸脱が実際に起こった時には（選手が動作パターンを変更したり，睡眠不足であったり，不適切な衣服や靴を身につけてくるといった測定には適さない状態で現れたりした場合），アセスメントの結果を検討する時のために，測定時のメモとしてこれらの潜在的な問題点を記録するべきである．

すべての選手に対して同じコーチが特定のアセスメントを実施することが，アセスメントの標準化につながる．このことによって，説明方法の差異を最小にし，選手の快適度を向上させ，一方で性格や激励方法，パフォーマンスについてのフィードバックによる影響を和らげる．可能であれば，選手のアセスメントに対する関与やモチベーションを高く保つために，パフォーマンスに対してポジティブなフィードバックを与えるべきである．これを念頭に置き，コーチは測定中に選手がしっかりと力を発揮するのを見届け，必要であれば彼らが勝手にペースを調節しないように（測定中の特定の場面で力を抜かないように）管理することが特に重要である．このようなケースでは，測定結果が無効となり，アセスメントを再度行う必要があるかもしれない．

まとめ

多種多様な要因がアセスメントの選択に影響する．選手とコーチのニーズが検討されなければならないが，一方で，時間などの利用可能なリソースの制限も理解しなければならない．アセスメントを選択するために，対象のスポーツや身体活動の動作パターンや代謝面のニーズに則した基礎的なフィットネス特性を特定しなければならない．これは，個人面，運動課題面，環境面の制約や，妥当性や信頼性などのアセスメントの基本的な原理を理解することで可能となる．選手のスクリーニングの実施後，アセスメントの実施練習，プレテストのガイドライン，ウォームアップを行い，実施手順を用意することで，選択したアセスメントを問題なく実施することができるだろう．最後に，標準データが存在するアセスメントを用いることで，継続してパフォーマンスを向上させるためにエビデンスを用いて選手のフィットネス特性を評価できる．

第3章　アセスメント301：どのアセスメントを用いるか？

表 3.2　一般的なウォームアップ

	エクササイズ		時間・反復回数
1	低強度あるいは中強度の有酸素性エクササイズ（選手が容易に会話が可能なペースでのジョッギング，サイクリングまたはローイング）		5分
2	自体重のスクワット		10回
3	自体重のウォーキングランジ		10回
4	アームサークル		10回
5	ウォーキングしながらのハムストリングストレッチ（ニータック）		10回

第I部　アセスメントの基本

	エクササイズ		時間・反復回数
6	アームスイング		10回
7	ウォーキングしながらの大腿前面のストレッチ（ヒールキック）		10回
8	プッシュアップ		10回
9	自体重のスクワットジャンプ		10回

アセスメントの手順

　第Ⅱ部では，体型と体組成，柔軟性とバランス，アジリティとスプリント，パワー，筋力と筋持久力，心肺系の持久力といった，第Ⅰ部で紹介した基本的なフィットネス特性のアセスメントの手順を紹介する。各アセスメントについては，必要な器具や手順の例とともに，研究からの注釈，標準的なデータも示し，包括的なものとした。最後の章は，基礎的なフィットネス特性のアセスメントよりも頻繁に実施されることが多いトレーニングのモニタリングについて解説するが，そのコンセプトを強調するために多少異なるフォーマットになっている。

CHAPTER 4

体型と体組成

> 「世界中のほとんどの人間は，推測か，自分の直感を使って決断する。彼らは運が良いか悪いかのどちらかである。」
>
> スハイル・ドシ（ミックスパネル社 最高経営責任者）

体型や体組成の測定値は，一般的な健康状態を評価するためによく用いられる。これらの数値の重要性は，競技の内容や被験者の目標によって様々である。BMIやウエスト-ヒップ比といった体型の測定値が極端に高い場合は疾患リスクの分類において危険因子として扱われ，一方，部位ごとの周径囲や皮脂厚は比較目的や美的な目的で体組成の変化を推定するために用いられる。多くの人が体脂肪率に注目するが，これは少人数の集団から作成された推定式に頼っており，経年変化をたどることに関してはいまだに本当の意味でよく検討されていないのである。したがって，できる限り実際の測定値を記録し評価することが推奨される。体組成とパフォーマンスとの関連性には大きな個人差があるため，本章では「最適下」「傑出」という言葉の代わりに「低い」「高い」という言葉を用いることとする。本章で紹介するアセスメントは以下の通りである。

- 体重，身長，BMI[11, 15]
- 部位別の周径囲[8, 11]
- 皮脂厚（体脂肪率，体脂肪量，除脂肪体重）[8, 11]
- 生体インピーダンス法[8]

第4章 体型と体組成

体重，身長，BMI WEIGHT, HEIGHT, BODY MASS INDEX (BMI)

目　　的
体重と身長は，身体の標準的な計測値である。BMI は通常，健康リスクの分類のために使用されるが，身長に対する身体の大きさを表わす一般的な指標としても用いられる。

測定項目
体重をキログラム(kg)，身長をセンチメートル(cm)の単位で測定する。BMI は，体重(kg)を身長(m)の 2 乗で割って求める（kg／m^2）。

用　　具
台秤（またはデジタル体重計）と壁掛け型または独立型の身長計，あるいは体重計と身長計の一体型の器具，電卓または計算図表。

測 定 前
身長と体重は 24 時間の中で変動があるため，測定を実施する時刻は統一するべきである。被験者に対しては，アセスメントセッション開始の 4〜6 時間前から食事を控え，適切に水分摂取を行うよう指示する。体重計や身長計は安定した平らな面に設置する。アセスメント中は数値を記録する人を別に設け，確認のために数値を復唱してもらうことが推奨される。更衣室の準備や，測定中に部外者が入り込まないようにする等，被験者のプライバシーには適切な配慮を行う。

手　　順
体　重
1. 被験者に以下の言葉をかけて開始する：「これから体重を測ります。準備はいいですか。準備ができていれば，靴や靴下，アクセサリー等，最低限の衣服以外のものを取り外してください」。通常，必要最低限の衣服（T シャツとショートパンツ）の重量はごくわずかであるが，アセスメントのたびに同様の衣服を着用することが推奨される。全裸の体重が必要であれば，衣類の重量を別に計測し，着用時の体重から差し引けばよい。
2. 体重計の表示が 0 となっていることを，デジタル体重計では表示から，台はかりではスライドおもりが 0 の位置にある時につりあっていることから確認する。
3. 以下のように指示する：「体重計の上に乗り，足を肩幅に開き，腕を体の横に置いてください。体重を測り終えるまで，できる限り動かないようにしてください」。
4. デジタル体重計の表示に現れた数値，または台はかりがつりあっている時のスライド重りの位置の数値を 0.1 kg 刻みで最も近いところで記録する。
5. 「ありがとうございました。体重計から降りてください」と指示して終了する。

身　長

1. 被験者に以下の言葉をかけて開始する：「これから体重を測ります。準備はいいですか。準備ができていれば，靴や靴下，アクセサリー等，最低限の衣服以外のものを取り外してください」。
2. 以下のように指示する：「足を肩幅に開き，腕を体の横に置いて，測定機器（壁掛けの身長計は壁，独立型の身長計や医療用台秤は垂直の支柱）に背中をつけて立ってください」。
3. 以下のように指示する：「前を見て，顎を地面と平行にしてください」。必要であれば，「頭の位置を調整してもいいですか」と聞き，被験者の顎のラインが目と耳の穴を結んだ線と平行になるように頭の位置を調整する。
4. 以下のように指示する：「計測している間はできるだけ背を伸ばし，深く息を吸い込んでいてください」。この時に，水平の測定バーを被験者の頭頂部に合わせる。
5. 0.5 cm か 1.0 cm 刻みで身長を記録する。
6. 「身長計から降りてください」と指示して終了する。

別法・部分的変更

座高が必要な場合，被験者に床に座ってもらい，足を床につけ下半身の筋をリラックスさせた状態で，身長の計測の手順を繰り返す。脚長は，身長から座高の数値を引くことで推定できる。

測 定 後

体重を身長の2乗で割ることでBMIを計算できる（単位は kg/m^2）。図4.1の計算図表を使用して算出する方法もある。

研究からの注釈

BMIは一般的に，体重が身長に対して多いか少ないかを評価することで，健康状態を分類するために用いられる（表4.1）。しかしこの方法は体脂肪と筋組織とを区別できず，特に筋量の多い人は過体重または肥満と分類されてしまうことがあるため，適切ではない可能性がある。BMIは，被験者が行っている競技種目によって異なってくる。陸上のトラック種目の被験者では，競技種目の距離が短くなるにつれ（または平均速度が速くなるにつれ）BMIの増加がみられ，100 m で 24 kg/m^2，200 m で 23 kg/m^2，400 m で 22〜23 kg/m^2，800 m や 1,500 m で 21 kg/m^2，10,000 m やマラソンで 20 kg/m^2 という数値が出ている。興味深いことに，短距離（つまり速度が速い）競技の選手は，長距離（つまり速度が遅い）競技の選手に比べてBMIの偏差が大きく，これは体型的な要因だけでなく，何らかのバイオメカニクス的および生理学的要因がスプリントのパフォーマンスに関係していることを示唆している[17]。

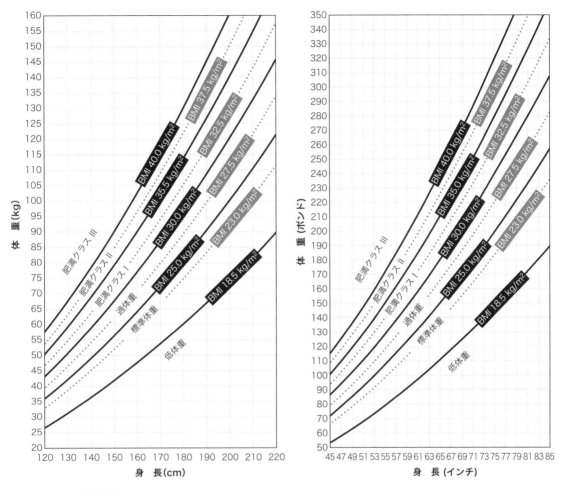

図 4.1 BMI の計算図表

World Health Organization, "Appropriate Body-Mass Index for Asian Populations and Its Implications for Policy and Intervention Strategies", *The Lancet* 363 (2004): 157-163 よりデータを引用。

表 4.1 BMI の分類

分 類		BMI 値
低体重（やせ過ぎ）		<18.50
標準体重		18.50 〜 22.99 23.00 〜 24.99
過体重（太り過ぎ）		25.00 〜 27.49 27.50 〜 29.99
肥 満	クラス I	30.00 〜 32.49 32.50 〜 34.99
	クラス II	35.00 〜 37.49 37.50 〜 39.99
	クラス III	≧ 40.00

World Health Organization, "Appropriate Body-Mass Index for Asian Populations and Its Implications for Policy and Intervention Strategies", *The Lancet* 363 (2004): 157-163 よりデータを引用。

標準データ

男性の体重の分類を図 4.2 に，女性の分類を図 4.3 に示す．表 4.1 は BMI 値によるリスクの分類であり，図 4.4 〜 4.7 は年齢層ごとの BMI の基準値と，男性・女性アスリートのスポーツ種目別の BMI の基準値である．

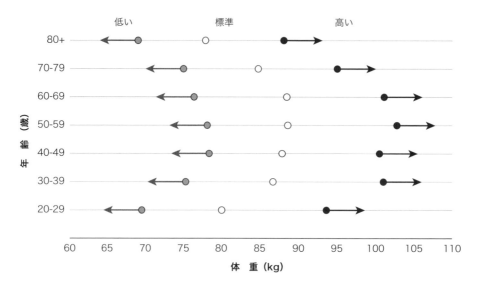

図 4.2 男性の年齢層ごとの体重の分類．低い：25 パーセンタイル，標準：50 パーセンタイル，高い：75 パーセンタイル
6) よりデータを引用．

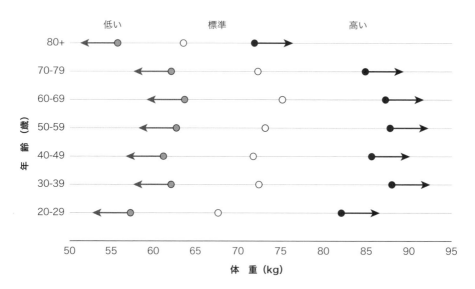

図 4.3 女性の年齢層ごとの体重の分類．低い：25 パーセンタイル，標準：50 パーセンタイル，高い：75 パーセンタイル
6) よりデータを引用．

第 4 章　体型と体組成

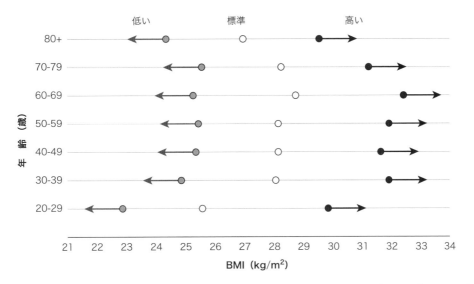

図 4.4　男性の年齢層ごとの BMI の分類。低い：25 パーセンタイル，標準：50 パーセンタイル，高い：75 パーセンタイル
6) よりデータを引用。

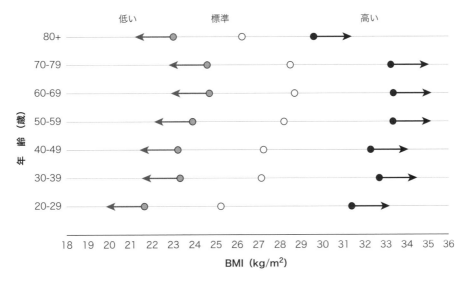

図 4.5　女性の年齢層ごとの BMI の分類。低い：25 パーセンタイル，標準：50 パーセンタイル，高い：75 パーセンタイル
6) よりデータを引用。

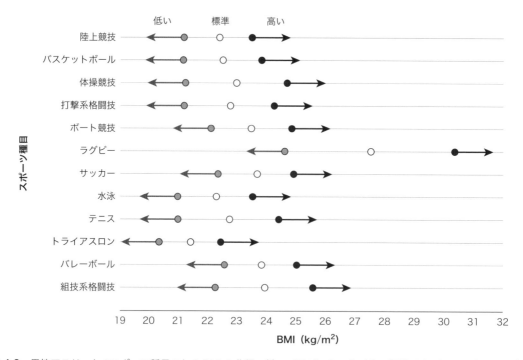

図 4.6 男性アスリートのスポーツ種目ごとの BMI の分類。低い：25 パーセンタイル，標準：50 パーセンタイル，高い：75 パーセンタイル。
16）よりデータを引用。

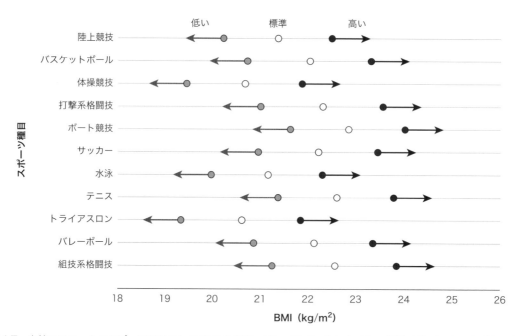

図 4.7 女性アスリートのスポーツ種目ごとの BMI の分類。低い：25 パーセンタイル，標準：50 パーセンタイル，高い：75 パーセンタイル。
16）よりデータを引用。

部位別周径囲　SEGMENTAL CIRCUMFERENCES

目　的

部位別の周径囲のアセスメントは，ウエスト–ヒップ比や，部位ごとの質量（腕，脚，胴体）に関連した体型の特性を利用して，部位ごとの質量（または脂肪）の配分に関連した健康上のリスクを評価するために利用できる。

測定項目

身体の各部位の周径をセンチメートル（cm）の単位で測定する。さらに，ウエスト–ヒップ比を算出する。

用　具

柔らかいテープメジャー（巻尺），電卓または計算図表。

測定前

周径囲の測定を行う時刻は統一すべきである。被験者に対しては，アセスメントセッション開始の4〜6時間前から食事を控え，十分に水分摂取を行うよう指示する。アセスメント中は数値を記録する人を別に設け，確認のために復唱してもらうことが推奨される。更衣室の準備や，測定中に部外者が入り込まないようにする等，被験者のプライバシーには適切な配慮を行う。

手　順

1. 被験者に以下の言葉をかけて開始する：「これから体の各部位の周径囲を測ります。準備はいいですか。準備ができていれば，靴や靴下，アクセサリー等，最低限の衣服以外のものを取り外してください」。
2. 被験者の準備ができたら，「体のランドマークを特定した後，テープメジャーを使って各部位の周径囲を計測していきます。計測している間，リラックスして通常の呼吸をするようにしてください」と伝え，アセスメントを続ける。
3. 図4.8，表4.2を参照し，被験者の右半身の適切なランドマークを特定した後，身体部位の周りにテープメジャーを巻きつけ，それが地面と平行になるよう皮膚に対して密着させ，ねじれや折れ曲がりがなく皮下組織の圧迫が最低限となっていることを確認する（図4.9）。ギューリックを用いる場合は，ばねが毎回同じ位置まで延ばされているようにする。
4. 測定者の目の位置をテープの高さに合わせた後，被験者の通常の呼吸で息を吐き終わった時の数値を記録する。
5. 適切な測定部位を順次計測していき，各部位において計測ごとの誤差が5 mm以下になるまで繰り返す。
6. 「ご協力ありがとうございました」と伝えて終了する。

第Ⅱ部　アセスメントの手順

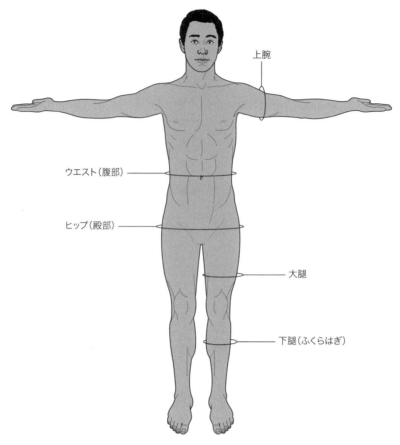

図 4.8　部位別周径囲の測定を行う解剖学的部位

表 4.2　部位別周径囲の測定を行う解剖学的部位の説明

部　位	説　明
腕または上腕（弛緩時）	上腕の肩と肘関節の中間の位置。身体の横に腕を置き，立位でリラックスした姿勢で計測する
ウエスト（腹部）	胴体の肋骨から腸骨までの間で最も細い部分。身体の横に腕を置くか，胸の前で腕を組み，立位でリラックスした姿勢をとり，両足に均等に体重を配分した状態で計測する
ヒップ（殿部）	ヒップ（殿部）の最も太い部分。身体の横に腕を置くか，胸の前で腕を組み，立位でリラックスした姿勢をとり，両足に均等に体重を配分した状態で計測する
大腿	大腿前面の股関節と膝蓋上端の中間の位置。身体の横に腕を置き，立位でリラックスした姿勢をとり，両足を少し開き，均等に体重を配分した状態で計測する
下腿（ふくらはぎ）	座位または足を箱の上に置いた状態（膝関節・股関節屈曲 90°）で下腿の最も太い位置。腕を身体の横に置き，立位でリラックスした姿勢をとり，両足を少し開き，均等に体重を配分した状態で計測する

第 4 章 体型と体組成

図 4.9　周径囲の計測の例

別法・部分的変更

　上腕の周径囲の計測は，肘関節を屈曲した状態で上腕の最も太い部分を計測することもできる。

測　定　後

　ウエスト–ヒップ比は，ウエストの周径囲をヒップの周径囲で割るか，または図 4.10 の計算図表を用いることで求めることができる。ウエスト–ヒップ比は通常，脂肪が腹部に蓄積する人（リンゴ型またはアンドロイド型）とヒップ回りに蓄積する人（洋ナシ型またはジノイド型）とを区別するために使用されるほか，疾患のリスクを評価するためにも用いられる。またこの比率は，相対的な質量の分布も示しており，それは重心やバランス能力（姿勢安定性）に影響を与える。部位別の周径囲の数値は，同じ部位の皮脂厚の数値（本章で紹介する）と組み合わせることで，皮下組織の構成（脂肪量と除脂肪量）を大まかに推定することができる。

研究からの注釈

　新体操の競技においては，体型がパフォーマンスに密接に関係する。興味深いことに，体型の数値と有酸素性能力が競技のランキングスコアに同様に影響する一方で，柔軟性，パワー，爆発的筋力，無酸素性能力の影響は小さい。さらに，部位別の周径囲はエリートとそうでない選手で同様の数値でありながら，全国大会でのランキングスコアとの相関関係はエリート選手においてより密接である[5]。

標準データ

　図 4.11，図 4.12 にはウエスト–ヒップ比のリスクの分類，図 4.13 〜図 4.20 にはスポーツ種目別のアスリートの部位別周径囲の参照値を男女別に示す。

第Ⅱ部　アセスメントの手順

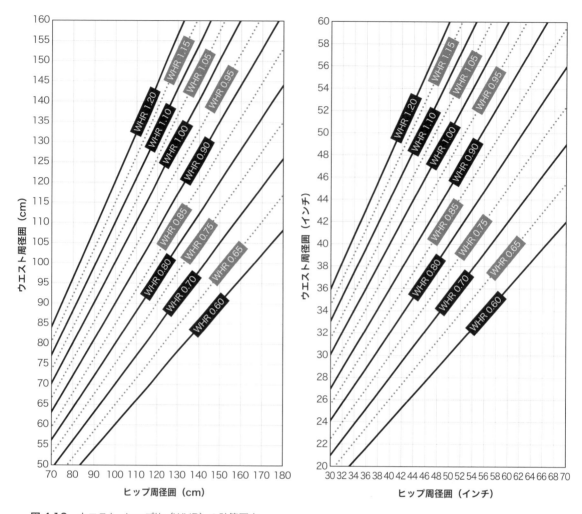

図4.10　ウエスト−ヒップ比（WHR）の計算図表

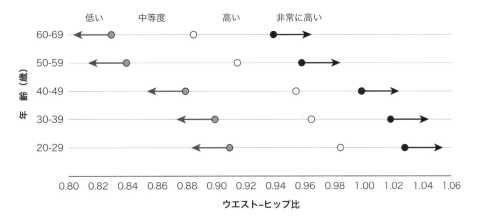

図 4.11 男性の年齢層ごとのウエスト−ヒップ比による健康リスクの分類
8) よりデータを引用。

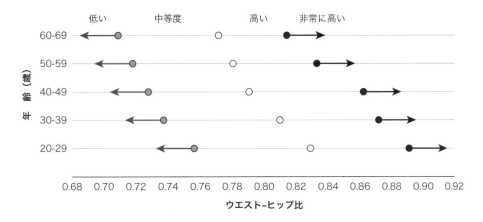

図 4.12 女性の年齢層ごとのウエスト−ヒップ比による健康リスクの分類
8) よりデータを引用。

第Ⅱ部　アセスメントの手順

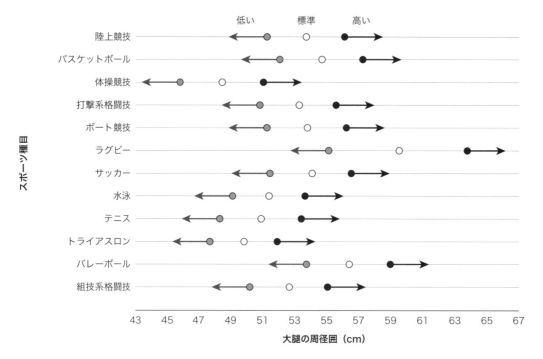

図 4.13　男性アスリートのスポーツ種目ごとの大腿の周径囲。低い：25 パーセンタイル，標準：50 パーセンタイル，高い：75 パーセンタイル。
16）よりデータを引用。

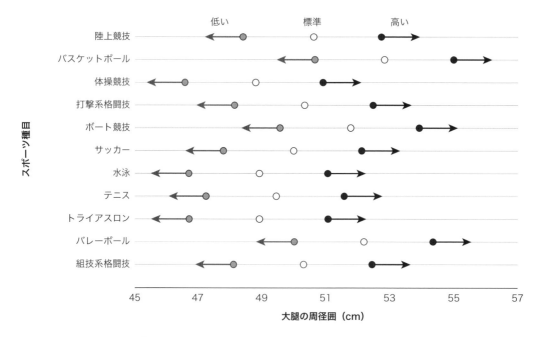

図 4.14　女性アスリートのスポーツ種目ごとの大腿の周径囲。低い：25 パーセンタイル，標準：50 パーセンタイル，高い：75 パーセンタイル。
16）よりデータを引用。

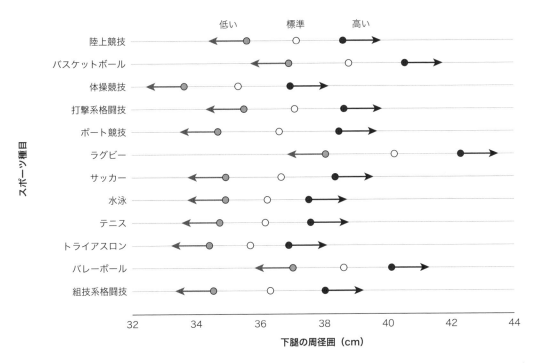

図4.15 男性アスリートのスポーツ種目ごとの下腿の周径囲。低い：25パーセンタイル，標準：50パーセンタイル，高い：75パーセンタイル。
16) よりデータを引用。

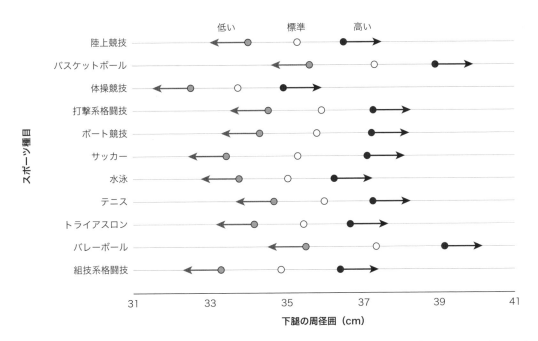

図4.16 女性アスリートのスポーツ種目ごとの下腿の周径囲。低い：25パーセンタイル，標準：50パーセンタイル，高い：75パーセンタイル。
16) よりデータを引用。

第II部　アセスメントの手順

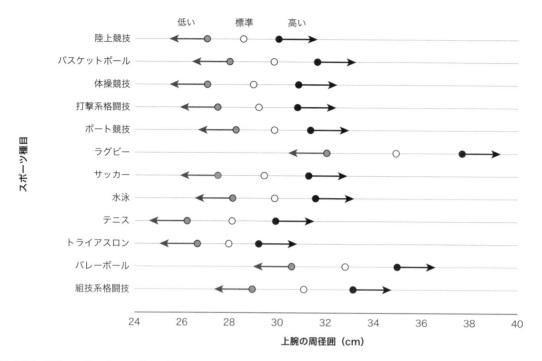

図4.17 男性アスリートのスポーツ種目ごとの上腕の周径囲。低い：25パーセンタイル，標準：50パーセンタイル，高い：75パーセンタイル。
16）よりデータを引用。

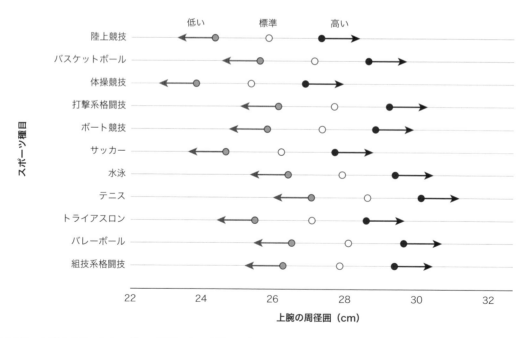

図4.18 女性アスリートのスポーツ種目ごとの上腕の周径囲。低い：25パーセンタイル，標準：50パーセンタイル，高い：75パーセンタイル。
16）よりデータを引用。

第4章　体型と体組成

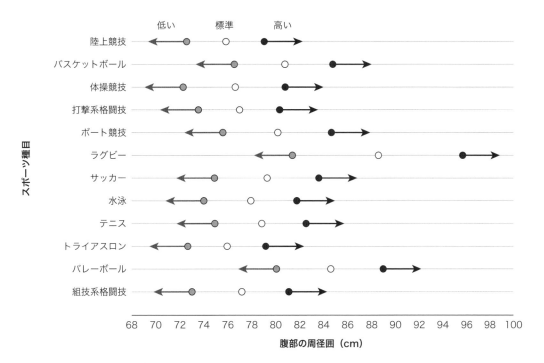

図4.19 男性アスリートのスポーツ種目ごとの腹部の周径囲。低い：25パーセンタイル，標準：50パーセンタイル，高い：75パーセンタイル。
16) よりデータを引用。

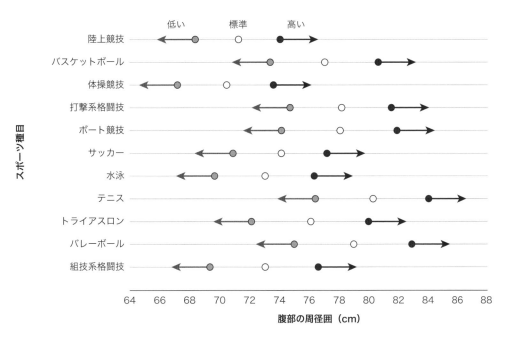

図4.20 女性アスリートのスポーツ種目ごとの腹部の周径囲。低い：25パーセンタイル，標準：50パーセンタイル，高い：75パーセンタイル。
16) よりデータを引用。

皮脂厚のアセスメント　SKINFOLD ASSESSMENT

目　　的
皮脂厚の測定により体組成を推定する。

測定項目
皮脂厚をミリメートル（mm）の単位で測定し，皮脂厚の合計をミリメートルの単位で算出する。さらに，体脂肪率を推定する。

用　　具
キャリパー，ペンまたはマーカー，テープメジャー。

測定前
皮脂厚のアセスメントを行う時刻は統一すべきである。被験者に対しては，アセスメントセッション開始の4〜6時間前から食事を控え，適切に水分摂取を行うよう指示する。被験者がボディクリームやローションを使用していると，皮脂厚の測定が困難になるため，測定前は使用しないように伝える。アセスメント中は数値を記録する人を別に設け，確認のために復唱してもらうことが推奨される。更衣室の準備や，測定中に部外者が入り込まないようにする等，被験者のプライバシーには適切な配慮を行う。

手　　順
1. 被験者に以下の言葉をかけて開始する：「これからキャリパーを使って体脂肪率を測ります。準備はいいですか。準備ができていれば，必要のない衣服やアクセサリー等を取り外してください」。
2. 被験者の準備ができたら，「正確に計測するために，皮膚を指でしっかりとつまむ必要があり，それによって痛みを感じることがあるかもしれません。痛みを我慢できず休憩をとりたい時は，教えてください。計測中はリラックスして通常の呼吸を心がけてください。開始してもいいですか」と伝え，計測を開始する。
3. 適切なランドマークを特定し，身体の右側の特定の測定部位に印をつけた後，親指と人差し指を用いて皮膚とその下の皮下脂肪をしっかりとつまみ，さらに下の組織から引き離すようにする（図4.21，表4.3）。
4. 皮膚と皮下脂肪をその下の組織から引き離している間に，つまんでいる指の約1cm下にキャリパーを垂直に当てる。
5. 皮膚を指でつまんだままの状態で，キャリパーを皮膚に数秒固定してから，数値を記録する（キャリパーの使い方の例は図4.22を参照）。
6. キャリパーを皮膚から離し，次に指を離す。
7. 各測定部位について，同様の手順で計測する。計測値の間の誤差が1〜2mmになるまで計測を繰り返す。

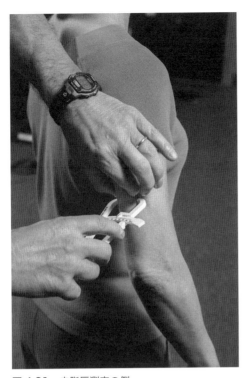

図 4.21 皮脂厚測定の例

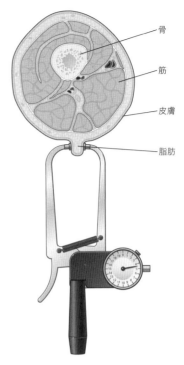

図 4.22 キャリパーによる皮脂厚の測定

表 4.3 皮脂厚測定の解剖学的部位の説明

部　位	説　明
胸部	脇（腋窩）と乳首をつないだ線の中点を斜めにつまむ
腹部	へそから右側に 2 cm のところを垂直につまむ
上腕三頭筋	上腕後面の中央の線上で肩と肘関節の中点を垂直につまむ
腸骨上部	寛骨の前方上部からへそに向かって 2～3 cm のところを斜めにつまむ
大腿	体重を反対側（左側）の脚にかけた状態で，大腿前面中央において膝蓋の上端と股関節の中点を垂直につまむ

8. 計測値の中で，最も近い 2 つの数値の平均値を計算する。
9. 「ご協力ありがとうございました」と被験者に伝え，測定を終了する。

別法・部分的変更

　皮脂厚の測定部位は他にも様々あるが，コーチやフィットネスの専門家は下腿の周径位と関連した数値としてふくらはぎの皮脂厚にも興味があるかもしれない。ふくらはぎは，椅子等に座った姿勢か，膝と股関節が直角になるよう足を箱の上に上げた状態で，周径囲が最も太い部分の内側を垂直につまむことで計測できる。

測定後

　皮脂厚から体脂肪率を推定するための推定式や公式は数多くある。図4.23は，被験者の年齢と部位別の皮脂厚（図4.21，表4.3）の合計値（男性：胸部，腹部，大腿，女性：上腕三頭筋，腸骨上部，大腿）を用いることで，この過程を簡略化できる計算図表である。体脂肪率の数値が計算されたら，その数値を100で割り，体重と掛け合わせることで，体脂肪量を求めることができる。さらに，体重から体脂肪量を引くことで除脂肪量を求めることができる。体密度（または体脂肪率）を求めるための式が多種多様であり，正確性にも不安があることから，コーチやフィットネスの専門家はこの計算をせずに，皮脂厚の合計値だけを記録することで，アセスメント間のより正確な変化を示すこともできる。

研究からの注釈

　ボディビルディングの競技者は，筋の外観で評価されるため，通常，筋のサイズを維持したり増加させたりしながら体脂肪を劇的に減少させる必要がある。表4.4はナチュラルボディビルダー【訳注：筋肉増強剤等の薬剤を使用しないボディビルディングを行う人のこと】のコンテストへの準備と回復の期間を追った12ヵ月のケーススタディからの皮脂厚の未発表データである[14]。コンテストへの準備

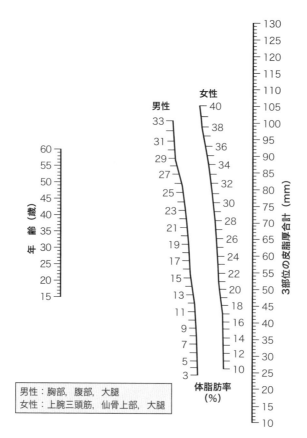

図4.23　3部位の皮脂厚の合計値を用いた体脂肪率の計算図表

W.B. Baun, M.R. Baun, and P.B. Raven, "A Nomogram for the Estimate of Percent Body Fat From Generalized Equations", *Research Quarterly for Exercise and Sport* 52, no. 3. (1981): 380-384.Taylor & Francis Ltd. より許可を得て転載。

表 4.4 ボディビルディングコンテスト前後の皮脂厚と体重

測定項目	コンテスト前（月）						当日	コンテスト後（月）					
	−6	−5	−4	−3	−2	−1		+1	+2	+3	+4	+5	+6
胸部皮脂厚（mm）	3	3.5	3.5	3	3.5	3.5	2.25	3.5	6	3.5	4	5.5	6
腹部皮脂厚（mm）	15	13	8.5	5	6	5	4.5	9.5	11.5	11	12.5	12.25	9.5
大腿皮脂厚（mm）	13	12	10	9.25	9	5.5	5.5	11.5	7.5	9	7	10.5	7
3部位皮脂厚合計（mm）	31	28.5	22	17.25	18.5	14	12.25	24.5	25	23.5	23.5	28.25	22.5
体重（kg）	102.9	99.4	96.5	92.3	90.8	90.2	88.9	91.1	94.6	98.0	98.1	99.5	99.0

では，綿密なトレーニングと食事の計画が必要であり，同時に，基準的な方法で体脂肪率を測れない場合に部位別の皮脂厚を記録していくことで進捗具合を確認する必要がある．

標準データ

体脂肪率の推定式を選択することには潜在的に問題があるため，選手の体組成の数値の一般的な経時変化を評価するには，図 4.24 のように皮脂厚の数値を体重または周径囲と組み合わせて活用することが推奨される．男性（図 4.25）と女性（図 4.26）の体脂肪率の分類を示す．

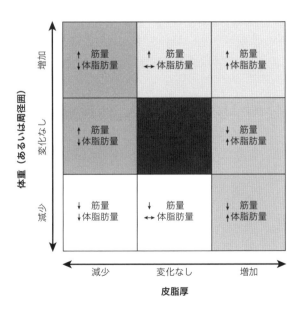

図 4.24 体重（または部位別の周径囲）と皮脂厚の変化と比較した体組成の変化の一般的な解釈
S. Slater, S.M. Woolford, and M.J. Marfell-Jones, "Assessment of Physique." In *Physiological Tests for Elite Athletes*, 2nd ed., edited by R.K. Tanner and C.K. Gore for Australian Institute of Sport (Champaign, IL: Human Kinetics, 2013), 179. より転載．

生体インピーダンス分析法　BIOELECTRICAL IMPEDANCE ANALYSIS

目　　的
生体インピーダンス分析法は，体組成を推定するために用いられる。

測定項目
体脂肪率の推定値。

用　　具
生体インピーダンス分析の機器。

測定前
　測定する時刻を統一し，測定前約12時間以内の運動，約48時間以内のアルコールの摂取を避ける。アセスメントセッション開始の4～6時間前から食事を控え，適切な水分摂取を行うよう指示する。また，測定の直前には排尿し膀胱を空にすることが推奨される。アセスメント中は数値を記録する人を設け，確認のために数値を復唱してもらうことが推奨される。更衣室の準備や，測定中に部外者が入り込まないようにする等，被験者のプライバシーには適切な配慮を行う。電極の表面は，アセスメントごとに製造者が推奨するワイプや洗浄液で消毒を行う。

手　　順
1. 被験者に以下の言葉をかけて開始する：「これから生体インピーダンス法を使って体脂肪率を測ります。準備はいいですか。準備ができていれば，靴と靴下，金属製の物を取り外してください」。
2. 機器の指示に応じて，被験者の年齢，身長，体重（その機器で計測しない場合），人種，活動レベルといった必要な情報を入力する。
3. 以下のように指示する：「台の上に乗って，ステンレスの電極の上に足を合わせてください。測定結果を記録するまではできる限り動かないようにしてください」。
4. 被験者の個人情報（身長，体重，人種，活動レベル等），および体脂肪率の推定値を含め，必要な情報を記録する。
5. 「台から降りてください」と指示して終了する。

別法・部分的変更
機器によっては，手で電極を握る必要があるものもある。

測定後

多くの生体インピーダンス分析機器は内部で換算する機能があるため，さらなる計算や公式の使用は必要ない。極端に痩せていたり極端に肥満の被験者は，生体インピーダンス法による体脂肪率の推定値が標準的な方法（ゴールドスタンダード）を用いて計算されたものとは大きく異なる可能性がある。脂肪量と除脂肪量は皮脂厚のアセスメントの節で説明した方法で求めることができる。

研究からの注釈

生体インピーダンス分析法は，高校生のレスリング選手の最低階級を決めるための体組成の測定方法として推奨されている方法の1つである。選手の体水分量が適切であることを確認した後，認定された生体インピーダンス分析機器によって体脂肪率を測定し，その数値を用いて男子は体脂肪率7％時，女子は12％時の体重（およびその階級）を推定する。例えば，男子の高校生レスリング選手が体重79 kg，体脂肪率12％の場合，最低競技体重は75 kgとなり，一方で女子の高校生レスリング選手が体重65 kg，体脂肪率15％の場合，最低競技体重は63 kgとなる。どちらの場合も，最初のアセスメント時の体重から1.5％（この数値は個別の方針によって異なる）しか減量することができない。さらにこの方法は，他の格闘技においても，急激な減量による健康被害を最小限にするために推奨されている[1]。

多くの生体インピーダンス分析機器による体脂肪率は，アスリートにおいて大きなばらつきが生じる推定式を用いて算出されている[12]。したがってコーチやフィットネスの専門家は，可能であれば，より高度なテクノロジーを用いた機器（単周波生体インピーダンス分析の代わりに生体インピーダンス分光法または多周波生体インピーダンス分析法を用いたもの）の使用を検討するべきであり，そのような機器は近年価格も下がり，より利用しやすくなってきている。

標準データ

男性（図4.25），女性（図4.26）の体脂肪率の分類を示す。

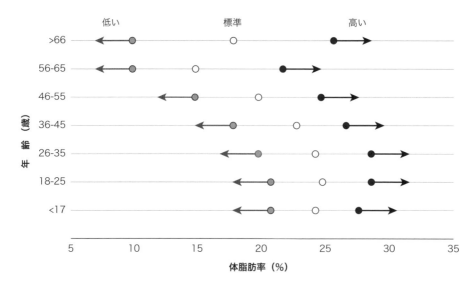

図 4.25 男性の年齢層ごとの体脂肪率の分類。
1a) よりデータを引用。

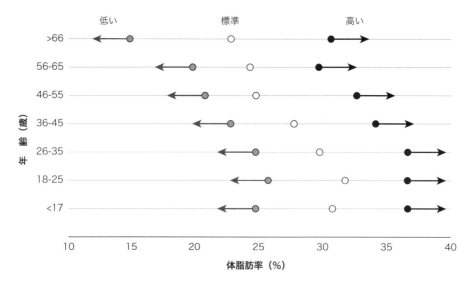

図 4.26 女性の年齢層ごとの体脂肪率の分類
13) よりデータを引用。

CHAPTER 5

柔軟性とバランス

> 「数えられるものすべてが重要とは限らず，重要なものすべてが数えられるとは限らない。」
> アルベルト・アインシュタイン（物理学者）

　柔軟性とバランスのアセスメントは，一般的な健康と，潜在的にモビリティ（可動性）を評価するために用いられることがある。しかし，柔軟性とバランスがパフォーマンスにどのように関係するかについてはよくわかっていない。そのため，一般的に柔軟性とバランスの評価結果は，機能の許容水準を示す最小値と比較される。柔軟性についていえば，所定の関節における過度の弛緩性（ゆるみ）は受傷の可能性を高めることもありうる。加齢のプロセスは，柔軟性とバランス両方の低下を伴うことが多い。多くの健康なアスリートや若年者においては，バランスの低下の心配等ほとんどないだろうが，機能的モビリティの制限がある人，あるいはケガから回復している途中の人では，バランスのアセスメントが競技や活動への復帰の決定に重要な役割を担う。このような理由から，バランスの基準値の測定は，受傷した際の比較のためにも重要である。例えば，バランスエラースコアリングシステム（balance error scoring system：BESS）やタンデム歩行（継ぎ足歩行）は，頭部外傷が起こった際に，フィールドやコートの脇で脳振盪関連の認知機能障害を評価するためによく使われる。体組成と同様に，柔軟性とバランスは個人差が大きく，関係するスポーツや活動に応じて解釈されなくてはならない。そのため，本章では「最適下」「傑出」という言葉の代わりに「低い」「高い」という言葉を用いることとする。本章では以下のアセスメントを取り上げる。

- シットアンドリーチテスト[12]
- バックスクラッチテスト[12,24]
- 腕の挙上テスト[2,12]
- 全身回旋テスト[24]
- 腰部の安定性テスト[14,27]
- ファンクショナルリーチテスト[26]
- バランスエラースコアリングシステム[22]
- タンデム歩行テスト[1,25]

シットアンドリーチテスト（長座体前屈テスト） SIT-AND-REACH TEST

目 的
股関節と腰部の柔軟性を評価する。

測定項目
シットアンドリーチ（手を伸ばして届く距離）の長さをセンチメートル（cm）の単位で測定する。

用 具
定規，粘着テープ。

測定前
定規を床に固定し，短く切ったテープを 23 cm のところに貼る。アセスメントを開始する前に，標準的なウォームアップと中強度のストレッチングを行う。

手 順
1. 被験者に以下の言葉をかけて開始する：「これから股関節と腰部の柔軟性を測定します。準備はいいですか。準備ができたら，靴を脱いでください」。
2. 以下のように指示する：「脚の間に定規がくるように座り，踵の下を 23 cm のテープの印に合わせてください。膝をまっすぐ伸ばして，左右の足を 30 cm 離してください」（図 5.1a）。
3. 以下のように指示する：「左右の手と指を重ねて，定規に沿ってゆっくりとできるだけ前方に伸ばしてください。一番遠くまできたら，その位置を 2 秒間維持してください」（図 5.1b）。
4. 動作中に到達した最大距離を，センチメートル未満を四捨五入して記録し，被験者にリラックスするように伝えてから，さらに 3 回測定を繰り返す。

図 5.1 シットアンドリーチテスト

図 5.2 シットアンドリーチボックスを用いた方法（a）とバックセーバー・シットアンドリーチテスト（b）

別法・部分的変更

　シットアンドリーチボックスを用いて，箱の端に踵をつけて計測する方法もある（図 5.2a）。標準の測定方法では痛みや不快感がある被験者は，計測しない側の膝を曲げて踵を床につけて行うバックセーバー（腰への負担を軽減した）・シットアンドリーチテストで，左右の脚を別に計測する（図 5.2 b）。バックセーバー・シットアンドリーチテストは，被験者をベンチに座らせ，計測しない側の足を床に置く方法で行うこともできる。

測定後

　試行中の最大値（通常 4 回目の試行）が最終結果である。シットアンドリーチボックスを使い，踵の位置が 23 cm でない場合には，標準データとの比較の際にはその差を計算するゼロ点調整が必要となる。例えば，踵が 26 cm のところになるようにシットアンドリーチボックスが置かれている場合，最終結果から 3 cm 引いた数値で比較する。

研究からの注釈

　シットアンドリーチテストの結果と腰痛の関連性について多くの議論がなされているが，スポーツ競技や活動特有の必要条件には特に関連があるだろう。競技によっては，ポジションごとの特性は成功の可能性の目安となるとも考えられる。ナショナルホッケーリーグ（NHL）のコンバイン（p.16 の訳注参照）に参加した選手の解析によると，ゴールキーパーは他のポジションの選手よりも体脂肪が多く筋力と爆発的筋力が低い傾向がみられ，またシットアンドリーチのスコアは有意に高かった。これは，ショットをブロックすることに対して柔軟性が有利であることを示唆している[35]。

標準データ

男子（図5.3），女子（図5.4），男性（図5.5），女性（図5.6）のシットアンドリーチのスコアの分類を示す。

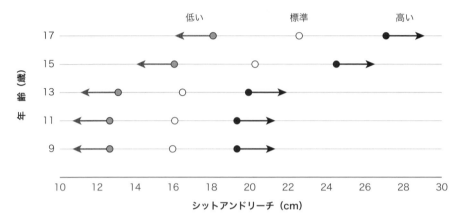

図5.3 男子のシットアンドリーチの分類。低い：30パーセンタイル，標準：50パーセンタイル，高い：70パーセンタイル。
34）よりデータを引用。

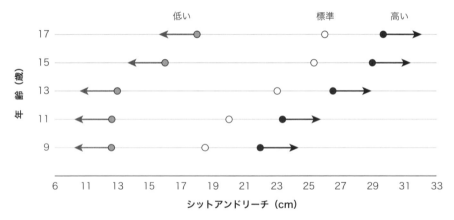

図5.4 女子のシットアンドリーチの分類。低い：30パーセンタイル，標準：50パーセンタイル，高い：70パーセンタイル。
34）よりデータを引用。

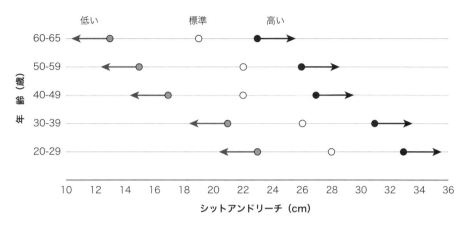

図 5.5 成人男性の年齢層別のシットアンドリーチの分類。低い：30 パーセンタイル，標準：50 パーセンタイル，高い：70 パーセンタイル。
12) よりデータを引用。

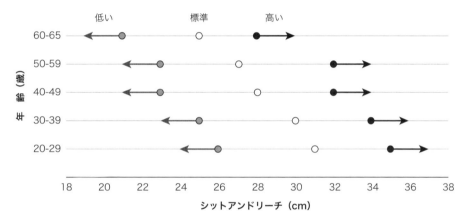

図 5.6 成人女性の年齢層別のシットアンドリーチの分類。低い：30 パーセンタイル，標準：50 パーセンタイル，高い：70 パーセンタイル。
12) よりデータを引用。

第Ⅱ部　アセスメントの手順

バックスクラッチテスト　BACK-SCRATCH TEST

目　的
肩の柔軟性を評価する。

測定項目
左右の手を背面で上下から近づけ，両手の指が重なった部分，あるいはその間隔をセンチメートル（cm）の単位で測定する。

用　具
定規，テープメジャー。

測定前
アセスメントを開始する前に，アームスイング，アームサークル，ショルダーローテーション等の標準的なウォームアップを行う。

手　順
1. 被験者に以下の言葉をかけて開始する：「これから，背中の後ろでどれくらい指を重ねることができるかを計測して，肩の柔軟性を評価します。準備はいいですか」。
2. 以下のように指示する：「右の肘を右の耳に向かって上げ，そこから背中のできるだけ下まで手を伸ばしてください。次に，左腕を体の脇につけ，そこからゆっくりと肘を背中の中央に近づけていきながら，左手を右手に向かって（あるいは右手を越えて）できるだけ遠くまで伸ばしてください。この位置を2秒間維持してください」（図5.7a）。
3. 被験者の動きが止まったら，定規あるいはテープメジャーを使い，指が重なった部分の最大距離を，

 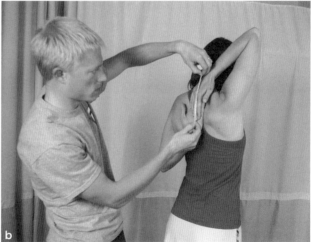

図5.7　バックスクラッチテスト

センチメートル未満を四捨五入して記録する（図 5.7b）。「両腕を体の脇に戻してください」と指示してから，さらに 3 回測定を繰り返す。被験者が右手と左手の指を重ねることができなければ，両手の指先の間隔を計測し，結果をマイナス値で記録する。

4. 以下のように指示する：「今度は，左手を上から，右手を下から動かして，同じように繰り返してください」。
5. 再度定規を使って，左右の指が重なっている部分の最大距離，あるいは指先の間隔を，そこにセンチメートル未満を四捨五入して記録する（図 5.7b）。「両腕を体の脇に戻してください」と指示してから，さらに 3 回試行を繰り返す。

測　定　後

左右それぞれの試行の中の最大値（通常 4 回目の試行）が最終結果である。左右の値をそれぞれ評価するか，あるいは両側の平均値を下の式で計算する。

$$\frac{右側のスコア(cm) + 左側のスコア(cm)}{2}$$

研究からの注釈

筋力トレーニングと有酸素性トレーニングの両方の要素を 1 つのコンカレントエクササイズ【訳注：concurrent exercise：異なる体力要素を 1 つのトレーニングセッション内でトレーニングすること】プログラムに組み入れようとする試みが，多くのトレーニングプログラムで行われている。ある 11 週の介入研究（週 3 回のトレーニング）では，連続性のコンカレントエクササイズ（筋力トレーニングセッションの後に有酸素性トレーニングセッションを行う）および混合性のコンカレントエクササイズ（1 セッションの中で筋力トレーニングと有酸素性トレーニングのセットを交互に実施する）に取り組んだ女性において，筋力と有酸素性能力の向上がみられた。しかし，連続性エクササイズのグループにいた女性はバックスクラッチテストのスコアに変化がみられなかった（あるいは減少の可能性がみられた）が，混合性エクササイズのグループの女性は有意な増加を示した[6]。これらの結果は興味深いものであるが，被験者が行うスポーツとの関連の中で注意深く解釈されるべきである。例えば柔道競技においては，上半身の筋を鍛えることが競技上有利となりうるが，プロ選手はアマチュア選手よりもバックスクラッチテストのスコアが低いことが示されている[3]。

標準データ

男子（図 5.8），女子（図 5.9），男性（図 5.10），女性（図 5.11）のバックスクラッチテストのスコアの分類を示す。

第II部　アセスメントの手順

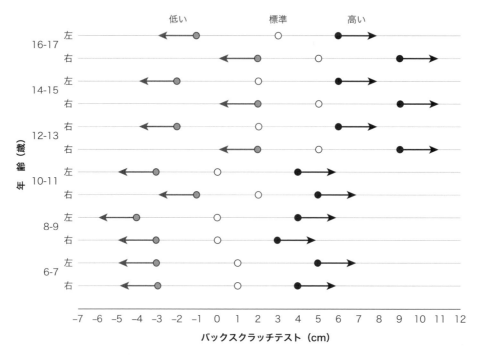

図5.8　男子のバックスクラッチテストの分類（左右）。低い：30パーセンタイル，標準：50パーセンタイル，高い：70パーセンタイル。
文献5）よりデータを引用

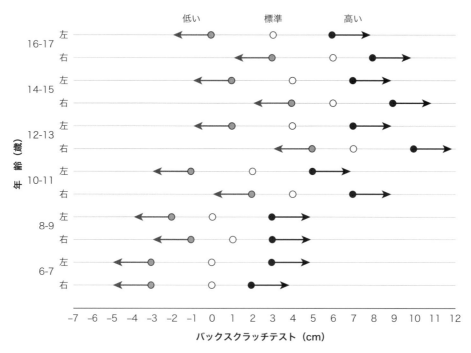

図5.9　女子のバックスクラッチテストの分類（左右）。低い：30パーセンタイル，標準：50パーセンタイル，高い：70パーセンタイル。
文献5）よりデータを引用

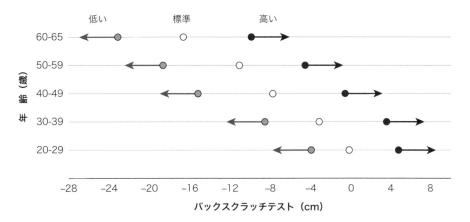

図 5.10 成人男性の年齢層別のバックスクラッチテストの分類。低い：25 パーセンタイル，標準：50 パーセンタイル，高い：75 パーセンタイル。
文献 20) よりデータを引用

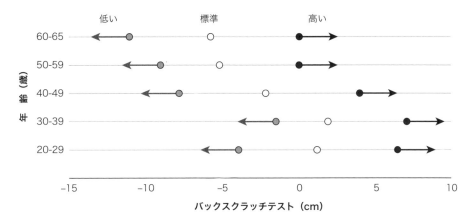

図 5.11 成人女性の年齢層別のバックスクラッチテストの分類。低い：25 パーセンタイル，標準：50 パーセンタイル，高い：75 パーセンタイル。
文献 20) よりデータを引用。

腕の挙上テスト　SHOULDER ELEVATION TEST

目　的
オーバーヘッド動作中の手関節，胸部，肩の柔軟性を計測する。

測定項目
腕の長さに対する床から腕までの距離を，センチメートルの単位で測定する。

用　具
大型の定規（長さ1 mほど）または計測用のメモリがついた棒，塩化ビニル（PVC）パイプあるいは木の棒。

測定前
アセスメントを開始する前に，アームスイング，アームサークル，ショルダーローテーション等の標準的なウォームアップを行う。

手　順
1. 被験者に以下の言葉をかけて開始する：「これから，胸と肩の柔軟性を計測します。準備はいいですか」。
2. 以下のように指示する：「両手を肩幅くらいに開き，親指を中心に向けてPVCパイプを持ってください。最初の計測をする間，リラックスした状態で立っていてください」（図5.12a）。
3. 被験者の肩の最上部から，PVCパイプまでの距離を計測し，腕の長さとして記録する。
4. 以下のように指示する：「床の上にうつ伏せになってください。両手の間隔を肩幅くらいに開き，親指をパイプの中心の方向に向けてパイプを持ち，両腕を頭の上にまっすぐ伸ばしてください」（図5.12b）。
5. 以下のように指示する：「計測するので，顎を地面につけたまま，パイプをゆっくりと地面から離し，できるだけ上に持ち上げてください」。
6. 地面からパイプの下までの距離を計測し，記録した後，「元の位置に戻してリラックスしてください」と指示する。
7. この計測をさらに2回繰り返す。

測定後
下の公式を使い，被験者の腕の長さを考慮した標準スコアを計算する。

$$腕の挙上テストのスコア = \frac{最も高い位置の地面からの距離}{腕の長さ} \times 100$$

第 5 章　柔軟性とバランス

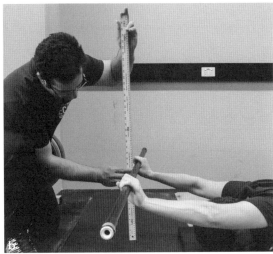

図 5.12　腕の挙上テスト

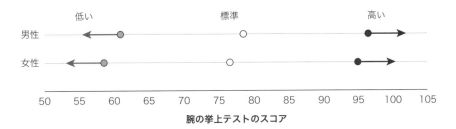

図 5.13　腕の挙上テストの標準データ。低い：30 パーセンタイル，標準：50 パーセンタイル，高い：70 パーセンタイル。文献 19a）よりデータを引用。

研究からの注釈

　腕の挙上テストの潜在的有効性はオーバーヘッドスポーツ（腕の挙上を多く行うスポーツ）のアスリートにとっては明らかだろうが，このアセスメントには健康上の意義もある。例えば，軍隊に配備中の兵士の腕の挙上テストにおける変化は，上肢に関する医療機関訪問数と有意に関連性があると報告されている[36]。具体的には，米国の州兵が 10 〜 15 ヵ月軍事配備されていた間，腕の挙上テストのスコアは最も大きい減少がみられ，医療従事者による手，手関節，肩の検査が最もよく行われた。

標準データ

　図 5.13 に男性と女性の腕の挙上テストのスコアの分類を示す。

全身回旋テスト　TOTAL BODY ROTATION TEST

目　的
この動作を支持する体幹と複数の関節の柔軟性を計測する。

測定項目
全身を回旋させて届いた距離をセンチメートル（cm）の単位で測定する。

用　具
大型の定規（長さ1mほど）または計測用の目盛りがついた棒2本，粘着テープ。

測定前
壁面に，おおよそ被験者の肩の高さになるように，2本の定規を水平に置き，粘着テープで固定する。定規は互いに平行になるようにし，38 cm の位置で並ぶようにする。上の定規は左側に「0」がくるようにし，下の定規は上下を逆にして，右側に「0」がくるようにする（図 5.14）。最後に，壁の 38 cm の位置に合わせて，床に短く切った粘着テープを壁と垂直に貼る。

被験者に，厚手の服や動きを制限するような服は脱いでもらう。アセスメントを開始する前に，標準的なウォームアップを行う。

手　順
1. 被験者に以下の言葉をかけて開始する：「これから体を回旋させる能力を測定します。準備はいいですか。準備ができたら靴を脱いでください」。
2. 以下のように指示する：「左肩を壁と垂直にして立ち，つま先を床のテープに合わせてください。左手で握りこぶしをつくり，体が腕の長さの分壁から離れるように立ち位置を調整し，足を肩幅に

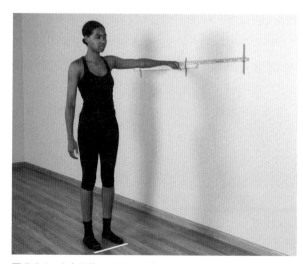

図 5.14　全身回旋テストでの定規の配置

開いて膝を軽く曲げます」。
3. 被験者が正しい位置にいることを確認した後，以下のように指示する：「このポジションを維持しながら，左手を体の脇に下ろしてください。右手で握りこぶしをつくり，手のひらを下に向け，右腕を床と平行になるまで上げます。そこから右へ（壁とは反対の方向へ）回旋していき，握りこぶしを定規のできるだけ遠くに届くように伸ばし，その位置を2秒維持してください」（図5.15）。
4. 右手の小指のつけ根（指関節）が定規についた最も遠い位置を，センチメートル未満を四捨五入して記録する。「開始位置に戻ってリラックスしてください」と指示し，さらに3回測定を行う。（補足：38 cmというスコアは，180°回旋したことを示す）。
5. 以下のように指示する：「今度は逆の方向を向いて，右肩が壁と垂直になるように立ち，左に回旋して，同じことを繰り返してください」。
6. 左手の小指のつけ根（指関節）が定規についた最も遠い位置を，センチメートル未満を四捨五入して記録する。「開始位置に戻ってリラックスしてください」と指示し，さらに3回測定を行う。

別法・部分的変更

アセスメント中に不安定になる被験者や，可動性に制限のある被験者には，壁に向かって回旋するようにテストの方法を変更することもできる[33]。

測　定　後

左右それぞれの試行の中の最大値（通常4回目の試行）が最終結果である。左右の値をそれぞれ評価するか，あるいは両側の平均値を下の式で計算する。

$$\frac{右側のスコア(cm) + 左側のスコア(cm)}{2}$$

研究からの注釈

動作に基づくエクササイズを長期間続けているためと考えられるが，熟練した太極拳実践者は，対照

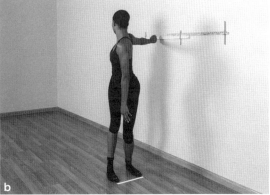

図 5.15 全身回旋テスト

群であるあまり運動しない高齢者と比較して，全身回旋テストのスコアが大きかった[16]。しかし短期間の運動介入もこのスコアに影響を与えるようである。中年のゴルファーは，筋力トレーニング，プライオメトリクス，柔軟性トレーニングで構成されたコンディショニングプログラムを8週実施した後，全身回旋テストスコアの顕著な増加を示した[13]。

標準データ

男性（図5.16）と女性（図5.17）の全身回旋テストのスコアの分類を示す。

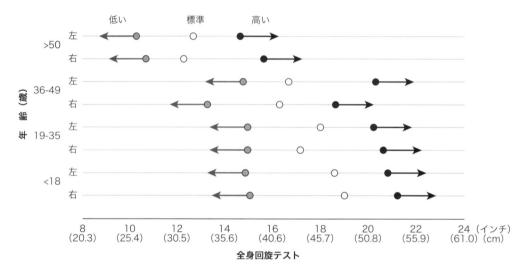

図5.16 男性の年齢別の全身回旋テストの分類。低い：30パーセンタイル，標準：50パーセンタイル，高い：70パーセンタイル（センチメートルに換算した数値を下段の括弧内に追記した）。
文献15) よりデータを引用。

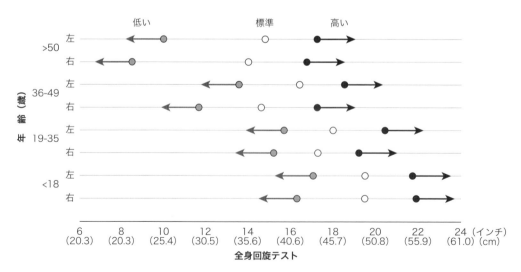

図5.17 女性の年齢別の全身回旋テストの分類。低い：30パーセンタイル，標準：50パーセンタイル，高い：70パーセンタイル（センチメートルに換算した数値を下段の括弧内に追記した）。
文献15) よりデータを引用。

腰部の安定性テスト　LUMBAR STABILITY TESTS

目　　的
体幹の筋の持久力を測定する。

測 定 項 目
定められたポジションを維持することができなくなるまでの時間を，秒の単位で測定する。

用　　具
丈夫なテーブル，ベルトまたは補助者役のアシスタント，椅子，傾斜 60°（青少年は 50°）の台，ストップウォッチ等時間計測機器。

測 定 前
アセスメントを開始する前に，標準的なウォームアップと中強度のストレッチングを行う。

手　　順
被験者に以下の言葉をかけて開始する：「これから体幹をいくつかのポジションで維持してもらいます。準備はいいですか」。

体幹伸展テスト
1. 以下のように指示する：「テーブルの上に股関節と脚が乗るように，うつぶせに寝てください。ウエストから下がテーブルの上に乗るように体の位置を調節し，椅子に手をついて上半身を支えてください」（図 5.18a）。
2. 下腿と大腿の周りにベルトを巻くか，補助者が足首を押さえ，被験者をテーブルに固定する。
3. 以下のように指示する：「『始め』と言ったら，体をまっすぐに保ったまま，椅子から手を離して胸の前で腕を組み，その状態をできるだけ長く維持してください」。

 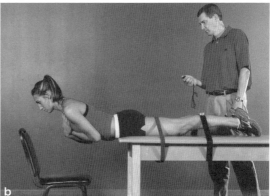

図 5.18　体幹伸展テスト

4. 「始め」と口頭で開始の合図をし,水平姿勢を維持できなくなるまでの時間を記録する(図5.18b)。

体幹屈曲テスト

1. 以下のように指示する:「腕を胸の前で組み,背中を台につけてテーブル(床)の上に座ってください。」(図5.19a)
2. 足の周りにベルトを巻くか,別のアシスタントが足首を押さえ,被験者を固定する。
3. 以下のように指示する:「『始め』といって台を背中から離したら,できるだけ長い時間,その姿勢を保ってください」。
4. 「始め」と口頭で開始の合図をし,アシスタントが背中から台を離し,元の姿勢を維持できなくなるまでの時間を記録する(図5.19b)。

サイドブリッジテスト

1. 以下のように指示する:「テーブル(床)の上に体の右側を下にして横たわり,右肘を立てて体を起こしてください。両脚はまっすぐ伸ばし,補助のために上の足を下の足の前に置いてください」。
2. 以下のように指示する:「『始め』と言ったら,骨盤をテーブル(床)から持ち上げ,足から肩までをまっ

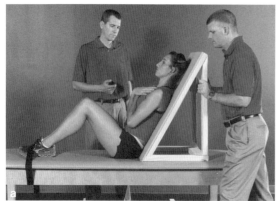
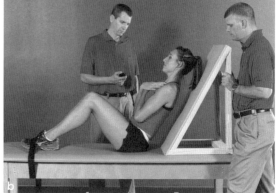

図5.18 体幹屈曲テスト

図5.20 サイドブリッジテスト

すぐにしたままできるだけ長く保ってください。右肘を支えとして使い，左手を右肩に置きます」。
3. 「始め」と口頭で開始の合図をし，骨盤がテーブル（床）に触れるまでの時間を記録する（図5.20）。
4. 次に，「今度は左側で同じことを繰り返してください」と指示する。

別法・部分的変更

コーチが適切であると判断した場合には，各テストを単独で実施することができる。

測　定　後

それぞれの筋群内の潜在的弱点を評価するためには，体幹屈曲テストとサイドブリッジテストの時間を体幹伸展テストの時間で割って比率を計算する。

研究からの注釈

体操競技の選手は，身体に反復的に負荷がかかるために腰痛がよくみられ，選手の86％が報告している[17]。10週の体幹筋トレーニング介入（自体重のアイソメトリックホールドをはじめ，徒手抵抗や様々な腹筋エクササイズからなる約15分のトレーニングを週2回）を実施した後，女子大学生体操選手のサイドブリッジ（＋50％），体幹伸展（＋10％），体幹屈曲（＋32％）の耐久時間が向上した[10]。さらには，競技シーズンを通して，新たな腰痛関連の問題は報告されなかった。

表5.1 腰部の安定性テストの持久力比率

年　齢	性　別	体幹屈曲／体幹伸展	サイドブリッジ右側／体幹伸展	サイドブリッジ左側／体幹伸展
成人	男性	0.99	0.64	0.66
	女性	0.79	0.38	0.40
18歳	男性	0.98	0.62	0.60
	女性	0.79	0.30	0.30
16歳	男性	0.93	0.50	0.48
	女性	0.92	0.37	0.38
14歳	男性	0.85	0.53	0.52
	女性	0.71	0.43	0.43
12歳	男性	0.73	0.47	0.42
	女性	0.59	0.30	0.32
10歳	男性	0.83	0.53	0.50
	女性	0.73	0.47	0.42
8歳	男性	1.11	0.47	0.47
	女性	0.73	0.39	0.32

文献7，8，21）よりデータを引用。

標準データ

持久力比率の標準データ（表5.1），体幹伸展（図5.21），体幹屈曲（図5.22），右側のサイドブリッジ（図5.23），左側のサイドブリッジ（図5.24）の耐久時間の標準データを示す。

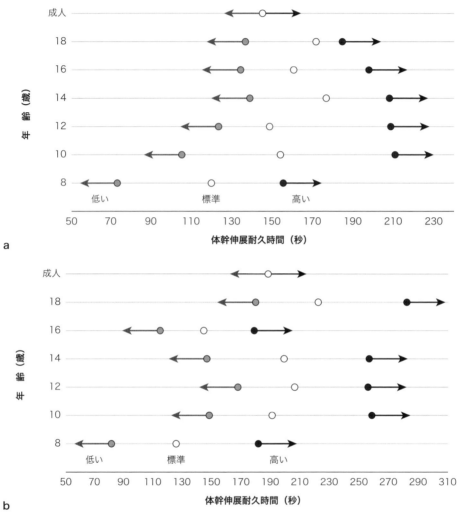

図5.21 各年齢層の男性（a）と女性（b）の体幹伸展テストの耐久時間の標準データ。低い：25パーセンタイル，標準：50パーセンタイル，高い：75パーセンタイル。
7, 8, 21) よりデータを引用。

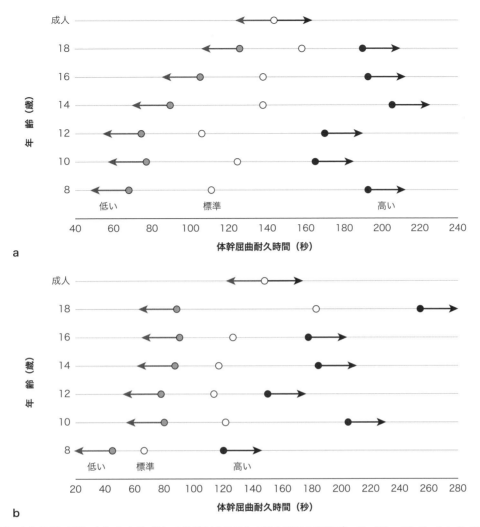

図 5.22 各年齢層の男性（**a**）と女性（**b**）の体幹屈曲テストの耐久時間の標準データ。低い：25 パーセンタイル，標準：50 パーセンタイル，高い：75 パーセンタイル。
7，8，21）よりデータを引用。

第Ⅱ部　アセスメントの手順

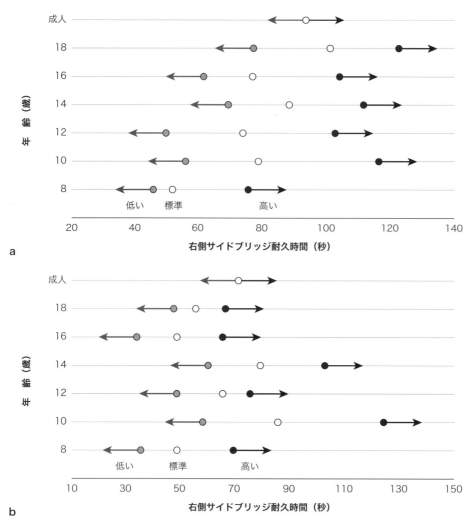

図 5.23　各年齢層の男性（a）と女性（b）の右側のサイドブリッジテストの耐久時間の標準データ。低い：25パーセンタイル，標準：50パーセンタイル，高い：75パーセンタイル。
7, 8, 21）よりデータを引用。

第5章 柔軟性とバランス

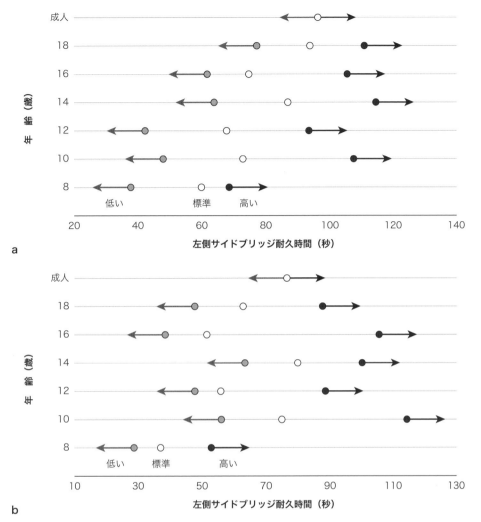

図5.24 各年齢層の男性（a）と女性（b）の左側のサイドブリッジテストの耐久時間の標準データ。低い：25パーセンタイル，標準：50パーセンタイル，高い：75パーセンタイル
文献7，8，21）よりデータを引用。

第Ⅱ部　アセスメントの手順

ファンクショナルリーチテスト　FUNCTIONAL REACH TEST

目　的
動的バランスを測定する。

測定項目
前方に手を伸ばして届いた距離を，センチメートル単位で測定する。

用　具
大型の定規（長さ1mほど）または計測用のメモリがついた棒，粘着テープ。

測定前
粘着テープを使い，定規をおおよそ被験者の肩の高さで水平に壁に固定する。

手　順
1. 被験者に以下の言葉をかけて開始する：「これから，手がどこまで届くか計測します。準備はいいですか。準備ができたら靴を脱いでください」。
2. 以下のように指示する：「背中をまっすぐにして，足を肩幅に広げて立ってください。肩を壁に対して垂直にして，腕をまっすぐ前に伸ばした時に指先が定規のゼロ点に来るように，体の位置を調整してください」。
3. 以下のように指示する：「『始め』と言ったら，バランスを崩さないようにしながら，腕を定規に沿ってできるだけ遠くまで伸ばしてください。その間に距離を記録します」（図5.25）。
4. 定規に沿って届いた最大距離を，センチメートル未満を四捨五入して記録する。「開始位置に戻ってリラックスしてください」と指示し，さらに2回試行を行う。

図5.25　ファンクショナルリーチテストのポジション

別法・部分的変更

被験者が背中を壁に向け，両足を地面につけたまま，定規に沿ってできるだけ遠くまで手を伸ばして行う，ラテラルリーチテストを行うこともできる。

測　定　後

3回の測定のうち最も高い値が最終スコアとなる。

研究からの注釈

ファンクショナルリーチテストは，高齢者の動的バランスの潜在的弱点を評価するために使われることが多いが，若年者では介入後の改善についての洞察を得ることができる。例えば，それまで運動していなかった女性（平均年齢36歳）に対し行われた12週，週3回のバランスボールトレーニングの介入では，柔軟性，筋力，持久力とともに，ファンクショナルリーチの改善という結果が得られた[32]。

標準データ

男性（図5.26），女性（図5.27）のファンクショナルリーチテストの記述統計値を示す。

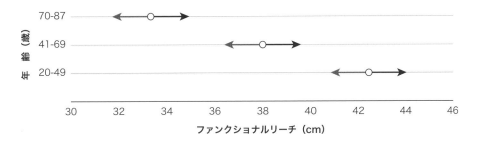

図5.26　各年齢層の男性のファンクショナルリーチテストの記述統計値
文献9）よりデータを引用。

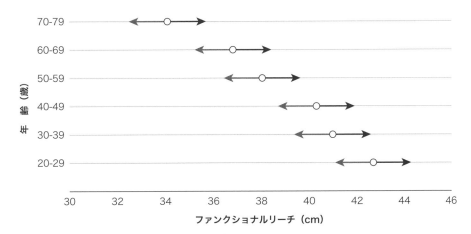

図5.27　各年齢層の女性のファンクショナルリーチテストの記述統計値
文献18）より改変。

バランスエラースコアリングシステム　BALANCE ERROR SCORING SYSTEM (BESS)

目　的
静的姿勢の安定性を計測する。

測定項目
各種の立ち方（スタンス）と床面でのバランスエラーの数。

用　具
中密度フォームパッド（約50 cm × 40 cm × 6 cm），ストップウォッチ等の時間測定機器，補助役のアシスタント1名。

測定前
被験者にボールを蹴る時に使う脚はどちらかと聞き，利き脚を特定する（逆脚が非利き脚ということになる）。

手　順
被験者に以下の言葉をかけて開始する：「これから，何種類か異なる立ち方や固さの床面で，バランス能力を測定します。準備はいいですか。準備ができたら，靴を脱いでください」。

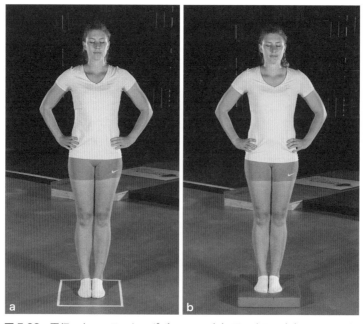

図 5.28　平行スタンステストのポジション。（a）固い床面，（b）柔らかい床面

平行スタンステスト

1. 以下のように説明する：「1つ目のテストでは，左右の足をつけて立ち，両手を腰に当て，目を閉じて20秒静止してください。この間に，どれだけ動いたかを評価します。足がその場から動いてしまったら，一度目を開けて元の位置に戻り，また目を閉じてテストを続けてください」（図5.28a）。
2. 被験者が説明を理解したようであれば，以下のように説明する：「『始め』と言ったら，目を閉じてテストを始めます」。
3. 「始め」と口頭で開始の合図を出し，以下の項目が1つ起こるたびに1点を記録する（最大合計10点）：
   - 手が腰から離れる。
   - 目を開ける。
   - 足踏みをしたり，よろめいたり，転倒したりする。
   - 5秒以上姿勢が崩れている。
   - 股関節が大きく曲がる（曲がる方向を問わず，30°より大きい場合）。
   - 前足部あるいは踵が上がる。
4. 20秒が経過し，安定した床面上でのテストが完了したら，以下のように指示する：「元の位置に戻り，リラックスしてください。次に，同じテストをフォームパッドの上で行います」（図5.28b）。

片脚スタンステスト

1. 以下のように説明する：「次のテストでは，両手を腰に当て，目を閉じて，非利き脚でバランスをとりながら20秒静止してください。この間に，どれだけ動いたかを評価します。足がその場から動いてしまったら，一度目を開けて元の位置に戻り，また目を閉じてテストを続けてください」（図

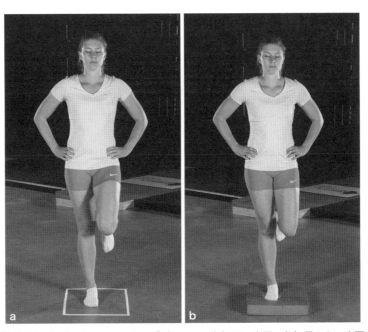

図5.29　片脚スタンステストのポジション。(a) 固い床面，(b) 柔らかい床面

5.29a)。

2. 被験者が説明を理解したようであれば，以下のように説明する：「『始め』と言ったら，目を閉じてテストを始めます」。

3. 「始め」と口頭で開始の合図を出し，以下の項目が1つ起こるたびに1点を記録する（最大合計10点）：
   - 手が腰から離れる。
   - 目を開ける。
   - 足踏みをしたり，よろめいたり，転倒したりする。
   - 5秒以上姿勢が崩れている。
   - 股関節が大きく曲がる（曲がる方向を問わず，30°より大きい場合）。
   - 前足部あるいは踵が上がる。

4. 20秒が経過し，安定した床面上でのテストが完了したら，以下のように指示する：「元の位置に戻り，リラックスしてください。次に，同じテストをフォームパッドの上で行います」（図5.29b）。

タンデムスタンステスト

1. 以下のように説明する：「次のテストでは，手を腰に当てて目を閉じたまま，非利き脚側の足を利き脚側の足の前につけて20秒間静止してください。この間に，どれくらい動いたかを評価します。足がその場から動いてしまったら，一度目を開けて元の位置に戻り，また目を閉じてテストを続けてください」（図5.30a）。

2. 被験者が説明を理解したようであれば，以下のように説明する：「『始め』と言ったら，目を閉じてテストを始めます」。

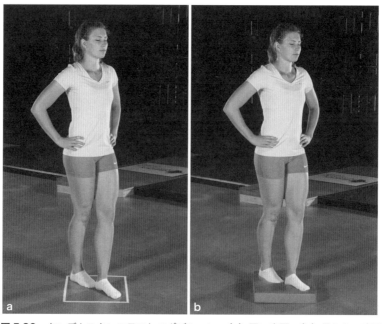

図5.30 タンデムスタンステストのポジション。(a) 固い床面，(b) 柔らかい床面

3. 「始め」と口頭で開始の合図を出し、以下の項目が1つ起こるたびに1点を記録する(最大合計10点):
   - 手が腰から離れる。
   - 目を開ける。
   - 足踏みをしたり、よろめいたり、転倒したりする。
   - 5秒以上姿勢を崩す。
   - 股関節が大きく曲がる(曲がる方向を問わず、30°より大きい場合)。
   - 前足部あるいは踵が上がる。
4. 20秒が経過し、安定した床面上でのテストが完了したら、以下のように指示する:「元の位置に戻り、リラックスしてください。次に、同じテストをフォームパッドの上で行います」(図5.30b)。

別法・部分的変更

平行スタンステスト、片脚スタンステスト、タンデムスタンステストを固い床面のみで行う修正版BESSは、頭部外傷が疑われる時にフィールドやコートの脇で行う『スポーツによる脳振盪評価ツール第3版(Sport Concussion Assessment Tool, 3rd Edition:SCAT3)』の手順の一部である[1]。

開眼または閉眼で片脚立ちを長時間(最大45秒)維持する能力は、静的バランスの評価基準としても用いられる。

測定後

20秒のテストあたりの最大エラーを10個として、各スタンスおよび各床面での合計点数を集計する。

研究からの注釈

BESSスコアは、姿勢の安定性の潜在的欠如を明らかにするために、一般的には個人レベルで評価される。しかし、女子大学生体操選手のBESSスコアは、バスケットボール選手よりもよいことが示されている[4]。その後、女子高校生バスケットボール選手においては、6週間の「プライオメトリクス、機能性向上トレーニング、バランストレーニング、バランスボールエクササイズ等からなる神経筋系トレーニングプログラム」後にBESSスコアの改善が報告されている[23]。

標準データ

男性(図5.31)と女性(図5.32)のBESSスコアの分類を示す。

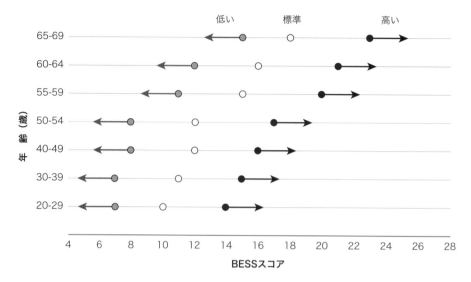

図5.31 男性の年齢層ごとのBESSスコアの分類。低い：25パーセンタイル，標準：50パーセンタイル，高い：75パーセンタイル。
19）よりデータを引用。

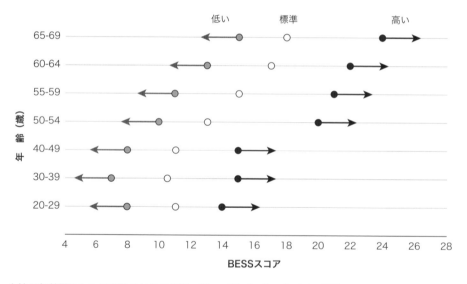

図5.32 女性の年齢層ごとのBESSスコアの分類。低い：25パーセンタイル，標準：50パーセンタイル，高い：75パーセンタイル。
19）よりデータを引用。

タンデム歩行テスト TANDEM GAIT TEST

目　的
動的バランス，スピード，協調性の組み合わせを評価する。

測定項目
行うべき動作パターンを完了するのにかかった時間を，秒の単位で測定する。

用　具
テープメジャー，粘着テープ。

測定前
テープメジャーと粘着テープを使い，床に3 mの線を引き，その両端に0.25 mの線を垂直に引く。

手　順
1. 被験者に以下の言葉をかけて開始する：「これから，左右の足の踵とつま先を交互につける歩き方で，この線に沿ってどれくらい速く歩けるかを計測します。準備はいいですか。準備ができたら，靴を脱いで，線の片側の端に立ってください」。
2. 以下のように指示する：「『始め』と言ったら，手を腰に当てて，このスタート地点から線の反対側の端まで，左右の足の踵とつま先を交互につける歩き方で移動してください。向こう端の線を越えたらその場でターンし，同じ歩き方でスタート地点まで戻ってきてください。踵とつま先をつける歩き方を続けられなかったり，バランスを崩したり，ターンを失敗したり，線を踏み外してしまったら，テストを中断し始めからやり直します」（図5.33）。

図5.33 タンデム歩行テストのポジション

3. 「始め」と口頭で開始の合図を出し，時間測定機器を用いて，アセスメントが完了するまでにかかった時間を記録する。
4. 被験者が初回の試行を完了したら，「スタート地点に戻り，リラックスしてください」と言う。
5. 短い休憩の後，さらに3回試行を繰り返させる。各試行の間に短い休憩を挟む。

測定後

4回の試行のうち，最も速い値が最終結果となる。

研究からの注釈

タンデム歩行時間は，片脚立ち時間と比較して，中強度および高強度の運動後に行った場合に受ける影響が小さいことが示されている[31]。このことは，スポーツ競技中の脳振盪評価のためのフィールドやコートの脇での手順の選択に関係している。この理由のために，タンデム歩行はSCAT3のアセスメントの選択肢の1つとなっている[1]。その裏づけとして，頭部外傷が疑われる事故が起こった後に脳振盪の症状を評価された若年のサッカー選手は，受傷していない選手に比べて遅いタンデム歩行時間（および低いBESSスコア）を示したことが挙げられる[11]。

標準データ

14秒以上のタンデム歩行時間は，機能的動作能力低下の分割点（カットオフ値）として推奨されてきたが，これが当てはまるのは高校生選手に限られる可能性がある[29]。図5.34にタンデム歩行時間の記述統計値を示す。

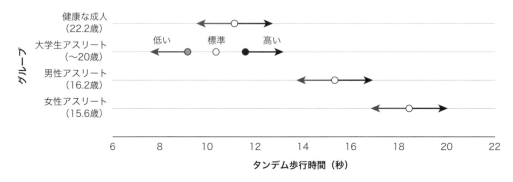

図5.34 タンデム歩行時間の記述統計値。低い：25パーセンタイル，標準：50パーセンタイル，高い：75パーセンタイル
25, 29, 30) よりデータを引用。

CHAPTER 6

アジリティとスプリント

> 「目標は，データを情報にし，さらに情報を知見にすることである。」
>
> カーリー・フィオリーナ（ヒューレット・パッカード社 元代表取締役兼社長）

　アジリティとスプリントのアセスメントの結果は，スポーツパフォーマンスの指標として使われることが多い。アジリティテストは，様々な距離でのあらかじめ決められた，または反応による，素早い方向転換のスキルを評価するものである。反応による方向転換スキルの評価は，意思決定と知覚的運動能力についての指標ともなるものである。直線スプリントテストは加速とスピードの両方の要素を含むが，それらの要素は走る距離や被験者の能力に応じて変化する。したがって評価する距離を選択する際には，主に行うスポーツ競技の動作パターンを考慮すべきである。本章で取り上げるアセスメントでは，手持ちの時間計測機器（ストップウォッチ等）を使用するが，電子時間計測システムを用いても行うことができる。その場合，一連の時間計測装置を起動させるために，スタートラインの少し後方からスタートしなくてはならず，たいてい結果は遅くなる。本章では以下のアセスメントを取り上げる。

- 5–10–5 テスト（プロアジリティ，または 20 ヤードシャトルラン）[23,32]
- T テスト [23,32]
- 3 点コーンドリル [23]
- Y 字反応アジリティテスト [15]
- ヘキサゴン・アジリティテスト [24,32]
- 直線スプリント [9,32]
- 反復スプリント能力テスト [2,33]
- 反復方向転換テスト [2,33]
- 300 ヤードシャトルラン [7,22]

5–10–5 テスト 5-10-5 TEST

目　的
5-10-5テストは，プロアジリティまたは20ヤードシャトルランとも呼ばれ，多方向へのスピードと，あらかじめ決められた場所での方向転換の能力を評価する。

測定項目
求められた動作パターンを完了するのに要する時間を，秒の単位で測定する。

用　具
コーンまたはマーカー，粘着テープまたはライン引き，時間計測機器，テープメジャー。

測定前
粘着テープあるいはライン引きを使って，平行な線を3本（被験者がその線の範囲内で走ったりターンするのに十分な長さとする），5ヤード（4.6 m）間隔で引く（図6.1）。平行に引いた線のそれぞれの端にコーンあるいはマーカーを置き，補足的目印とすることもできる。標準的なウォームアップを行い，アセスメント開始前の3～5分は回復のために安静にする。

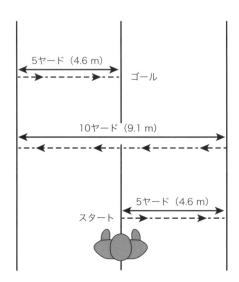

図6.1　5-10-5テストの配置

手　順

1. 被験者に以下の言葉をかけて開始する：「これから，あらかじめ計画された一連の動作を行うのにかかる時間を測定します。準備はいいですか。準備ができたら，スタートとゴールの場所である中央の線をまたいで立ってください」。
2. 次に，以下のように説明する：「足を肩幅に開いて，膝を軽く曲げた状態から，このテストを始めます。『スタート』と言ったら，右の方向に向かって全力で走って，右手で線に触ってください。右側の線に右手で触ったら，左にターンし，中央の線を越えて，左側の線に左手で触れるまで全力で走ってください。左側の線を左手で触ったら，右にターンして中央の線まで全力で走ってください。中央の線を越えたら終了です。」
3. スタート・ゴールラインがはっきり見える位置に移動する。「3, 2, 1, スタート」と口頭で合図をし，時間計測機器を使って測定が完了するまでの時間（0.01秒の単位まで）を記録する。被験者が正しい手で線を触らなかったら，計測を止めてアセスメントをやり直す。
4. 1回目のテストを完了したら，「スタート地点に戻ってリラックスしてください」と言う。3〜5分の休息・回復を間に挟みながら，さらに2回測定を繰り返す。

別法・部分的変更

3点スタート（両脚と片手をつく），あるいは4点スタート（両手両足をつく）でスタートする方法や，物を運びながら行う方法もある。その他に，最初に右ではなく左に向かって走る，1回のセッションで右と左両方向を測定する，手で線に触るのではなく足で線を踏む，等の方法もある。

測　定　後

3回の測定のうち，最も速い値が最終結果である。

研究からの注釈

プロ野球にはポジション特有の必要条件があり，守備のパフォーマンスは成功の主要な指標である。外野手は内野手よりずっと大きいフィールド上の範囲を守備しなくてはならず，打球に対して最初に反応する際や，ボールをキャッチした後投球するためにターンする際には，素早い方向転換動作が必要であることが多い。5–10–5テストの計測時間は，メジャーリーグの外野手の守備パフォーマンスに顕著に関連していることが示されているが，内野手ではその傾向はみられなかった[16]。

標準データ

図6.2に全米大学スポーツ協会（NCAA）のディビジョンI（1部リーグ）所属選手の，図6.3にナショナルフットボールリーグ（NFL）のスカウティングコンバイン（p.16の訳注参照）における5–10–5テストのタイムの分類を示す。

第II部　アセスメントの手順

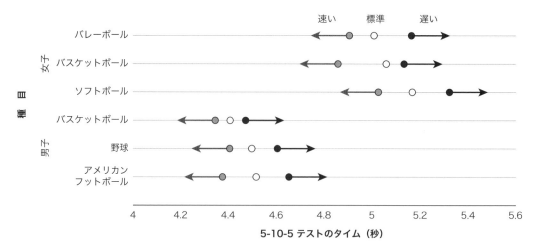

図6.2　全米大学スポーツ協会(NCAA)ディビジョンI選手の5-10-5テストのタイムの分類。速い：70パーセンタイル，標準：50パーセンタイル，遅い：30パーセンタイル。
13)よりデータを引用。

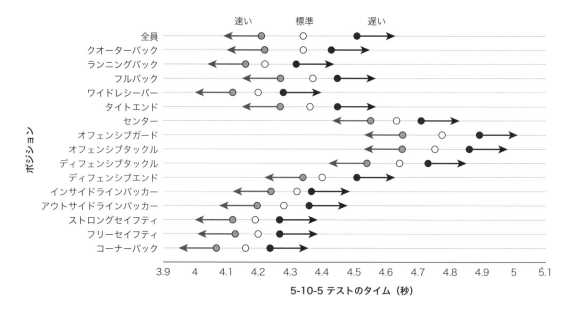

図6.3　ナショナルフットボールリーグ（NFL）スカウティングコンバインにおける5-10-5テストのタイムの分類。速い：70パーセンタイル，標準：50パーセンタイル，遅い：30パーセンタイル。
18)よりデータを引用。

Tテスト　T-TEST

目　　的
多方向へのスピードと，あらかじめ計画された方向転換の能力を評価する。

測定項目
求められた動作パターンを完了するのに要する時間を，秒の単位で測定する。

用　　具
コーンまたはマーカー，粘着テープあるいはライン引き，時間計測機器，テープメジャー。

測定前
粘着テープあるいはライン引きと，コーンAを使って，スタート・ゴール地点の目印をつくる。コーンAの正面から10ヤード（9.1 m）離れたところにコーンB，コーンBから左に5ヤード（4.6 m）離してコーンC，コーンBから右に5ヤード離してコーンDを置き，Tの字をつくる（図6.4）。標準的なウォームアップを行い，アセスメント開始前の3～5分は回復のために安静にする。

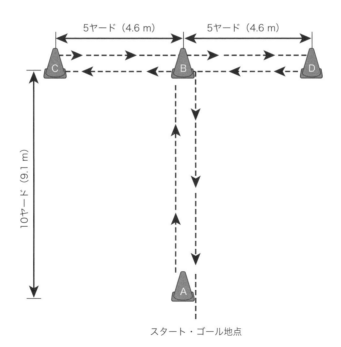

図6.4　Tテストの配置

手　順

1. 被験者に以下の言葉をかけて開始する：「これから，一連のあらかじめ計画された動作を行うのにかかる時間を測定します。準備はいいですか。準備ができたら，スタート・ゴール地点にあるコーン A の後ろに立ってください」。
2. 以下のように説明する：「足を肩幅に開き，膝を軽く曲げて，片足でスタート・ゴールラインを踏んだ状態からテストを始めます。『スタート』と言ったら，前方に全力で走り，右手でコーン B の底に触ります。コーン B に触った後，左にサイドステップしていき，左手でコーン C の底に触ります。コーン C に触った後，サイドステップでコーン B を通過して右手でコーン D の底に触ります。それからサイドステップでコーン B まで戻り，左手でコーン B の底に触ったら，後ろ向きで走りながらゴールラインにあるコーン A を通過して，テストは終わりです」。
3. スタート・ゴール地点がはっきり見える位置に移動する。「3，2，1，スタート」と口頭で合図をし，時間計測機器を使ってアセスメントが完了するまでの時間を記録する（0.01 秒の位まで）。被験者がコーンの底を触らなかったり，サイドステップ中に足を交差させたり，前方に顔を向けたままにできない時は，計測を止めて最初からやり直す。
4. 1 回目のテストを完了したら，「スタート地点に戻ってリラックスしてください」と言う。3〜5 分の休息・回復を間に挟みながら，さらに 2 回試行を繰り返す。

別法・部分的変更

最初のターンを右ターンにしたり，コーンに触る手を変えたり，外側に置かれたコーンのところで競技特有の動作をさせたりして行うこともできる。

測　定　後

3 回の試行のうち最も速い測定値が最終結果である。

研究からの注釈

T テストのパフォーマンスは様々な種類の筋力と関連しているが，女子バスケットボール選手においては，主に減速するための力（伸張性筋力）を生み出す能力がテストパフォーマンスを決定づけることが示されている[31]。さらに，T テストのタイムは，男性選手と女性選手の間の差を示す一方で，ジュニア世代の男女バレーボール選手の競技レベルと有意に関連することも示されており，バレーボール競技の身体的な必要特性が示唆される[4]。

標準データ

図 6.5 に大学生年代の，図 6.6 に NCAA ディビジョン III（3 部リーグ）のアメリカンフットボール選手およびエリート高校生サッカー選手の T テストスコアの分類を示す。様々なアスリートの T テストの記述統計値を図 6.7 に示す。

第6章 アジリティとスプリント

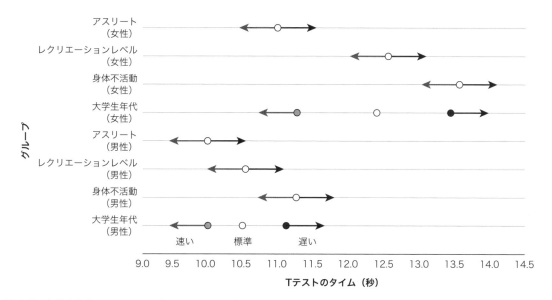

図6.5 大学生年代のTテストのタイムの分類。速い：75パーセンタイル，普通：50パーセンタイル，遅い：25パーセンタイル。
20) よりデータを引用。

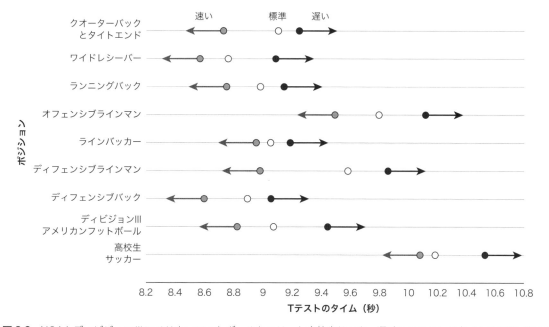

図6.6 NCAAディビジョンIIIアメリカンフットボールとエリート高校生サッカー選手のTテストのタイムの分類。速い：70パーセンタイル，普通：50パーセンタイル，遅い：30パーセンタイル。
13) よりデータを引用。

109

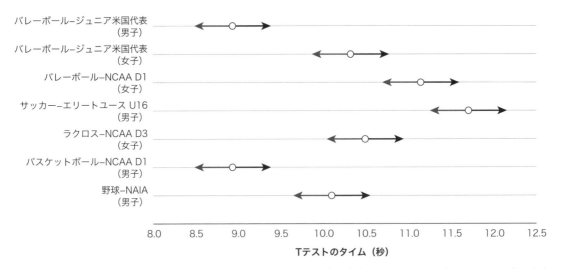

図 6.7 様々なアスリートのTテストのタイムの記述統計値。D1：ディビジョンI，U16：16歳以下，D3：ディビジョンIII，NAIA：National Association of Intercollegiate Athletics【訳注：米国の小規模な大学が所属するスポーツ協会】。32) よりデータを引用。

3点コーンドリル THREE-CONE DRILL

目　的
多方向へのスピードと，あらかじめ決められた方向への方向転換の能力を評価する。

測定項目
求められた動作パターンを完了するのに要した時間を秒の単位で測定する。

用　具
コーンまたはマーカー，粘着テープあるいはライン引き，時間計測機器，テープメジャー。

測定前
粘着テープあるいはライン引き，コーンAを使って，スタート・ゴールラインをつくる。コーンAの正面に5ヤード（4.6 m）離してコーンBを置き，コーンBの右側に5ヤード離してコーンCを置いて，上下逆のL字をつくる（図6.8）。標準的なウォームアップを行い，アセスメント開始前の3〜5分は回復のために安静にする。

第 6 章　アジリティとスプリント

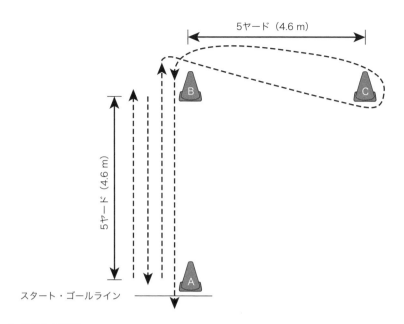

図 6.8 3 点コーンドリルの配置

手　　順

1. 被験者に以下の言葉をかけて開始する：「これから，一連の動作を行うのにかかる時間を測定します。準備はいいですか。準備ができたら，スタート・ゴールラインにあるコーン A の後ろに立ってください」。
2. 以下のように説明する：「足を肩幅に開き，膝を軽く曲げて，片方の足でスタート・ゴールラインを踏んだ状態からテストを始めます。『スタート』と言ったら，前方に全力で走り，コーン B に触れます。コーン B に触れた後，反転し，スタートラインまで全力で戻り，コーン A に触ります。コーン A に触った後，また反転し，全力で走ってコーン B でターンをして，コーン C の周りを 1 周します。スプリントで戻りながらコーン B を通過し，ゴールラインにあるコーン A を走り抜けたら測定は終わりです」。
3. スタート・ゴールラインがはっきり見える位置に移動する。「3, 2, 1, スタート」と口頭で合図をし，時間計測機器を使って時間を記録する（0.01 秒の位まで）。被験者がコーンをひっくり返してしまったら，計測を止めて最初からやり直す。
4. 1 回目のテストを完了したら，「スタート地点に戻ってリラックスしてください」と言う。3 〜 5 分の休息および回復を間に挟みながら，さらに 2 回試行を繰り返す。

別法・部分的変更

　通常 3 点コーンドリルは，あらかじめ計画された右手回りを用いて行われるが，あらかじめ計画された左手回り，またはコーン A と B の間で左か右の合図を出し，計画されていない（反応による）アジリティテストとして行うこともできる[14]。あるいは，3 点スタート（両脚と片手をつく）や 4 点スタート（両手両足をつく）でスタートしたり，物を運びながら行うこともできる。

測定後

3回の試行のうち最も速い値が最終結果となる。

研究からの注釈

3点コーンドリルのパフォーマンスは，NFLスカウティングコンバインの計測では，ドラフト指名を受けたアメリカンフットボール選手の方が，受けなかった選手よりもすべてのポジションで良いことが示されている[28]。さらに，NFLコンバインでの3点コーンドリルのデータからは，1999年〜2001年の間にドラフト指名を受けた選手と，2008年〜2010年の間にドラフト指名を受けた選手の比較から，プロのアメリカンフットボール選手の方向転換スキルが向上していることが示唆される[25]。

標準データ

図6.9にNFLスカウティングコンバインの3点コーンドリルテストのタイムの分類を示す。

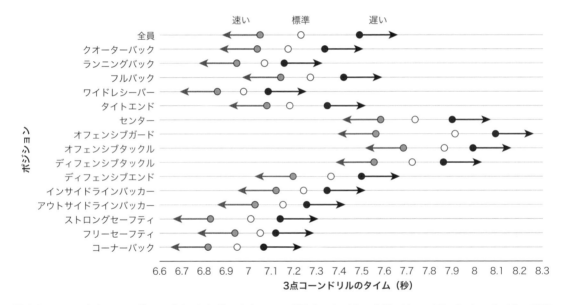

図6.9 NFLスカウティングコンバインにおける3点コーンドリルのタイムの分類。速い：70パーセンタイル，普通：50パーセンタイル，遅い：30パーセンタイル。
18) よりデータを引用。

第6章　アジリティとスプリント

Y字反応アジリティテスト　Y-SHAPED REACTIVE AGILITY TEST

目　的
多方向へのスピードと，反応による方向転換の能力を評価する。

測定項目
外部刺激に反応し求められた動作パターンを完了するのに要した時間を，秒の単位で測定する。

用　具
コーンまたはマーカー，粘着テープまたはライン引き，時間計測機器，テープメジャー，角度計または分度器，試験官2名。

測定前
粘着テープかライン引きと，コーンかマーカーを使って，スタートラインをつくる。スタートラインの正面から5 mのところにコーンかマーカーの2つ目のセットを置き，そこから左右に45°の角度で5 m離れたところにコーンかマーカーのセットをそれぞれ置き，Y字をつくる（図6.10）。標準的なウォームアップを行い，アセスメント前の3～5分は回復のために安静にする。

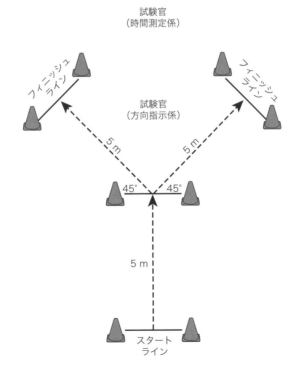

図6.10　Y字反応アジリティテストの配置

手　順

1. 被験者に以下のように声をかけて開始する：「これから，一連の予期しない動作を行うのにかかる時間を測定します。準備はいいですか」。
2. 以下のように説明する：「足を肩幅に開き，膝を軽く曲げて，片方の足でスタートラインを踏んだ状態からテストを始めます。『スタート』と言ったら，2セット目のコーン（マーカー）に向かって前方に全力で走り，目の前にいる試験官の指示を見ます。試験官が右手か左手を挙げるので，指示された方向にターンして，その方向にあるコーン（マーカー）を走り抜けて測定を終えます」。
   注：この測定手順は，電子時間計測システムを用いず，手持ちの時間測定機器と人による指示に対応するように，本来の方法から変更されている。
3. 方向指示係の試験官は，スタートラインから約8.5 mの位置（2つのゴールラインの中間）に立つ。時間測定係の試験官は，スタートラインから約13 mの位置（2つのゴールラインを直視できる位置）に立つ。時間測定係の試験官は，「3, 2, 1, スタート」と口頭で合図をし，時間計測機器を使って時間を記録する（0.01秒の位まで）。被験者がターンの方向を予測しているのが見受けられたり，間違った方向を推測したりしていたら，測定を止めてやり直す。
4. 1回目のテストが終わったら，「スタート地点に戻ってリラックスしてください」と伝える。3～5分の休息・回復を間に挟みながら，さらに5回（最終的に，右へ3回，左へ3回指示する）試行を繰り返す。

別法・部分的変更

テストを始める前にあらかじめ左右どちらに行くか指示して行う，決められた方向への方向転換を用いても行うことができる。このテストには，様々な距離と方向転換の角度が使われてきた。より高度なテクノロジーが利用可能になったことで，方向の指示を出すためにライトやビデオによる合図を使うこともでき，特に意思決定にかかる時間を追うためにハイスピードカメラを使うこともできる[6]。

測　定　後

各方向3試行のうち，最も速い値が最終結果となる。

研究からの注釈

反応アジリティテストは，方向転換スキルテストより明確にアスリートの競技レベルを区別することが，複数の研究により示されている[15,19,27]。例えば，セミプロのバスケットボール選手のY字反応アジリティテストは，アマチュア選手より6％速いが，同じテストのあらかじめ方向が決められたバージョンではこれらの選手間に目だった差はなかったという結果がある[15]。この結果は，バスケットボールという競技における知覚的運動技術と意思決定の重要性を示している。

標準データ

反応アジリティテストに用いられる現存の測定手順やテクノロジーは多岐にわたるため，標準データあるいは記述統計的データは少ない．図 6.11 は，方向転換があらかじめ計画されたアジリティテストと計画されていない（反応による）アジリティテストの結果の一般的な解釈を示す．

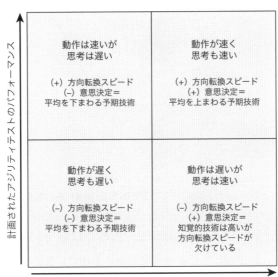

図 6.11 計画された方向転換で行われるアジリティテストと，計画されていない（反応による）アジリティテストの結果の一般的な解釈．（−）：あまり良くないまたは遅いパフォーマンス，（＋）：優れているまたは速いパフォーマンスを示す．
5) よりデータを引用．

ヘキサゴン・アジリティテスト　HEXAGON AGILITY TEST

目　　的

ジャンプ中の多方向へのスピードと，あらかじめ決められた方向への方向転換の能力を評価する．

測定項目

求められた動作パターンを完了するのに要した時間を，秒の単位で測定する．

用　　具

コーンまたはマーカー，粘着テープまたはライン引き，時間計測機器，テープメジャー，角度計または分度器．

第II部　アセスメントの手順

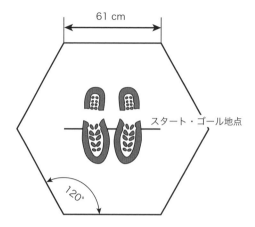

図6.12　ヘキサゴン・アジリティテストの配置

測定前

粘着テープかライン引きを使い，61 cmの平行な線を3本引き，それぞれの間を53 cm離す。中央の線がスタート・ゴール地点となる。引いた3本の線のうち上下2本と別の4本の各61 cmの線を，すべての内角が120°になるようにつなぎ，六角形（ヘキサゴン）をつくる（図6.12）。標準的なウォームアップを行い，アセスメント開始前の3〜5分は回復のために安静にする。

手　順

1. 被験者に以下の言葉をかけて開始する：「これから一連のホップ動作を行うのにかかる時間を測定します。準備はいいですか。準備ができたら，スタート・ゴール地点である六角形の中央の線の上に立ってください」。
2. 以下のように説明する：「『スタート』と言ったら，両足跳びで目の前の線を素早く跳び越えてから，元の位置に戻ってください。続けて，六角形の各辺を時計回りに同じように跳んでいき，途中で止まることなく，できるだけ速く3周します。」
3. スタート・ゴールラインがはっきりみえる位置に移動する。「3, 2, 1, スタート」と口頭で合図をし，時間計測機器を使って時間を記録する（0.01秒の位まで）。線をきちんと跳び越えない，必要ないステップやホップをしてしまう，顔を前方に向けたままにできない，バランスを失う等が起きたら，計測を止めてやり直す。
4. 1回目のテストを完了したら，「スタート地点に戻ってリラックスしてください」と言う。3〜5分の休息および回復を間に挟みながら，さらに2回試行を繰り返す。

別法・部分的変更

片足のヘキサゴン・アジリティテストは，同じ動作を片足跳びで行い，使っていない足を地面につかないようにする。どちらの脚でボールを蹴るかを聞いて利き足を判断するとよい（反対側の足が非利き足となる）。

測定後

3回の試行のうち最も速かった値，あるいは3試行の平均が最終結果となる。

研究からの注釈

フィギュアスケート競技のジュニアとシニアのクラスの選手は，ヘキサゴン・アジリティテストの結果が，ノービスクラス【訳注：ジュニアの下のクラス】の選手よりも良いことが示されている。これは，競技レベルの高い選手は，連続ジャンプやフットワークが多く求められるためと考えられる[29]。また，シングル競技の選手はシンクロナイズドスケーティングの選手よりもアジリティに長けているようであり，これは改善の余地を示している可能性がある[29]。

標準データ

図6.13に大学生年代のヘキサゴン・アジリティテストのスコアの分類を示す。

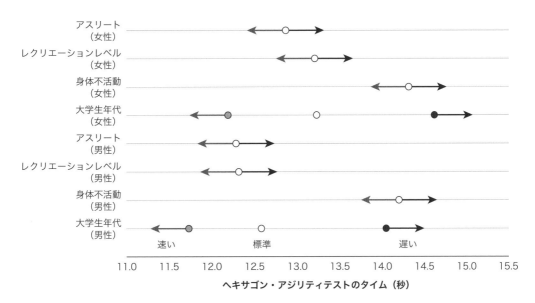

図6.13　大学生年代のヘキサゴン・アジリティテストの分類。速い：75パーセンタイル，普通：50パーセンタイル，遅い：25パーセンタイル。
20) よりデータを引用。

直線スプリント　STRAIGHT-LINE SPRINT

目　的
様々な距離のスピードと加速を評価する。

測定項目
求められた距離を走り切るのに要した時間を，秒の単位で測定する。

用　具
コーンまたはマーカー，粘着テープまたはライン引き，時間計測機器，テープメジャー。

測定前
2つのマーカーを，決められた距離（この説明では40 m）を離して置く。被験者がスタートからゴールまでスプリントすることを忘れないように，スタートラインから走る方向に10 mの地点（あるいは他のインターバルでもよい）と，ゴールラインを5 m越えた地点にそれぞれマーカーを置く（図6.14）。標準的なウォームアップの中で，ほどほどの力で走る練習を数回行い，アセスメント開始前の3〜5分は回復のために安静にする。

手　順
1. 被験者に以下の言葉をかけて開始する：「これから，40 mをどれくらい速く走ることができるか計測します。準備はいいですか。準備ができたら，スタートラインの後ろに立ってください」。
2. 以下のように説明する：「足を肩幅に開き，膝を軽く曲げて，片足でスタートラインを踏んだ状態からテストを始めます。『スタート』と言ったら，向こう側にあるゴールラインに向かってできるだけ速く走り，その先にあるコーンを通り過ぎたらスピードを落としてテストを終えます」。
3. 試験官は10 mのマーカーとゴールラインに立つ。ゴールラインに立った試験官が，「3, 2, 1, スタート」と口頭で合図をし，試験官全員が時間計測機器を使って時間を記録する（0.01秒の位まで）。
4. 1回目のテストを完了したら，「スタート地点に戻ってリラックスしてください」と言う。3〜5分の休息・回復を各試行間に挟みながら，あと2回試行を行う。

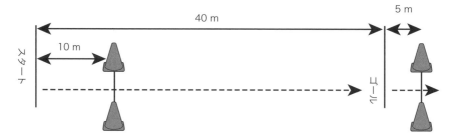

図6.14　40 m直線スプリントテストの配置

別法・部分的変更

被験者の行っている競技や活動にふさわしい距離（5, 10, 20, 30, 40, 60 m）を選択するべきである。立位だけでなく，3点スタートか4点スタートでスタートしてもよい。その競技や活動において，素早く最大スピードに達する能力（加速度）が重要であれば，短い距離と長い距離で何回か実施したり，あるいは1回のアセスメントの中の様々な地点でのタイムを得ることが効果的だろう。タイムは，手で測定する方が電子測定機器で測定するよりも速くなる。

測 定 後

40 mテスト中の10 mのスプリットタイムは加速能力を反映し，また40 m全体のタイムと10 mスプリットタイムとの差（30 mフライングスプリントという）は，最大スピードを表わす。3試行のうち最も速かったタイム（全体，10 mスプリット，30 mフライング）が最終結果となる。

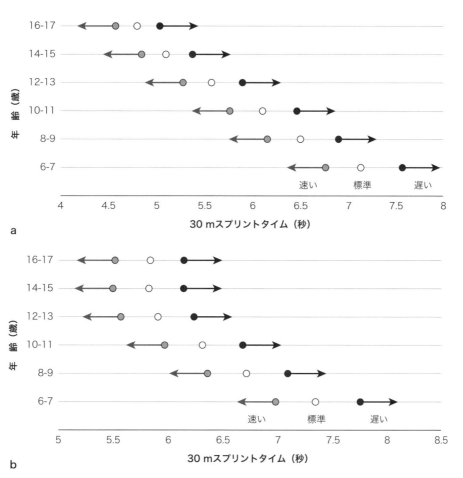

図6.15 男子（**a**）と女子（**b**）の30 mスプリントタイムの分類。速い：70パーセンタイル，普通：50パーセンタイル，遅い：30パーセンタイル。
3）よりデータを引用。

研究からの注釈

下半身の筋力の向上は，スプリントスピードの向上に関連すると考えられている[26]。興味深いことに，シングルレッグ（片脚）スクワットまたは標準（両脚）スクワットのいずれかのトレーニングを5週間行ったラグビー選手は，40 mスプリントのタイムは落ちたが，10 mスプリントのタイムは落ちないという結果になった[30]。著者らは，この結果が，筋力向上に伴う適応が短距離スプリントの強化に反映されるのには長距離の場合よりも時間がかかるか，あるいは距離に特化したスプリントトレーニングが必要であることを示唆しているとした。

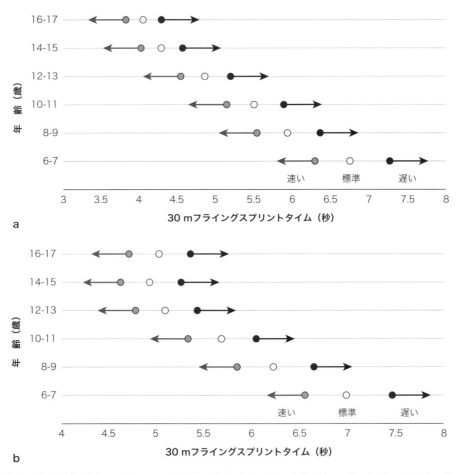

図6.16　男子（a）と女子（b）の30 mフライングスプリントタイムの分類。速い：70パーセンタイル，普通：50パーセンタイル，遅い：30パーセンタイル。
3）よりデータを引用。

標準データ

図6.15〜図6.22に，何種類かの距離での様々なグループにおけるスプリントタイムの分類と記述的（平均）データを示す。

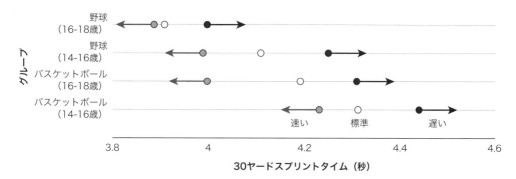

図6.17 若年の男子野球選手とバスケットボール選手の30ヤード（27.4 m）スプリントタイムの分類。速い：70パーセンタイル，標準：50パーセンタイル，遅い：30パーセンタイル。
13）よりデータを引用。

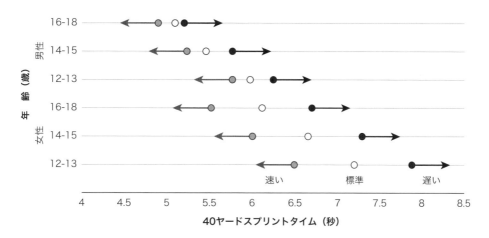

図6.18 12〜18歳の若年者における40ヤード（36.6 m）スプリントタイムの分類。速い：70パーセンタイル，標準：50パーセンタイル，遅い：30パーセンタイル。
9）よりデータを引用。

第II部　アセスメントの手順

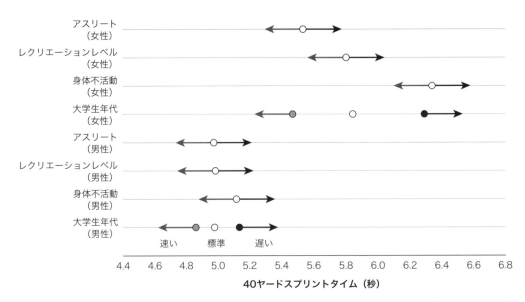

図6.19　大学生年代における40ヤードスプリントタイムの分類。速い：75パーセンタイル，標準：50パーセンタイル，遅い：25パーセンタイル。
29）よりデータを引用。

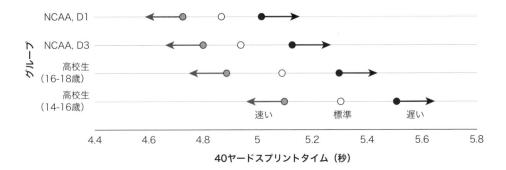

図6.20　男子アメリカンフットボール選手における40ヤードスプリントタイムの分類。速い：70パーセンタイル，標準：50パーセンタイル，遅い：30パーセンタイル。D1：ディビジョンI，D3：ディビジョンIII。
13）よりデータを引用。

第6章 アジリティとスプリント

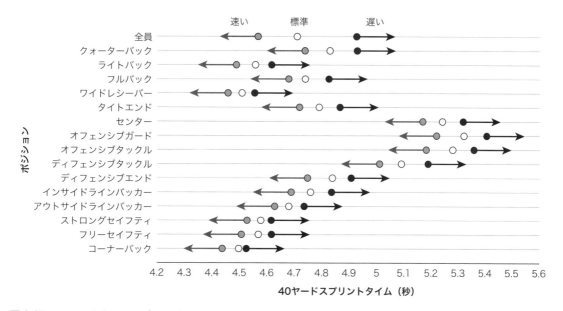

図 6.21 NFL スカウティングコンバインでの 40 ヤードスプリントタイムの分類（電子時間計測システムによる計測）。速い：70 パーセンタイル，普通：50 パーセンタイル，遅い：30 パーセンタイル。
18) よりデータを引用。

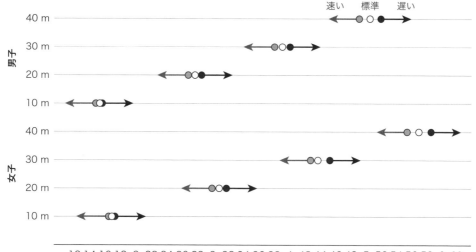

図 6.22 男子プロサッカー選手と女子エリートサッカー選手における 40 m スプリントタイムおよび 10 m スプリットタイムの分類（電子時間計測システムによる計測）。速い：75 パーセンタイル，標準：50 パーセンタイル，遅い：25 パーセンタイル。
10) よりデータを引用。

反復スプリント能力テスト　REPEATED SPRINT ABILITY (RSA) TEST

目　的
最少限の回復時間を挟みながら，直線スプリントを複数回走る能力を評価する。

測定項目
求められた動作パターンを完了するのに要する時間を，秒の単位で測定する。

用　具
コーンまたはマーカー，粘着テープまたはライン引き，テープメジャー，角度計または分度器，最低2人の試験官，最低2つの時間計測機器。

測定前
2つ×2セットのマーカーを20m離して置くか，2本の線を平行に引いて，スタート・ゴールラインを2本つくる。各スタート・ゴールラインを約10m越したところに2つのコーンを置き，スプリントの後に減速できるようにする（図6.23）。

アセスメントの前に標準的なウォームアップを行い，強度を徐々に上げながら何本か試しに走り，3〜5分回復のために安静にする。1回目のスプリントで最大努力（20mスプリントタイムの95％以上）で行えることを確認するため，テストの開始前に20mスプリントを1回走り，タイムを計測しておくことも推奨されている。

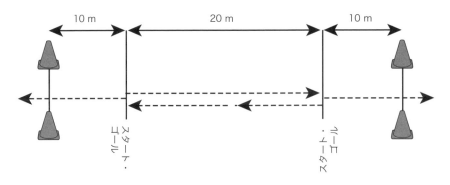

図6.23　反復スプリント能力テストの配置

手　　順

1. 被験者に以下の言葉をかけて開始する:「これから，20 m 走を何本か連続してどれくらい速く走り切れるか測定します。準備はいいですか。準備ができたら，一番近いスタート・ゴールラインの後ろに立ってください。」
2. 以下のように説明する:「足を肩幅に開き，膝を軽く曲げて，片足でスタート・ゴールラインを踏んだ状態からテストを始めます。『スタート』と言ったら，反対側のスタート・ゴールラインに向かってできるだけ速く走り，その先にあるコーンを通り過ぎたらスピードを落としてください。その後25秒以内にターンをして，ジョグでゆっくりと一番近いスタート・ゴールラインに戻り，最初のスプリントとは逆の方向へスプリントを始めます。合計 6 回のスプリントを行います」。
3. 各スタート・ゴールラインにそれぞれ試験官が 1 名立つ。被験者の反対側のスタート・ゴールラインに立った試験官が，「3，2，1，スタート」と口頭で合図をし，時間計測機器を使って各スプリントの時間を記録する（0.01 秒の位まで）。もう 1 人の試験官は，別の測定機器で 25 秒の休息・回復時間を監視する。

別法・部分的変更

　スプリントを 10 本行う方法も提案されている。また，反復スプリント能力テストで用いられる距離，スプリントの本数，休息・回復時間は，競技に特化した評価のために，変更して使用されている。

測　定　後

　6 本のスプリントのうち最も速いタイム，6 本のスプリントの平均タイム，6 本のスプリントの合計タイムを計算し，記録する。

研究からの注釈

　反復スプリント能力は，サッカーの試合における高速での走行距離と関連することが示されており[21]，方向転換スキルを主に評価するアジリティテストとは異なる基準を提供する。反復スプリント能力テストのスコアは，レクリエーションレベルと競技レベルのサッカー選手を区別することが示されている[33]。

標準データ

　図 6.24 と図 6.25 は，レクリエーションレベルで運動している男性と，競技レベルの男子サッカー選手の反復スプリント能力テストの記述統計値を示している。

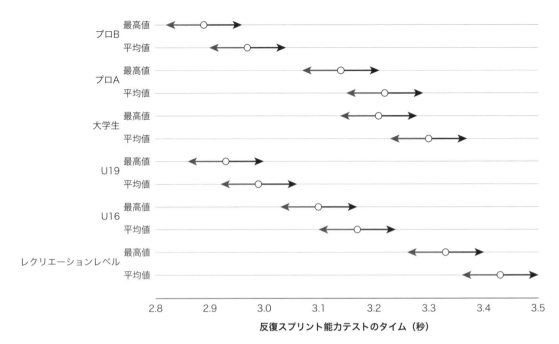

図 6.24 レクリエーションレベルで運動している男性と，競技レベルの男子サッカー選手の，反復スプリント能力テスト中の 20 m 最高タイムと平均タイム（電子時間計測システムで計測）。U19：19 歳以下，U16：16 歳以下。33, 34) よりデータを引用。

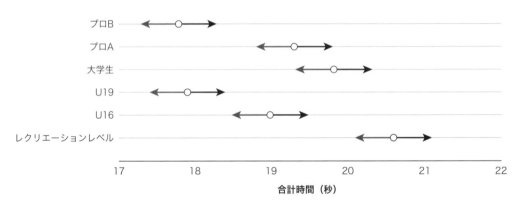

図 6.25 レクリエーションレベルで運動している男性と，競技レベルの男子サッカー選手の，反復スプリント能力テストの合計スプリントタイム（電子時間計測システムで計測）。U19：19 歳以下，U16：16 歳以下。33, 34) よりデータを引用。

反復方向転換テスト　REPEATED CHANGE-OF-DIRECTION (RCOD) TEST

目　　的
最低限の回復時間を挟みながら，短距離のスプリントとターンを複数回行う能力を評価する。

測定項目
求められた動作パターンを完了するのに必要な時間を，秒の単位で測定する。

用　　具
コーンまたはマーカー，粘着テープまたはライン引き，テープメジャー，角度計または分度器，最低2人の試験官，最低2つの時間計測機器。

測定前
2本の線を約15.3 m離して平行に引くか，2つのマーカーを2セット置いて，スタート・ゴールラインをつくる。コーンかマーカーを使って4 mの線を5本つくり，隣り合う線の角度が100°になるようジグザグにつなげ，両方のスタート・ゴールラインから50°の角度になるように配置する。それぞれのスタート・ゴールラインを約4～5 m越したところにコーンを2つずつ置き，各方向転換ドリルの後に減速できるようにする（図6.26）。

標準的なウォームアップを行い，強度を徐々に上げながら何本か試しに走り，アセスメント開始前3～5分は回復のために安静にする。

手　　順
1. 反復スプリント能力テストが終わった約15分後に，被験者に以下のように言葉をかけて開始する：「これから，一連の方向転換ドリルをどれくらい速く走り切れるか測定します。準備はいいですか。準備ができたら，一番近いスタート・ゴールラインの後ろに立ってください」。
2. 以下のように説明する：「足を肩幅に開き，膝を軽く曲げて，片足でスタート・ゴールラインを踏んだ状態からテストを始めます。『スタート』と言ったら，コースに沿って4回切り返しながらで

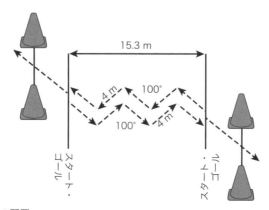

図6.26　反復方向転換テストの配置

きるだけ速くスプリントし，反対側のスタート・ゴールラインをスプリントで走り抜けて，その先にあるコーンを通り過ぎたらスピードを落としてください。その後25秒以内にターンをし，ジョグでゆっくりと一番近いスタート・ゴールラインに戻り，最初のスプリントとは逆の方向へスプリントします。合計6回の方向転換ドリルを連続して行って，終了します」。**注**：この測定手順は，電子時間計測システムを用いず，手持ちの時間測定機器と人による指示に対応するように，本来の方法から変更されている。

3. 各スタート・ゴールラインに試験官が1名ずつ立つ。被験者と反対側のスタート・ゴールラインに立った試験官が「3，2，1，スタート」と口頭で合図をし，時間計測機器を使って各ドリルの時間を記録する（0.01秒の位まで）。もう1人の試験官は，別の計測機器を使って25秒の休息・回復時間を監視する。

別法・部分的変更

方向転換ドリルの回数を10回にした方法も提案されている。

測 定 後

6回の方向転換ドリルの最高タイム，平均タイム，合計タイムを計算し，記録する。このテスト（RCOD）の値を反復スプリント能力（RSA）テストのパフォーマンスと比較することもできる。例えば，最高タイム，平均タイム，あるいは合計タイムのRSA／RCOD指標を下の式で算出できる。

$$\text{RSA／RCOD 指標} = \frac{\text{RSAタイム}}{\text{RCODタイム}}$$

研究からの注釈

RCODとRSA／RCOD指標の値は，レクリエーションレベルと競技レベルのサッカー選手の間で異なることが示されている[33]。成長期の年齢層のサッカー選手間ではRSA／RCOD指標が類似するようだが，個別のテストのタイムは若年のグループ（U16）からより上の年齢のグループ（U19・プロ）になるにつれて向上する[34]。同じチーム内あるいは同じようなアスリート群の平均RSA／RCOD指標からの偏差が，トレーニングすべき優先事項を判断するために使える可能性があることが提言されている。例えば，平均RSA／RCOD指標が0.59のサッカー選手のグループでは，値が0.59より小さい選手は反復方向転換スキルの向上に，また値が0.59より大きい選手は反復スプリント能力の向上により焦点をあてるべきである[33]。

標準データ

図6.27～図6.29に，レクリエーションレベルで運動している男性と，競技レベルの男子サッカー選手の反復スプリント能力と反復方向転換テストの記述統計値を示す。RSA／RCOD指標値は0.50～0.60と報告されているが，これらの指標はプレーやトレーニングのスタイル等の要素に関連しているようなので，各コーチが自身のチームや選手のグループにおける標準値を設定するよう推奨されている。

第6章 アジリティとスプリント

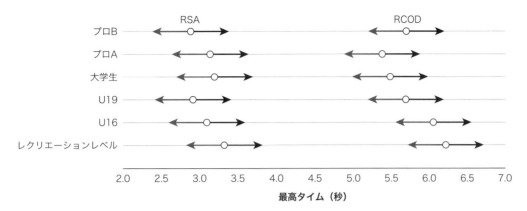

図 6.27 レクリエーションレベルで運動している男性と競技レベルの男子サッカー選手の，反復スプリント能力（RSA）テストおよび反復方向転換（RCOD）テスト中の20mの最高タイム（電子時間計測システムによる計測）。U19：19歳以下，U16：16歳以下。
33, 34) よりデータを引用。

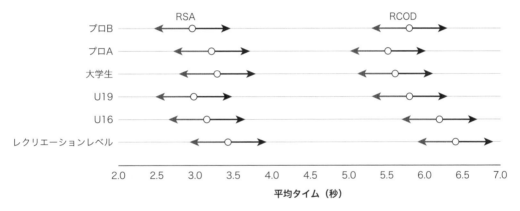

図 6.28 レクリエーションレベルで運動している男性と競技レベルの男子サッカー選手の，反復スプリント能力（RSA）テストおよび反復方向転換（RCOD）テスト中の20mの平均タイム（電子時間計測システムによる計測）。U19：19歳以下，U16：16歳以下。
33, 34) よりデータを引用。

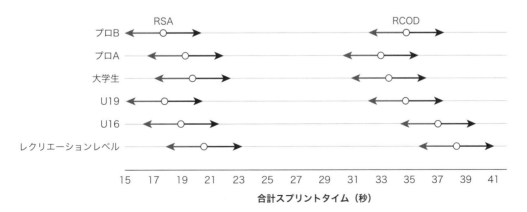

図 6.29 レクリエーションレベルで運動している男性と競技レベルの男子サッカー選手の，反復スプリント能力（RSA）テストおよび反復方向転換（RCOD）テスト中の合計スプリントタイム（電子時間計測システムによる計測）。U19：19歳以下，U16：16歳以下。
33, 34) よりデータを引用。

300ヤードシャトルラン　300-YARD SHUTTLE RUN

目　的
300ヤード（274.2 m）シャトルランは，間に素早い方向転換を挟んだ連続的な直線スプリントを走る能力を評価する。

測定項目
求められた動作パターンを完了するのに要した時間を，秒の単位で測定する。

用　具
コーンまたはマーカー，粘着テープまたはライン引き，時間計測機器，テープメジャー。

測定前
2つのマーカーを25ヤード（22.9 m）離して置き，その片方をスタート・ゴールラインにする（図6.30）。標準的なウォームアップを行い，アセスメント開始前の3〜5分は回復のために安静にする。

手　順
1. 被験者に以下のように声をかけて開始する：「これから25ヤードスプリントを連続してどれくらい速く走れるか計測します。準備はいいですか。準備ができたら，スタートラインの後ろに立ってください」。
2. 次に，以下のように説明する：「足を肩幅に開き，膝を軽く曲げて，片足でスタート・ゴールラインを踏んだ状態からテストを始めます。『スタート』と言ったら，向こう側のマーカーに向かって

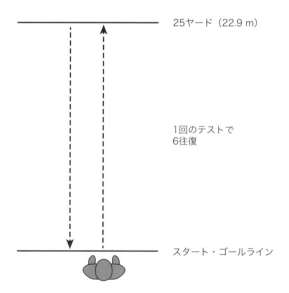

図6.30　300ヤードシャトルランの配置

できるだけ速くスプリントしてください。足がマーカーを越えたら、すぐに切り返してスプリントでスタート位置に戻ってください。テストでは、これを合計6往復（あるいは25ヤード区切りのスプリントを12本）行います」。
3. スタート・ゴールラインがはっきり見える位置に移動する。「3, 2, 1, スタート」と口頭で合図をし、時間計測機器を使ってアセスメントを終えるまでの時間を記録する（0.01秒の位まで）。
4. 1回目のテストを完了したら、「スタート位置に戻ってリラックスしてください」と言う。3～5分の休息・回復を挟んで、もう1回試行を行う。

別法・部分的変更

300ヤードシャトルランは、ウエイトベスト〔体重140ポンド（63 kg）以下の人は20ポンド（9 kg）、体重141～185ポンド（64～83 kg）の人は25ポンド（11kg）、体重186ポンド（84 kg）以上の人は30ポンド（13 kg）〕を着た状態でも行われている。このバージョンは、男性兵士の受傷リスクの指標になることが示されている[8]。

測　定　後

2回の試行の平均値が最終結果となる。

研究からの注釈

静的ストレッチングは、その後のパフォーマンスに負の影響を及ぼす可能性があるため、エクササイズの前には動的ウォームアップが推奨されることが多い。それを裏づけるように、NCAAディビジョンIに所属する大学生レスリング選手のグループが練習前の動的ストレッチングルーティン（自重トレーニングと動作ドリルを15分）を4週間実施したところ、300ヤードシャトルランのタイムが静的ストレッチング（20～30秒同じ姿勢を維持する様々なストレッチングを15分）を行ったグループよりも速くなった[11]。この結果は、日常的な動的ウォームアップルーティンによる有用性が、その直後のエクササイズセッションの後にも続き、おそらく長期的利益も与えているだろうことを示している。

標準データ

図6.31にNCAAディビジョンIの選手における300ヤードシャトルランのタイムの分類を、図6.32に様々な集団における300ヤードシャトルランの記述統計値を示す。

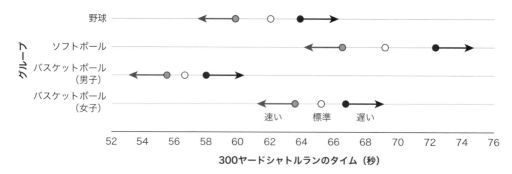

図 6.31 NCAA ディビジョン I の選手の 300 ヤードシャトルランのスコアの分類。
12) よりデータを引用。

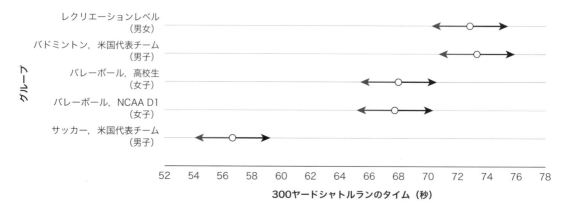

図 6.32 様々な集団における 300 ヤードシャトルランの記述統計値。D1：ディビジョン I。
17) よりデータを引用。

CHAPTER 7

パワー

> 「データを得る前に理論を立てることは，大きな過ちである。人は，事実に沿って理論を立てる代わりに，無意識のうちに理論に合うように事実をゆがめ始めるのだから。」
>
> サー・アーサー・コナン・ドイル（『シャーロック・ホームズ』シリーズの著者）

　筋力と有酸素系持久力はアスリートが一般的に示す身体的特性であるが，一方パワーまたは爆発的筋力は，ほぼすべてのスポーツから多くの日常的な機能的タスクまで，様々な活動の成功を決定づける要素になることが多い。パワーは，体重や到達した高さ，進んだ距離と，特定の活動を遂行するのにかかった時間の関数である。パワーのアセスメントの選択は，対象となるスポーツ種目や活動で必要とされる動作によって決定され，その内容は上半身と下半身，単発（あるいは静止状態で）の力発揮と複数回の力発揮（周期的動作，ランニング，ホッピング等），プッシュ動作とプル動作等の間で区別される。

　第6章と同様本章でもストップウォッチを使用したアセスメントのみを扱うが，モバイルアプリ，マット型センサー，電子時間計測システム，リニアポジショントランスデューサー（linear position transducer：LPT），フォースプレート等の高度なテクノロジーを用いることで，アセスメントの精度を高めることができる。本章では以下のアセスメントを取り上げる。

- 垂直跳びテスト [19,45]
- 立ち幅跳びテスト [19,45]
- 片脚3段跳びテスト [37,45,54]
- メディシンボール・チェストパステスト [5,41]
- 前方へのオーバーヘッド・メディシンボール投げテスト [58]
- 後方へのオーバーヘッド・メディシンボール投げテスト [19,46]
- メディシンボール回旋投げテスト [46]
- 階段スプリントパワー（マルガリア・カラメン）テスト [4,32,41]
- ローイングエルゴメーターによるピークパワーテスト [21,34]

垂直跳びテスト　VERTICAL JUMP TEST

目　　的
垂直跳びテストは，下半身の上方への爆発的筋力やパワーを計測する。

測定項目
垂直跳び高をセンチメートル（cm）の単位で測定し，ジャンプ中のパワー出力を推定する。

用　　具
最大ジャンプを安全に行うために十分な垂直方向の空間がある壁，テープメジャー，チョーク。

測 定 前
第4章で説明した方法に従って，体重を記録する。被験者の利き手（ものを書いたりボールを投げるのに使う方の手）を確認する。アセスメント開始前に，標準的なウォームアップと併せて中強度（推定最大努力の約50％）でジャンプを3〜5回練習し，回復のために3〜5分の休息をとる。

手　　順

1. 被験者に以下の言葉をかけて開始する：「これから，どれくらい高くジャンプできるかを計測します。準備はいいですか。準備ができたら，利き手の指先にチョークをつけてください」（図7.1a）。
2. 以下のように指示する：「利き手側の腕と胴体を壁に近づけて，両足に均等に体重をかけて立ってください」。
3. 被験者が正しいポジションをとれたら，以下のように指示する：「テストを行う前に，立った状態で伸ばした手の位置を測ります。両足をしっかりと地面につけたまま，チョークのついた方の手を壁に沿って頭上にできるだけ高く伸ばし，指先で壁に印をつけてください。その後，腕を体の横に戻します」（図7.1b）。
4. 最も高いチョークのマークと地面との間の距離を，指高（立位で手が届く高さ）として記録する。
5. 指高を確認した後，以下のように指示する：「『スタート』と言ったら，両腕を股関節よりも後ろまで速く振りながらしゃがみ，素早いカウンタームーブメント（反動動作）を行い，そこからすぐに逆の動きでできるだけ高くジャンプして，チョークをつけた手を壁のできるだけ高い位置まで伸ばしてください。一番高い位置にきたら，指先で壁を触って印をつけ，それから両足で安全に床に着地してください」（図7.2）。
6. ジャンプがはっきりと見える位置に移動する。「3，2，1，スタート」と口頭で合図をし，両足が地面についた状態で（1歩踏み出したりせずに）ジャンプが始まったか，しっかりと沈み込んだか（反動を使ったか），できるだけ高くジャンプしてコントロールしながら着地したか等を確認する。
7. 最も高いチョークの印から床までの距離を，センチメートルの単位で最高到達点として記録する。
8. 1回目の垂直跳びが終わったら，「スタート位置に戻ってリラックスしてください」と言い，1分間の休憩・回復を挟みながら，最低あと2回試行を行う。

第7章　パワー

図7.1　a：指先へのチョークのつけ方，b：チョークのついた手で指高を決める。

図7.2　垂直跳びテスト

別法・部分的変更

決められた膝関節角度（約90°）と腕の位置（体幹に沿わせる，または身体の後方に置く）を数秒維持した状態からジャンプするスクワットジャンプテストを用いることもできる（図7.3）。

標準的な垂直跳びテストの別法として，ジャンプの前に1歩か2歩（行っている競技による）の助走を許したり，動作中に腕を動かさないで行う（手を腰に置いたままにする，バーやスティックを肩に担ぐ）等の方法がある。また，垂直のはりに均一なスペースで羽がつけられた垂直跳び専用の器具を用いて行うこともできる（図7.4）。指高を確定しなくてはならないが，壁につけられたチョークの印を計測する必要はない。

図7.3　スクワットジャンプテスト

図7.4　垂直跳び専用の器具の使用

測定後

　記録された最高到達点のうち，最大値が最終結果である。垂直跳び高は下の公式を用いて計算することができる。

$$垂直跳び高 = 最高到達点 - 指高$$

　垂直跳び高と体重から，下の公式を用いてピークパワー出力を推定してもよい[48]。

$$ピークパワー（W）= 60.7 \times 垂直跳び高（cm）+ 45.3 \times 体重（kg）- 2,055$$

　垂直跳びテスト中のピークパワーの評価によって，体重がジャンプパフォーマンスに及ぼす影響をよりよく理解することができる。垂直跳びテスト中のピークパワー出力は，図7.5の計算図表を用いて求めることもできる。

　垂直跳びテスト（ジャンプ時に反動をつけて行う）とスクワットジャンプテストの両方を行ったのであれば，下の公式を使って伸張性動作利用率（eccentric utilization ratio：EUR）を計算することができる。

$$EUR = \frac{垂直跳び高}{スクワットジャンプ高}$$

　算出されたEURは，ジャンプが到達点に至る前に膝の急速な屈曲と伸張（stretch-shortening cycle：伸張–短縮サイクル）がどれくらいあったかの指標となる[12,33]。この値は個人間で異なり，遺伝，トレーニング状況，行っている活動やスポーツに左右されると考えられる。

第 7 章　パワー

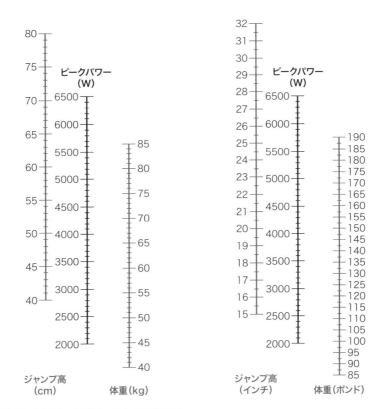

図 7.5　垂直跳びテスト中のピークパワー出力の計算図表
Sayers の公式 [48] を使用。

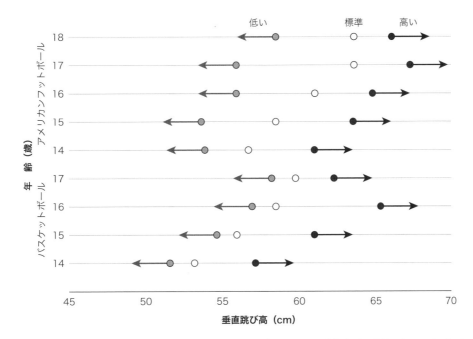

図 7.6　男子の高校生アメリカンフットボール選手とバスケットボール選手の垂直跳びの分類。高い：70 パーセンタイル，標準：50 パーセンタイル，低い：30 パーセンタイル。
16) よりデータを引用。

137

研究からの注釈

垂直跳びのパフォーマンスについては，女子には思春期の後に最小限の向上しかみられない一方で，男子は成熟の過程を通して比較的安定した向上を示す[22]。若年の男性アスリートにおいては，垂直跳びのパフォーマンスをさらに向上させるのに，プライオメトリックトレーニングが効果的なアプローチであると示されているが，13～16歳の年齢においては，様々な成長に関する要因（思春期特有の，成長に伴い変化する身体を上手にコントロールできないこと等）からあまり有効ではない傾向がみられる[35]。若年の女性アスリートもプライオメトリックトレーニングによる垂直跳びの向上を示しているが，プログラムは10週以上継続する必要があるようである[53]。

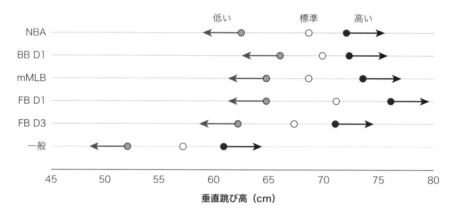

図7.7 全米バスケットボール協会所属のプロバスケットボール選手（NBA），NCAAディビジョンI所属バスケットボール選手（BB D1），マイナーリーグとメジャーリーグ所属のプロ野球選手（mMLB），NCAAディビジョンI（FB D1），ディビジョンIII（FB D3）所属のアメリカンフットボール選手，一般成人男性（21～25歳）の垂直跳びの分類。高い：70パーセンタイル，標準：50パーセンタイル，低い：30パーセンタイル。
16, 40) よりデータを引用。

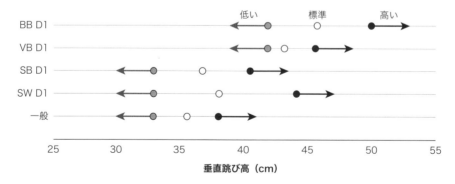

図7.8 女子のNCAAディビジョンI所属のバスケットボール選手（BB D1），バレーボール選手（VB D1），ソフトボール選手（SB D1），水泳選手（SW D1），一般成人女性（21～25歳）の垂直跳びの分類。高い：70パーセンタイル，標準：50パーセンタイル，低い：30パーセンタイル。
16, 40) よりデータを引用。

標準データ

図 7.6 は男子高校生アスリート，図 7.7 は一般成人男性と男子大学生およびプロアスリート，図 7.8 は一般成人女性と女子大学生アスリート，図 7.9 はナショナルフットボールリーグ（NFL）スカウティングコンバインにおける垂直跳びの分類値を示す。様々なスポーツにおける EUR の記述統計値を，図 7.10 に示す。

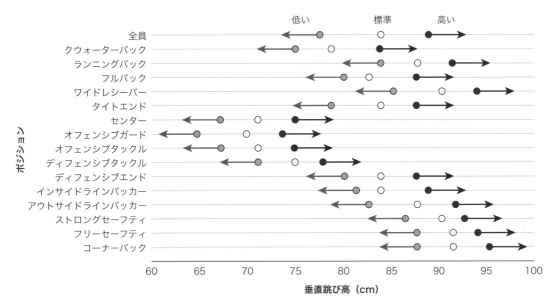

図 7.9 NFL スカウティングコンバインにおける垂直跳びの分類。高い：70 パーセンタイル，標準：50 パーセンタイル，低い：30 パーセンタイル。
38）よりデータを引用。

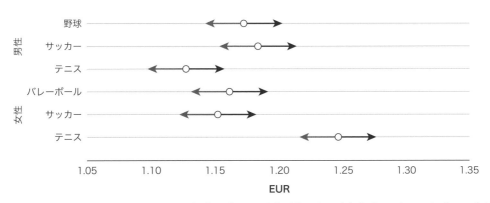

図 7.10 様々な競技における伸張性動作利用率（EUR）の記述統計値。注：垂直跳びとスクワットジャンプは両肩に PVC パイプを置いた状態で実施した。
55）よりデータを引用。

第Ⅱ部　アセスメントの手順

立ち幅跳びテスト　STANDING LONG JUMP TEST

目　的
立ち幅跳びテストは，下半身の水平方向の爆発的筋力やパワーを計測する。

測定項目
水平方向のジャンプ距離を，センチメートルの単位で測定する。

用　具
粘着テープ，テープメジャー。

測定前
地面に 1 m に切った粘着テープを貼り，スタートラインにする。アセスメント開始前に，標準的なウォームアップと併せて中強度（推定最大努力の約 50％）でジャンプを 3 ～ 5 回練習し，回復のために 3 ～ 5 分の休息をとる。

手　順
1. 被験者に以下の言葉をかけて開始する：「これから，どれくらい遠くにジャンプできるかを計測します。準備はいいですか。準備ができたら，スタートラインにつま先を合わせて立ってください」。
2. 被験者が正しい位置に立ったら，続けて指示をする：「『スタート』と言ったら，両腕を素早く後方へ振り下ろしながら膝を曲げる反動動作を行い，そこからすぐに切り返して，できるだけ遠くに全力でジャンプをしてください。両足の踵で安全に着地するように注意して，ジャンプ距離を計測するまでその位置を維持してください」（図 7.11）。
3. ジャンプがはっきり見える場所に立つ。口頭で「3，2，1，スタート」と合図をし，両足がきちんと地面についた状態でジャンプが始まったか，カウンタームーブメントをして，できるだけ遠くにジャンプし，踏み出したりせずにコントロールしながら着地したかを確認する。
4. スタートラインから後ろ足の踵までの距離を，センチメートルの単位で記録する。
5. 1 回目の計測が終わったら，「スタート位置に戻っ

図 7.11　立ち幅跳びテスト

てリラックスしてください」と言い，1分の休憩・回復を挟みながら，少なくともさらに2回試行を行う。

別法・部分的変更
両手を腰にあてたまま，腕の振りなしで行うこともできる。

測　定　後
記録された中の最長距離が最終結果である。

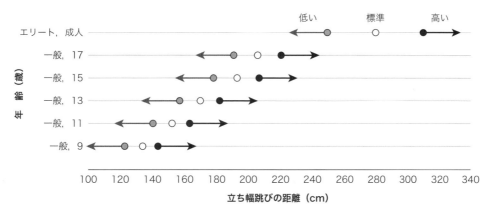

図7.12　一般若年男子と男性の成人エリートアスリートの立ち幅跳びの分類。高い：70パーセンタイル，標準：50パーセンタイル，低い：30パーセンタイル。
2, 57) よりデータを引用。

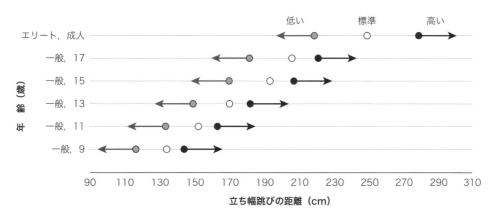

図7.13　一般若年女子と女性の成人エリートアスリートの立ち幅跳びの分類。高い：70パーセンタイル，標準：50パーセンタイル，低い：30パーセンタイル。
2, 57) よりデータを引用。

研究からの注釈

立ち幅跳びで発揮される力は，垂直跳びで発揮される力よりもスプリントスピードと関連性が高いことが示されている[7]。さらに，立ち幅跳びのパフォーマンスは，スピードテストのセッション中に記録された短距離（10 m，30 m，50 m）のタイムよりも，競技会中の100 m走のタイムと強い関連性があることが報告されている[26]。

標準データ

図7.12に一般若年男子と男性の成人エリートアスリート，図7.13に一般若年女子と女性の成人エリートアスリート，図7.14にNFLスカウティングコンバインにおける立ち幅跳びの分類値を示す。

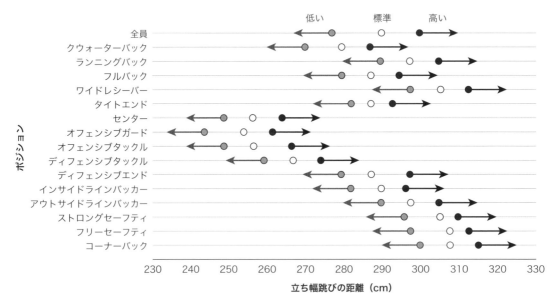

図7.14 NFLスカウティングコンバインにおける立ち幅跳びの分類。高い：70パーセンタイル，標準：50パーセンタイル，低い：30パーセンタイル。
[38]よりデータを引用。

片脚3段跳びテスト　SINGLE-LEG TRIPLE HOP TEST

目　　的
　片脚3段跳びテストは，下半身の片脚での水平方向の爆発的筋力やパワーを評価し，同時に両脚のバランス，動作のコントロール，筋力の左右差をみる。

測定項目
　各脚の水平方向のジャンプ距離をセンチメートルの単位で測定し，左右差をみる。

用　　具
　粘着テープ，テープメジャー。

測定前
　1mに切った粘着テープを地面に貼り，スタートラインをつくる。被験者に，片脚でのホッピングやボールを蹴る時に使う脚を聞き，利き脚を明らかにする。アセスメント開始前に，標準的なウォームアップと併せて中強度（推定最大努力の約50%）で片脚跳びを練習し，回復のために3〜5分の休息をとる。

手　　順
1. 被験者に以下の言葉をかけて開始する：「これから数回片脚跳びをして，どれくらい遠くまで跳べるか計測します。準備はいいですか。準備ができたら，つま先をスタートラインに合わせて利き脚で立ってください」。
2. 被験者が正しい姿勢をとれたら，続けて以下のように言う：「『スタート』と言ったら，スタートラインからできるだけ遠くに片脚で3回跳んでください。腕を使ってバランスをとり，3回目を跳んだ後は両足で安全に着地するようにしてください。着地したら，ジャンプ距離を計測するまで，その最後の位置を維持してください」（図7.15，図7.16）。
3. ジャンプがはっきり見える位置に立つ。口頭で「3，2，1，スタート」と合図をし，足が地面にきちんとついた状態から片脚跳びを始めたか，バランスを崩さずにコントロールしながら両足で着地したかを確認する。
4. 手前にある足とスタートラインの間の距離を，最も近いセンチメートルで記録する。
5. 1回目の片脚3段跳びが終わったら，「スタート位置に戻ってリラックスしてください」と言い，次に反対側の脚（非利き脚）で同じようにテストを行う。30秒〜1分の休憩・回復を挟みながら，各脚3回ずつ試行を行う。試験官は，被験者がこれらのテスト中に疲れてしまう可能性をしっかりと認識し，安全性を損なうようであれば試行数を減らす等の対処をする。

第Ⅱ部　アセスメントの手順

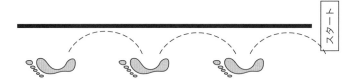

図7.15　片脚3段跳びテストの足の位置

図7.16　片脚3段跳びテスト

別法・部分的変更

手を骨盤にあて腕を振らずに行う方法や，最後の片脚跳びの後を両足ではなく片足で着地する方法もある。また，横方向（左右）の要素を加え，直線をまたいで左右交互に（クロスオーバーして）3回片脚跳びをする方法もある。

測 定 後

各脚の最長距離，または平均値が最終結果となる。片脚3段跳びテストの各脚の結果を用いて，下の公式に当てはめ，左右対称性指数（lateral symmetry index）を計算し，両脚の左右差（不均衡）をみることもできる。

$$左右対称性指数 = \frac{非利き脚の距離}{利き脚の距離} \times 100$$

左右対称性指数の値が100％以下であった場合は，非利き脚による片脚3段跳びテストの距離がより短く，なんらかの内在的な両脚間のパフォーマンス差が存在していることが示唆される。

研究からの注釈

アスリートにおける片脚3段跳びの距離は，垂直跳びや，高速度と低速度で力を発揮する能力[13]，10 m以下の短距離走のスピードと関連していることが示されている[25]。大学生男子および女子アスリートの片脚3段跳びのパフォーマンスは，高校生男子および女子アスリートよりもよいが，女子大学生アスリートにのみ，両脚間の顕著な差がみられた[36]。外傷・障害や競技準備度に着目すると，両脚間の3段跳び距離を比較した左右対称性指数は，前十字靱帯（ACL）の再建術を経て競技に復帰することが許可された女子アスリートにおいて低下していた[60]。体重によって標準化された時，ACL受傷リスクが高い競技（サッカー，バスケットボール，バレーボール）に参加しているアスリートの左右対称性指標数は，受傷リスクがより低い競技（跳び込み，クロスカントリー，陸上）のアスリートよりも高くなる可能性がある[18]。

標準データ

図7.17は様々な人口における片脚3段跳びの記述統計値を示している。特定のカットオフ（切り捨て）値（約90％）が推奨されているが，健康で活動的な人の左右対称性指数は85〜90％である。したがって，基準値（ベースライン）の計測，そして被験者の継続的な追跡計測を行うことが望ましい。

第Ⅱ部　アセスメントの手順

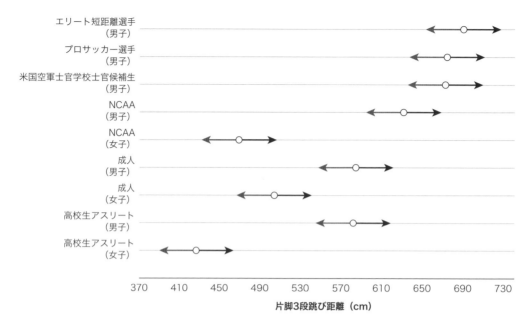

図7.17　様々な人口における片脚3段跳びテストの記述統計値。注：データを引用した調査研究は、様々な測定手順を用いており（腕振りのあり・なし、片足・両足での着地、3試行のうちの最高記録または平均値等）、左右のより長い距離のみを報告している。
36, 54) よりデータを引用

メディシンボール・チェストパステスト　MEDICINE BALL CHEST PASS TEST

目　　的
プッシュ動作における上半身の爆発的筋力やパワーを評価する。

測定項目
水平方向の投球距離をセンチメートルの単位で測定する。

用　　具
粘着テープ、テープメジャー、インクラインベンチ（傾斜45°）、アセスメントを安全に行える垂直方向および水平方向の空間、メディシンボール（女性6 kg、男性9 kg）、補助者。

測定前

テープメジャーを，スタート地点（被験者が投球前にメディシンボールを胸につけて持つ位置）から最低 8 m 伸ばす。ベンチの前脚の下の床にテープメジャーを固定し，投球方向にまっすぐ整えて伸ばす。アセスメント開始前に，上半身の動作等からなる標準的なウォームアップと併せて，中強度（推定最大努力の約 50％）で投球を練習し，回復のために 3 ～ 5 分の休息をとる。

手 順

1. 被験者に以下の言葉をかけて開始する：「これから，メディシンボールをどれくらい遠くまで投げられるか計測します。準備はいいですか。準備ができたら，メディシンボールを持ってベンチのシートに座り，体幹と頭がベンチにつくように体を倒してください。両足を楽な幅に置き，足全体が床の上についていることを確認しましょう」。
2. 被験者が正しいポジションをとれたら，続けて指示をする：「『スタート』と言ったら，両手でメディシンボールを胸まで持ち上げ，そこから最大の力でできるだけ遠くまで押し出します。床に対して 45°の角度で投げると最も長い距離を投げることができるので，メディシンボールを手から離す時はその角度を意識してください」（図 7.18）。
3. 投球がはっきり見える位置に立つ。「3，2，1，スタート」と口頭で合図をし，被験者が投球時に体をベンチにつけているか確認する。テープメジャーの端の近くに立った補助者が，メディシンボールの着地点に印をつけに行く（あるいは，投球前にボールにチョークをつけて，落ちた場所がわかるようにすることもできる）。テープメジャーから 0.6 m の範囲内に着地したメディシンボールのみを 1 試行として数える。
4. スタート地点から着地点までの距離を，四捨五入してセンチメートルの単位で記録する。
5. 1 回目の投球を終えたら「リラックスしてください」と言い，各試行間に 2 ～ 3 分の休憩・回復を挟みながら，少なくともさらに 2 回試行を行う。

図 7.18 メディシンボール・チェストパス

別法・部分的変更

椅子に座った状態（例えば，高齢者では 3 kg のメディシンボールを使用[14]），傾斜が 90°のインクラインベンチに座った状態，床に座り両膝を曲げるか伸ばして背中を壁につけた状態（例えば，5～6 歳の子どもでは，0.9 kg，直径 20 cm のメディシンボールを使用[6]），両膝立ちの姿勢から行うこともできる。座った状態で片腕で投げる方法で行うと，左右の比較をすることができる。

測　定　後

最長距離が最終結果となる。

研究からの注釈

メディシンボール・チェストパスのパフォーマンスは，ベンチプレス・スローテスト中のパワー出力と高い関連性があり[5]，ハンディキャップが 1 桁のゴルファーのクラブヘッドスピードの重要な予測因子であることも示されている[43]。大学生アメリカンフットボール選手においては，オフシーズン中の 15 週（週 4 日）のレジスタンストレーニングプログラム後に，傾斜 90°のインクラインベンチからのメディシンボール・チェストパスのパフォーマンスが向上したことが報告された[17]。

標準データ

使用されたアセスメント手順とメディシンボールのサイズが多岐にわたるため，標準データの分類は限られる。図 7.19 に大学生年代の男女におけるメディシンボール・チェストパスの分類を示す。

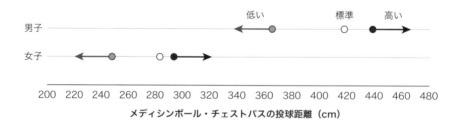

図 7.19　大学生年代の男女におけるメディシンボール・チェストパスの分類。高い：70 パーセンタイル，標準：50 パーセンタイル，低い：30 パーセンタイル。男子は 9 kg，女子は 6 kg のメディシンボールを使用。
5）よりデータを引用。

前方へのオーバーヘッドメディシンボール投げテスト
FORWARD OVERHEAD MEDICINE BALL THROW TEST

目　的
プッシュ動作または投げながら前方に屈曲する動作における全身の爆発的筋力やパワーを計測する。

測定項目
水平方向に投げた距離をセンチメートルの単位で測定する。

用　具
粘着テープ，テープメジャー，アセスメントを安全に行える垂直方向および水平方向の空間，メディシンボール（様々なサイズ。テニス選手には 2 kg の使用が推奨される），補助者。

測定前
1 m に切った粘着テープを地面に貼り，スタートラインにする。被験者に見合った合計距離の範囲内に 0.5 m 刻みで平行線を引き，投げたボールの着地点がわかるようにする。アセスメント開始前に，上半身の動作等からなる標準的なウォームアップと併せて，中強度（推定最大努力の約 50％）で投球を練習し，回復のために 3 〜 5 分の休息をとる。

手　順
1. 被験者に以下の言葉をかけて開始する：「これから，メディシンボールをどれくらい遠くまで投げられるか測定します。準備はいいですか。準備ができたら，メディシンボールを持って，両足を平行にした状態で，スタートラインの後ろに立ってください」。
2. 被験者が正しいポジションをとれたら，続けて指示をする：「『スタート』と言ったら，両手でメディシンボールを持ち上げて頭の後ろに振りかざし，スタートラインから動かずに，ボールを前方にできるだけ遠くまで投げてください。投げる動作では，背中を少し反らしてもいいですが，足を動かしてはいけません。バランスを維持しながら，メディシンボールをまっすぐに投げてください」（図 7.20）。
3. 投球がはっきり見える位置に立つ。「3，2，1，スタート」と口頭で合図を出し，被験者がスタートラインを越えていないことを確認する。補助者は被験者の後方に安全な距離をとって立ち，ボールの着地点に印をつけに行く（あるいは，投球前にボールにチョークをつけて，落ちた場所がわかるようにすることもできる）。
4. スタート地点から着地点までの距離を，四捨五入してセンチメートルの単位で記録する。
5. 1 回目の投球が終わったら，「スタートポジションに戻ってリラックスしてください」と言い，各試行間に 1 分の休憩・回復を挟みながら，連続 2 回の投球が 0.5 m 以内の差になるまで試行を続ける。

図7.20 前方へのオーバーヘッドメディシンボール投げ

別法・部分的変更

立位で1歩踏み出す方法や，下半身の影響を取り除くために両膝立ちの姿勢で行う方法もある。

測定後

最長距離が最終結果とみなされる。

研究からの注釈

前方へのオーバーヘッドメディシンボール投げのパフォーマンスは，腕を頭上に挙げて（オーバーヘッドで）力強い動作を生み出すことを必要とするアスリート（オーバーヘッドアスリート）に特に関係すると考えられる。例えば，若年のテニス選手に上半身と下半身のエクササイズで構成されたプライオメトリックトレーニングを週2回，8週間行ったところ，前方へのオーバーヘッドメディシンボール投げのパフォーマンスが向上した[10]。

前方へのオーバーヘッドメディシンボール投げのパフォーマンスは，バレーボール[29]とサッカー[27]のポジションによって異なるようであり，フォワードの選手はディフェンダーの選手よりも投球距離が長い。プロの女子バレーボール選手においては，競技シーズン中にこの計測値の向上がみられた[28]。

標準データ

　図 7.21 はエリートテニス選手の前方へのオーバーヘッドメディシンボール投げの分類値を示す。図 7.22 はバレーボール選手，図 7.23，図 7.24 は男子のユースサッカー選手の前方へのオーバーヘッドメディシンボール投げの記述統計値を示す。

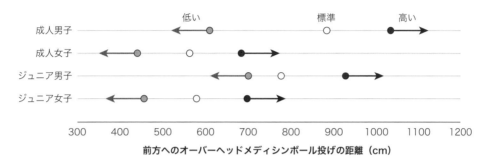

図 7.21　エリートテニス選手における前方へのオーバーヘッドメディシンボール投げの分類。2.7 kg のメディシンボールを使用。
9, 46) よりデータを引用。

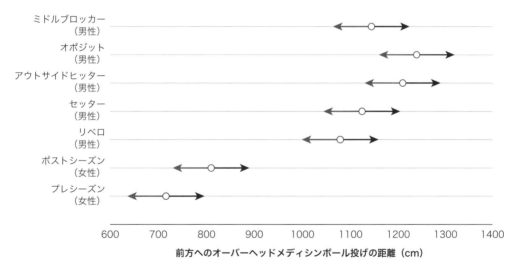

図 7.22　プロバレーボール選手における前方へのオーバーヘッドメディシンボール投げの記述統計値。3 kg のメディシンボールを使用。
28, 29) よりデータを引用。

第Ⅱ部　アセスメントの手順

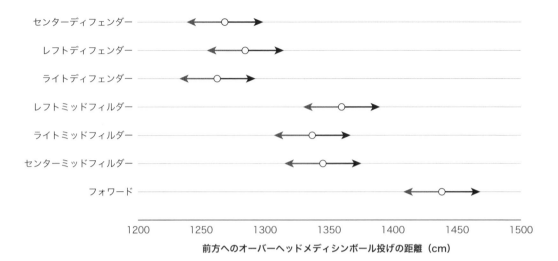

図 7.23　男子のユースサッカー選手における前方へのオーバーヘッドメディシンボール投げのポジションごとの記述統計値。5 kg のメディシンボールを使用。
27) よりデータを引用。

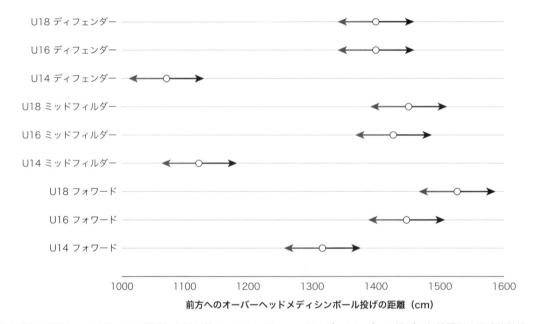

図 7.24　男子のユースサッカー選手における前方へのオーバーヘッドメディシンボール投げの年齢層別の記述統計値。5 kg のメディシンボールを使用。
27) よりデータを引用

後方へのオーバーヘッドメディシンボール投げテスト
BACKWARD OVERHEAD MEDICINE BALL THROW TEST

目　的
プッシュ動作または投げながら後方に伸展する動作における全身の爆発的筋力やパワーを計測する。

測定項目
水平方向の投球距離をセンチメートルの単位で測定する。

用　具
粘着テープ，テープメジャー，アセスメントを安全に行える垂直方向および水平方向の空間，メディシンボール（様々なサイズ），補助者。

測定前
1 m に切った粘着テープを地面に貼り，スタートラインにする。被験者に見合った合計距離の範囲内に，0.5 m 刻みで平行線を引き，投げたボールの着地点がわかるようにする。アセスメント開始前に，上半身の動作等からなる標準的なウォームアップと併せて，中強度（推定最大努力の約 50％）で投球を練習し，回復のために 3～5 分の休息をとる。

手　順
1. 被験者に以下の言葉をかけて開始する：「これから，メディシンボールをどれくらい遠くまで投げられるか測定します。準備はいいですか。準備ができたら，メディシンボールを持ってスタートラインの後ろに立ってください」。
2. 被験者が正しいポジションをとれたら，続けて指示をする：「『スタート』と言ったら，腕を前に伸ばし，両手で持ったメディシンボールを自分の正面で胸の高さまで持ち上げ，それから素早く両膝を曲げて両腕を振り，メディシンボールを膝の間に通します。そこで休憩したり止まったりすることなく，すぐに逆の動作をして跳び上がり，メディシンボールを上に振り上げ，頭上から後方にできるだけ力強く投げてください。動作中，腕はまっすぐにし，メディシンボールを離したら安全に着地してください」（図 7.25）。
3. 投球がはっきり見える位置に立つ。「3，2，1，スタート」と口頭で合図をし，膝が 90° 以上曲がっていないこと，上体が前方に傾き過ぎていないことを確認する。補助者は被験者の後方に安全な距離をとって立ち，ボールの着地点に印をつけに行く（あるいは，投球前にボールにチョークをつけて，落ちた場所がわかるようにすることもできる）。
4. スタート地点から着地点までの距離を，センチメートルの単位で記録する。
5. 1 回目の投球を終えたら，「スタートポジションに戻ってリラックスしてください」と言い，各試行間に 1 分の休息・回復を挟みながら，連続 2 回の投球が 0.5 m 以内の差になるまで試行を続ける。

図 7.25　後方へのオーバーヘッドメディシンボール投げ

別法・部分的変更

足を地面につけたまま投球動作を行う方法もある。この方法は，よりコントロールされ安全性が高いが，投球時の爆発的筋力が低下し，投球距離が短くなる可能性がある。また，座位で行う方法もあり，下半身の影響を除くことができる。

測　定　後

記録された最長距離が最終結果となる。

研究からの注釈

後方へのオーバーヘッドメディシンボール投げのパフォーマンスは，バレーボール選手[50]，アメリカンフットボール選手[31]，レスリング選手[51]等様々なアスリートの垂直跳びで生み出されるパワー出力，およびオリンピックリフティング（スナッチとクリーン＆ジャーク）中の最大筋力[39]に関連することが示されている。

興味深いことに，後方へのオーバーヘッドメディシンボール投げの距離は，男子（13 ～ 14 歳）のクロスカントリースキーのパフォーマンスの重要な予測因子であると報告されているが，これは女子には当てはまらず，女子の最良の予測因子は 3,000 m 走のタイムであった[52]。

標準データ

図 7.26 にエリートテニス選手における後方へのオーバーヘッドメディシンボール投げの分類値を示す。図 7.27，図 7.28 には，様々な集団における後方へのオーバーヘッドメディシンボール投げの記述統計値を示す。

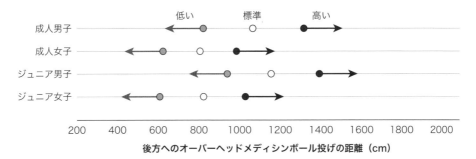

図 7.26 エリートテニス選手における前方へのオーバーヘッドメディシンボール投げの分類。2.7 kg のメディシンボールを使用。
9, 46) よりデータを引用。

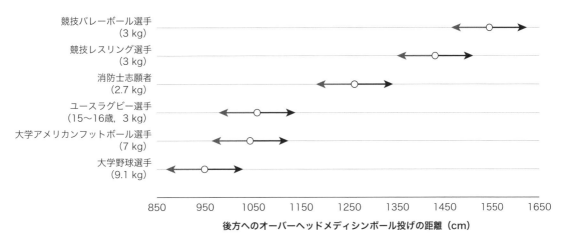

図 7.27 様々な男性人口における後方へのオーバーヘッドメディシンボール投げの記述統計値。メディシンボールのサイズはキログラムで示した。
3, 5a, 8, 31, 51) よりデータを引用。

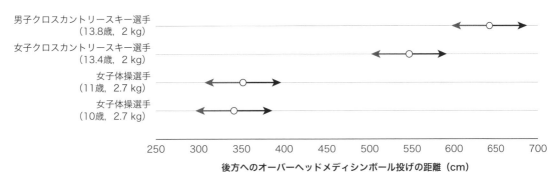

図 7.28 男女クロスカントリースキー選手と女子ユース体操選手の後方へのオーバーヘッドメディシンボール投げの記述統計値。メディシンボールのサイズはキログラムで示した。
47, 52) よりデータを引用。

メディシンボール回旋投げテスト　ROTATING MEDICINE BALL THROW TEST

目　的
回旋（ひねる）動作における上半身の爆発的筋力やパワーを計測する。

測定項目
横向きの投球距離をセンチメートルの単位で測定する。

用　具
粘着テープ，テープメジャー，アセスメントを安全に行える垂直方向および水平方向の空間，メディシンボール（様々なサイズ），補助者。

測定前
1 m に切った粘着テープを地面に貼り，スタートラインにする。被験者に見合った合計距離の範囲内に，0.5 m 刻みで平行線を引き，投げたボールの着地点がわかるようにする。アセスメント開始前に，上半身の動作等からなる標準的なウォームアップと併せて，中強度（推定最大努力の約 50％）で投球を練習し，回復のために 3〜5 分の休息をとる。

手　順
1. 被験者に以下の言葉をかけて開始する：「これから，メディシンボールをどれくらい遠くまで投げられるか測定します。準備はいいですか。準備ができたら，メディシンボールを持って，スタートラインの後ろに横向きに立ってください」。
2. 被験者が正しいポジションをとれたら，続けて次のように言う：「『スタート』と言ったら，腕を前に伸ばし，両手で持ったメディシンボールを自分の正面で胸の高さまで持ち上げます。スタートラインとは逆の方向に素早く体を回旋し，それからスタートラインの方向に腕を振って，メディシンボールを横の方向へできるだけ遠くまで投げます。腕を伸ばし，両足を地面につけ，バランスを維持しながら一直線に投げるようにしてください」（図 7.29）。
3. 投球がはっきり見える位置に立つ。「3，2，1，スタート」と口頭で合図を出し，被験者の足がスタートラインを踏んでいないか確認する。補助者は被験者の後方に安全な距離をとって立ち，ボールの着地点に印をつけに行く（あるいは，投げる前にボールにチョークをまぶして，落ちた場所がわかるようにすることもできる）。
4. スタート地点から着地点までの距離を，センチメートルの単位で記録する。
5. 1 回目の投球を終えたら，「スタートポジションに戻ってリラックスしてください」と言い，次は逆の方向に回旋して投げる。各試行間に 1 分の休憩・回復を挟みながら，同じ側への投球が 2 回続けて 0.5 m 以内の差になるまで試行を続ける。

図 7.29　メディシンボール回旋投げ

別法・部分的変更

　下半身の影響がないように，両膝立ちあるいは座位で行う方法もある。「打者のメディシンボール投げ」という競技に特化した方法では，通常のバッティングスタンスをとり，1 kg のメディシンボールを両手で肩の高さに持ち，野球のバットをスイングするような方法で投球動作を行う[56]。

測定後

　左右各側で記録された最長距離が最終結果となる。

研究からの注釈

　メディシンボール回旋投げのパフォーマンスは，体幹回旋中に力を発揮する能力，そして上半身と下半身のパワー出力の指標となる。これらの計測には，通常，高価な計測機器や通常以上の安全面の配慮が必要とされる[9]。メディシンボール回旋投げのパフォーマンスは，テニス選手の回旋力を生み出す能力[9]，ゴルファーのクラブのヘッドスピード[43]，クリケット選手のクリケットボール投球速度[11] と相関があることが示されている。

標準データ

　図 7.30 に，エリートテニス選手のメディシンボール回旋投げの分類値を示す。図 7.31 には，若年男女が異なるサイズのメディシンボールを使用して行ったメディシンボール回旋投げの記述統計値を示す。

第II部　アセスメントの手順

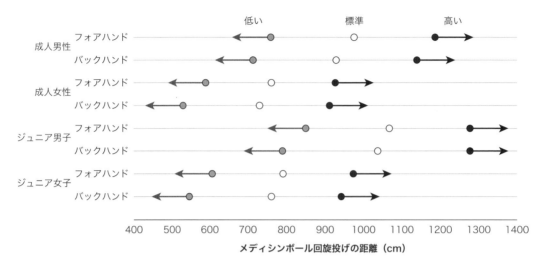

図7.30　エリートテニス選手におけるメディシンボール回旋投げの分類。2.7 kg のメディシンボールを使用。
9, 46) よりデータを引用。

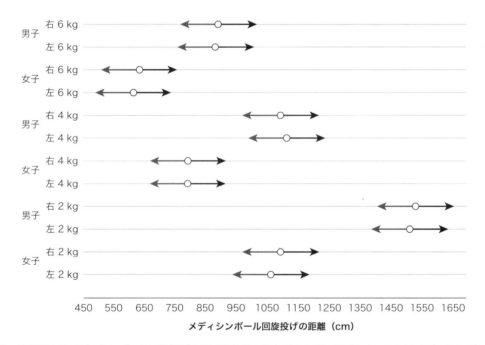

図7.31　若年男女のメディシンボール回旋投げの記述統計値。左右どちら側に投げたか，そしてメディシンボールのサイズをキログラムで示している。
20, 46) よりデータを引用。

階段スプリントパワーテスト　STAIR SPRINT POWER TEST

目　的
マルガリア・カラメンテストともいう。上りの傾斜を走る時の下半身のパワーと爆発的筋力を評価する。

測定項目
定められた動作パターンを完了するのに要した時間（秒），推定平均パワー出力。

用　具
最低9段ある階段（1段の高さが17〜18.5 cm，奥行き29〜32 cm）と，その手前に約6 mの助走距離，粘着テープ，尺づえまたはテープメジャー，時間計測機器。

測定前
第4章で説明した方法にしたがって，体重をキログラムの単位で記録する。階段の段の高さを確認し，3段目から9段目までの垂直距離をメートルの単位で測る（通常0.17 m × 6段 = 1.02 m）。階段の端から6 m離れたところに粘着テープを貼り，スタートラインをつくる。この方法で行う階段スプリントパワーテストの配置を，図7.32に示す。アセスメント開始前には，標準的なウォームアップと併せて中強度（推定最大努力の約50〜80%）で階段を走る練習を数回行い，回復のために3〜5分の休息をとる。

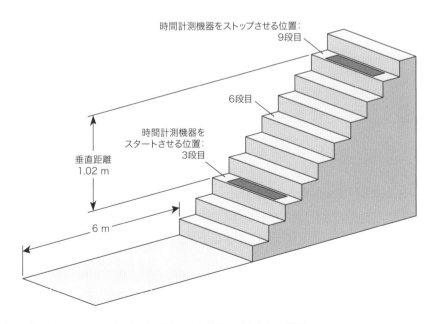

図7.32　階段スプリントパワーテスト（マルガリア・カラメンテスト）の配置
G.G. Haff and C. Dumke, Laboratory Manual for Exercise Physiology, 2nd ed. (Champaign, IL: Human Kinetics, 2019), 300 より許可を得て転載。

手　順

1. 被験者に以下の言葉をかけて開始する：「これから，どれくらい速くこの階段を走って上れるか測ります。準備はいいですか。準備ができたら，スタートラインの後ろに立ってください」。
2. 以下のように説明する：「『スタート』と言ったら，前方にスプリントして，階段を一気に3段ずつ（2段飛ばしで），できるだけ速く上ってください」。
3. 階段の3段目と9段目がはっきりみえる位置に立つ。「3，2，1，スタート」と口頭で合図をし，3段目到達時に時間計測機器をスタートさせ，9段目到達時にストップする。この時間を0.01秒の単位で記録する。
4. 1回目の試行を終えたら，「スタート位置に戻ってリラックスしてください」という。2〜3分の休憩・回復を挟みながら，あと2回試行を行う。

別法・部分的変更

6 mの助走距離がとれない場合，別の方法で行うことができる。この場合，被験者の足が1段目についた時点で時間計測機器をスタートさせ，そこから1段飛ばしで階段を昇って行き，5歩目がついた時点（11段目）で時間計測機器を止める。この方法で行う階段スプリントパワーテストは，1段の高さが18.5 cm，合計垂直距離が2.04 m（0.185 m × 11段）で設定された。

測　定　後

記録された最も速いタイムが最終結果となる。下の公式を使って平均パワー出力を計算することができる。

$$\text{パワー(W)} = \frac{\text{体重(kg)} \times 9.807 \times \text{高さ(m)}}{\text{時間(秒)}}$$

高さとは，1歩目の段から最後の段までの垂直距離である（ここでは1.02 mまたは2.04 m）。平均パワー出力を体重で割ることにより，被験者間の体格差を打ち消すことができる。

研究からの注釈

階段スプリントパワーテストから計算されたパワー出力は，プライオメトリックトレーニングを行うアスリートおよび非アスリートの爆発的筋力（無酸素性パワー）を評価する際，垂直跳びや50 m走のパフォーマンスよりも関連性が高いことがわかっている[59]。さらに，階段スプリントパワーテストのパフォーマンスは，アメリカンフットボール選手のポジションによって差があることが明らかになっており[15]，ユースのアイスホッケー選手では氷上のスプリントスケートテストと正の相関があることが示されている[42]。

標準データ

図7.33に，階段スプリントパワーテストの分類値を示す。図7.34は様々な集団における体重あたりの階段スプリントパワーテストの記述統計値を示す。

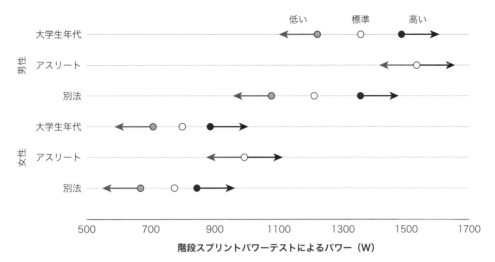

図7.33 様々な集団における階段スプリントパワーテストの分類（電子時間計測システムによる計測）。高い：70パーセンタイル，標準：50パーセンタイル，低い：30パーセンタイル。
別法：別法・部分的変更の項を参照。
1, 4, 30, 32) よりデータを引用。

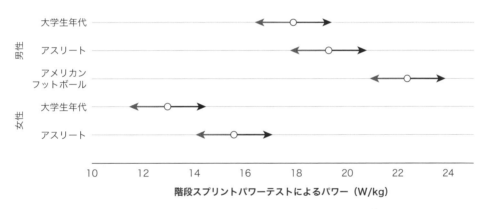

図7.34 様々な集団における階段スプリントパワーテストによるパワーの記述統計値（電子時間計測システムによる計測）。パワーを体重で標準化して報告されている。
1, 30, 32, 49) よりデータを引用。

ローイングエルゴメーターによるピークパワーテスト
ROWING ERGOMETER PEAK POWER TEST

目 的
下半身がプッシュ動作,上半身・体幹がプル動作を行っている時の,全身の爆発力やパワーを計測する。

測定項目
ローイングの1ストローク中のピークパワー出力を,ワットまたはワット毎体重キログラムの単位で測定する。

用 具
ローイングエルゴメーター。

測定前
第4章で説明した方法にしたがって,被験者の体重をキログラムの単位で記録する。ローイングエルゴメーターのレジスタンス強度を最大に設定する(ボート選手以外には10,熟練のボート選手には5)。取りつけられたコンピュータを,1分あたりのワット数とストローク数を表示するように設定する。表7.1に示すローイングストロークの基本要素を,被験者とともに確認する(テスト前のオリエンテーション中が望ましい)。アセスメント開始前には,標準的なウォームアップと併せて中強度(推定最大努力の約50〜80%)で5分間ローイングを行い,回復のために3〜5分の休息をとる。

表7.1 ローイングストロークの基本要素

1. スタート
・肘を完全に伸展した状態で,腕を胴体の正面に出す
・頭部は中間位にする
・肩は股関節の前方で,地面と同じ高さにする
・脛は垂直に,膝は90°を超えないように曲げる
・両足は踏み板にしっかりつける
2. ドライブ
・股関節と膝を伸展し,踏み板を両脚で力強く押す
・上半身のポジションを維持する
・股関節と膝が伸展するにつれて,上半身を後方に傾け,両手を肋骨下部に向けて引く
3. フィニッシュ
・股関節と膝は完全伸展した状態で,ハンドルは肋骨下部に近づける
・上半身を体幹の筋で支持しながらわずかに後ろに傾ける
・頭部は中間位にする
・首と肩はリラックスさせる
4. リカバリー
・ドライブの動作を逆に行う
・肘を伸展し,腕を胴体の正面に出す
・上半身を前方に傾け,座っているシートを前方にスライドさせながら両膝を曲げる

手　順

1. 被験者に以下の言葉をかけて開始する：「これからローイングストローク中にどれくらい強く引くことができるかを計測します。準備はいいですか。準備ができたら，ローイングエルゴメーターのシートに座り，踏み板のストラップを足にきつく巻いて，両手でハンドルをしっかり握ってください」。
2. 以下のように説明する：「『スタート』と言ったら，ハンドルを引き，スタート，ドライブ，フィニッシュ，リカバリーの全段階を完璧にこなしながら，合計6回のウォームアップストロークと，それに続いて6回の全力ストロークを行います。全力ストロークでは，できるだけ強く，速くハンドルを引いてください」（図7.35）。
3. パフォーマンスモニターがはっきりみえる位置に立つ。「3，2，1，スタート」と口頭で合図を出し，被験者が毎分35～45ストロークのストロークレートを維持しているか確認しながら，取りつけられたコンピュータ上に表示される各ストロークのパワー出力を記録する。

図7.35　ローイングストロークの（a）スタート，（b）ドライブ，（c）フィニッシュ部分

4. 1回目のテストを終えたら，「スタートポジションに戻ってリラックスしてください」と言う。試行間に3～5分の休憩・回復を挟み，最低もう1回試行を行う。

別法・部分的変更

ピークパワーを評価するために，最大で15ストロークまでのローイングを行う計測方法が用いられている。測定者は，アセスメント中にパワー出力が相対的に頭打ちになったことを確認するべきである。

測　定　後

記録された1回のストローク中のピークパワーの最高値が最終結果となる。ピークパワー出力を体重で割ることにより，被験者間の体格による差を打ち消すことができる。

研究からの注釈

ローイングエルゴメーターによるピークパワーは，熟練のボート選手において，ベンチプルおよびパワークリーンのパフォーマンスと関連することが示されている[24]。運動しない男女，運動している男女，ボート選手で構成されるより多様なグループにおいては，ローイングエルゴメーターによるピークパワーは，フォースプレートで測定された垂直跳びのピークパワーと有意な相関がみられた[34]。

標準データ

図 7.36 に，様々な集団におけるローイングエルゴメーターによるピークパワーテストの記述統計値を示す。

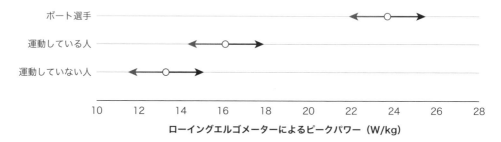

図 7.36 男女ボート選手，運動している人，運動していない人におけるローイングエルゴメーターによるピークパワーテストの記述統計値。パワーを体重で標準化して報告されている。
34) よりデータを引用。

CHAPTER 8

筋力と筋持久力

> 「もし統計学がつまらないのであれば，それはあなたが間違った数字を出しているからだ。」
>
> エドワード R. タフト（統計学者）

　筋骨格系のフィットネスは，筋力と筋持久力の静的（動きのない）または動的（動きのある）アセスメントによって評価することが多い。筋力は力発揮の指標であり，スピードや速度とともに，パワーの出力につながるものであるため，日常生活やレクリエーション，スポーツパフォーマンスに直接的または間接的に大きな役割がある。さらには，より高いレベルの筋力は外傷・障害を予防する可能性もある。最大動的筋力は，レジスタンストレーニングに慣れている人であれば最大挙上重量（1 RM）を使って安全に測定できるが，トレーニングに慣れていない人に対しては，複数回数挙上重量テストやより機能的な動作に応用できる静的テスト（握力計を使うもの等）の利用を選択すべきだろう。筋持久力は，一般的な健康や外傷・障害のリスクを評価するための静的・動的テストを使って測定することができ，またある一定の時間（もしくは動作を繰り返す間）で生み出される力を測定することでも可能である。特に，筋持久力テストは，日々の動作や仕事での動きにも関連することから，子どもや高齢者，また職業環境に着目した一連のテストの中に多く含まれる。与えられた状況に最も適切なアセスメントは，動作パターンとその動作に使われる筋群によって決まる。この章で紹介するアセスメントは以下のとおりである。

- 最大挙上重量テスト：バックスクワット，レッグプレス，ベンチプレス，ベンチプル[21, 34]
- 複数回数挙上重量テスト[21, 34]
- 最大握力テスト[8]
- 静的筋持久力テスト：腹臥位ブリッジ（プランク）[28]，ハーフスクワット（またはウォールシット）[22]，腕屈曲状態でのぶら下がり（ベントアームハング）[29]
- 動的筋持久力テスト：パーシャルカールアップ（ベントニーシットアップ）[21]，プッシュアップ[21]，スクワット[4]，プルアップ[29]
- YMCA ベンチプレステスト[21]

最大挙上重量（1 RM）テスト　ONE-REPETITION MAXIMUM STRENGTH TEST

目　　的
特定の動作を1回行う間に動員される筋群の最大筋力を測定する。

測定項目
1回挙上することのできる最大重量（絶対筋力），体重に対する最大筋力（相対筋力）。

用　　具
ラックまたはスタンド，フラットベンチまたはレッグプレスマシーン，バーベル，安全ロック，ウエイトプレート，補助者。

測 定 前
第4章の手順にしたがい，被験者の体重を測定する。被験者，補助者とともに，評価する動作の基本的な要素（表8.1～8.4，図8.1～8.4）を確認する（テスト前のオリエンテーション中が望ましい）。測定に用いるエクササイズの選択は，動員される筋群（下肢の評価にはレッグプレスとバックスクワット，上肢にはベンチプレスとベンチプル等）と，関連する動き（押す動きにはベンチプレス，引く動きにはベンチプル等）を考慮して行う。

実施エリアを片づけ，被験者が容易に届く場所にバーベルを保持するためのラックを適切な高さで設置し，全可動域で動作を行える範囲に安全バーを下げ，カラーがしっかりと機能しているかを確認する。補助者に，被験者が持ち上げる負荷をサポートするための適切な体格と筋力があることを確認する。1 RMテストを開始する前に，被験者が試技を完了できない場合に「補助してください」といった言葉や合図となるような行動を決めておく。この合図が聞こえるか見えるかしたら，補助者はバーベルをつかみ，ラックの上に戻す補助をする。

アセスメント開始前に，一般的なウォームアップを行い，回復のため3～5分の休憩をとる。評価するリフティング動作に特化したウォームアップを1 RM測定手順の中に組み込む。

手　　順

1. 被験者に以下の言葉をかけて開始する：「これから，特定の挙上動作を1回行う時の筋力を測定します。準備はいいですか。準備ができたら，スタート位置についてください」。
2. ウエイトのついていないバーベル（またはスレッド）の重さを確認し，最初のウォームアップセットに必要なウエイトを加える。
3. 被験者に以下の指示をする：「5～10回のウォームアップセットを始めてください。正しいテクニックに気をつけながら行ってください。最初のウォームアップセットが終わったら，1分間休憩します」。
4. 1分の休憩後：
   - ベンチプレス，ベンチプルの場合はさらに5～9 kgのウエイトを加える。

表 8.1　バックスクワットのテクニック

1. スタート位置（バーベルがラックにある状態）	
被験者	・足を平行にし，バーベルを肩か背中に置き，肩幅より広い楽な手の幅でつかむ（手のひらは前向きで，親指はバーの下をくるむようにつかむ） ・胸を張り，目を前に向けた状態で，肘をバーベルの下に位置させ，ラックから持ち上げる。1～2歩後ろに下がる ・足を肩幅か少し広めの位置に直し，つま先は少し外側に向ける
補助者 (2人)	・バーベルの両端に立ち，両手でバーベルを握る（親指を下で組む） ・被験者がバーベルを持ち上げるのを補助し，手を放すが，バーベルの近くに手を位置させておく
2. 下降の動き	
被験者	・背中をまっすぐに保ち，胸を張り，目線を前に向け，肘をバーベルの下に位置させた状態を保つ。バーベルをしっかりと握り続ける ・膝と股関節をゆっくり曲げ（椅子に座る動きのように），バーベルを滑らかに一定の動きで下ろす。踵は床につけ，膝を足の上に維持する ・大腿が床と平行になるか，背中が過剰に曲がり始めるか，踵が床から浮いてしまうまで，下ろす動作を続ける
補助者 (2人)	・バーベルには触れないようにしながら，両手を下降の動きに合わせる（親指を下で組む） ・バーベルの下降にあわせて膝と股関節を曲げながら，背中はまっすぐに保つ
3. 上昇の動き	
被験者	・背中をまっすぐに保ち，胸を張り，目線を前に向け，肘を下げた状態を保つ。バーベルをしっかりと握り続ける ・膝と股関節を伸ばすと同時に，バーベルを一定の動きで滑らかにスタート位置まで持ち上げる
補助者 (2人)	・バーベルには触れないようにしながら，両手を上昇の動きに合わせる（親指を下で組む） ・バーベルの上昇にあわせて，背中をまっすぐに保ちながら，膝と股関節を伸ばしていく
4. 完了	
被験者	・予定していた回数を完了したら，スタート位置に戻り，前に進んでバーベルをサポートの上に戻す ・膝を少し曲げて，バーベルから肩を離す
補助者 (2人)	・バーベルを両手で握り，サポートの上に戻す補助をする

図 8.1　バックスクワットの動作

表 8.2　レッグプレスのテクニック

1. スタート位置	
被験者	・サポートパッドに背中と殿部が接するようにマシンに座る ・足をプラットフォームにしっかりとつけ，腰幅に開き，つま先は少し外側に向ける ・シートの横にある固定ハンドルを握り，膝を伸ばす（膝はロックしない） ・ハンドルから手を放してサポート装置を解除し，ハンドルを握り直す
補助者 （2人）	・被験者がスレッドを持ち上げるのを補助した後，手を放すが，近くで待機する
2. 下降の動き	
被験者	・サポートパッドに背中と殿部をしっかりとつけ，ハンドルを握り，足をプラットフォームにつけた状態を維持する ・膝と股関節をゆっくりと曲げ，滑らかな一定の動きでスレッドを下ろす ・大腿がプラットフォームと平行になるまで下降を続ける
補助者 （2人）	・スレッドの横に注意しながら立ち，必要であればプラットフォームを支えて被験者を補助するためにスレッドの前に出る準備をしておく
3. 上昇の動き	
被験者	・サポートパッドに背中と殿部をしっかりとつけ，ハンドルを握り，足をプラットフォームにつけた状態を維持する ・膝と股関節をゆっくりと伸ばし（膝はロックしない），滑らかな一定の動きでスレッドを押し上げる ・スタート位置に届くまで上昇を続ける
補助者 （2人）	・スレッドの横に注意しながら立ち，必要であればプラットフォームを支えて被験者を補助するためにスレッドの前に出る準備をしておく
4. 完了	
被験者	・予定していた回数を完了したら，スタート位置に戻り，ハンドルから手を放し，サポート装置を起動させる ・足を離し，シートから降りる
補助者 （2人）	・サポート装置が起動し，被験者が安全にシートから降りるまでプラットフォームを支えて補助する

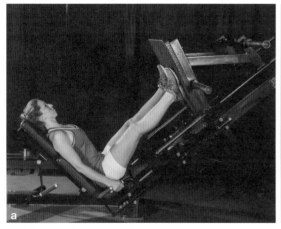
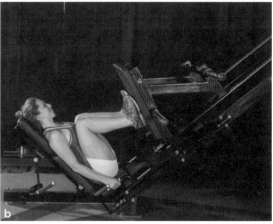

図 8.2　レッグプレスの動き

表 8.3　ベンチプレスのテクニック

1. スタート位置（バーベルがラックにある状態）	
被験者	・ベンチの上に背臥位になり、頭と肩または背中をベンチにつけ、足を床につける ・目がバーベルの真下にくるように身体の位置を調整し、肩幅より広く楽な幅でバーベルを握る（手のひらを前に向け、親指を下からまわす） ・肘を伸ばしてバーベルをラックから持ち上げ、胸の上に位置させる
補助者	・被験者の頭の位置に立ち、バーベルを両手で握る（片方の手のひらは前向き、もう片方は反対向きにし、親指で下からくるむ） ・被験者がバーベルを持ち上げるのを補助した後、手を放すが、バーベルの近くに手を位置させておく
2. 下降の動き	
被験者	・頭と肩または背中をベンチにつけ、足を床につけた状態を保つ ・前腕が互いに平行で、床に対して垂直であることを確認し、手首の位置を維持する ・肘をゆっくりと曲げ、バーベルが胸の下あたりに接触するまで、滑らかに一定の動きで下ろしていく
補助者	・バーベルには触れないようにしながら、両手を下降の動きに合わせる（片方の手のひらは前向き、もう片方は反対向きにし、親指を下からまわす） ・バーベルが下降する動きにあわせて膝と股関節を曲げ、背中はまっすぐに保つ
3. 上昇の動き	
被験者	・頭と肩または背中をベンチにつけ、足を床につけた状態を保つ ・前腕が互いに平行で、床に対して垂直であることを確認し、手首の位置を維持する ・肘をゆっくり伸ばし、一定の動きで滑らかに少し後方に向かいバーベルを上げ、スタート位置へ戻す
補助者	・バーベルには触れないようにしながら、両手を上昇の動きに合わせる（片方の手のひらは前向き、もう片方は反対向きにし、親指を下からまわす） ・バーベルが上昇する動きにあわせて膝と股関節を伸ばし、背中はまっすぐに保つ
4. 完了	
被験者	・予定した回数が完了したら、スタート位置に戻り、バーベルをラックの上に戻して手を離す
補助者	・バーベルを両手で握り、ラックの上に戻す補助をする（片方の手のひらは前向き、もう片方は反対向きにし、親指を下からまわす） ・注：より安全に行うために、特により重い挙上重量（RM）での試技の際は、バックスクワットの方法のように補助者をもう1人、バーベルの端に配置してもよい

図 8.3　ベンチプレスの動き

表 8.4　ベンチプルのテクニック

1. スタート位置	
被験者	・胸と頭（もしくは側頭部）を下にして，ベンチの上に腹臥位になり，足を床から離しておく ・床の上にあるバーベルが胸の下に位置するように調整し，肩幅より広く楽な幅で握る（手のひらを下に向け，親指を下からまわす） ・バーベルを床から少し持ち上げる（ベンチの高さは適宜調整する）
補助者	・上記の姿勢と最初の持ち上げを補助する
2. 上昇の動き	
被験者	・胸と頭（または側頭部）をベンチにつけた状態を保つ ・バーベルをぶら下げた状態から，胸の方へ一直線に持ち上げ，ベンチの下につくまで肘を曲げる
補助者	・バーベルとベンチの接触を確認する
3. 下降の動き	
被験者	・胸と頭（または側頭部）をベンチにつけた状態を保つ ・肘を一定の動きで伸ばしていき，バーベルが床につかずにぶら下がる位置まで下げる
4. 完了	
被験者	・予定していた回数が完了したら，バーベルをぶら下がる位置まで戻してから，床に置く
補助者	・被験者が床にバーベルを置くのを補助する

 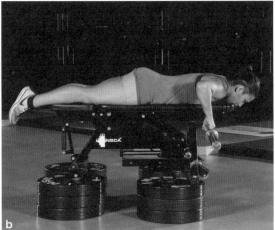

図 8.4　ベンチプルの動き

- バックスクワット，レッグプレスの場合はさらに 14 〜 18 kg のウエイトを加える。
5. 以下の指示をする：「2 〜 3 回のウォームアップセットを，正しいテクニックでもう 1 セット行ってください。その後数分間休憩します」。
6. 2 〜 4 分の休憩後：
   - ベンチプレス，ベンチプルの場合はさらに 5 〜 9 kg のウエイトを加える。
   - バックスクワット，レッグプレスの場合はさらに 14 〜 18 kg のウエイトを加える。
7. 以下のように指示する：「それでは，正しいテクニックで 1 回だけ行ってください。その試技の後，

数分間休憩します。そのパフォーマンスによって、ウエイトを追加したり減らしたりした後、再度行ってもらいます」。
8. 2〜4分の休憩後：
- 前回のベンチプレス、ベンチプルの試技が成功であれば、さらに5〜9kg加える。
- 前回のバックスクワット、レッグプレスの試技が成功であれば、さらに14〜18kg加える。
- 前回のベンチプレス、ベンチプルの試技が失敗であれば、2〜5kg減らす。
- 前回のバックスクワット、レッグプレスの試技が失敗であれば、7〜9kg減らす。
9. 1RMの値がわかるまで試技を続ける（ステップ7〜8を繰り返す）。3〜5セット内で行うことが望ましい。**注：**1RMテストにおける負荷の増加は、経験が長い、または筋力が強い被験者で大きく、経験が短い、または基本的な筋力が弱い被験者で小さくする方がよい。

別法・部分的変更

被験者や試験官が、ウエイトトレーニングやある特定の動作パターンの経験が少なければ、次の節で説明する複数回挙上重量テストの方が適切な場合もある。

挙上回数から推定される1RMの割合を表8.5に示す。例えば、1RMの約93％ではおよそ3回、75〜87％ではおよそ5〜10回の試技が可能だろう。これらの推定値は、特定の筋群を考慮しているわけではなく、また上肢を使用するか下肢を使用するかによって変わる可能性があることに注意が必要である。

表8.5　反復回数による推定最大挙上重量の割合（％1RM）

反復回数	％1RM
1	100
2	95
3	93
4	90
5	87
6	85
7	83
8	80
9	77
10	75

J.M. Sheppard and N.T. Triplett,『Program Design for Resistance Training.』In *Essentials of Strength Training and Conditioning*, 4th ed., edited for the National Strength and Conditioning Association by G.G. Haff and N.T. Triplett (Champaign, IL: Human Kinetics, 2016), 452. より許可を得て転載。

測定後

正しいテクニックで1回挙上することができた最大重量が，最終結果である。被験者間の体格の違いを考慮に入れる場合には，RM テストの結果を体重で割ることで相対筋力が算出される。

研究からの注釈

体重を考慮することは最大筋力の評価に関係する。例えば，重量級のパワーリフターは絶対筋力を測定する際に明らかに優位であり，一方で軽量級のパワーリフターは相対筋力が大きくなる。ここで，「どちらがより強いのか」という疑問が生まれる。絶対筋力は体重と深く関係しており，より大きく重い人はより大きい筋力を示すが，反対の関係性が相対筋力と体重の間にも存在し，より小さく軽い人は潜在的により大きい筋力（相対筋力）を示す。最終的にコーチがどちらの方法を用いるかは，特定のスポーツにおける実際の力発揮や潜在的なパワーの影響が大きく関係する。相対筋力は，被験者の体重が増えたり減ったりしている状況において，そのような体重の変化がパフォーマンスに与える影響を判断するために特に重要だろう。

スポーツ医学の観点からは，バックスクワットの1RMにおいて，より筋力が弱い若年の女子アスリートは，より強い女子アスリートよりも9.5倍もの確率で膝の外傷が起こりやすいが，似たようなリスクの増加は若年男子アスリートにはみられなかった[31]。この研究を行った研究者は，若年の女子アスリートにおける外傷・障害のリスクが増加するカットオフ値を，バックスクワットの1RMが体重の105%以下と報告した。

標準データ

男子高校生と男子大学生のアスリートにおける1RM筋力の分類値を図8.5（バックスクワット）と図8.6（ベンチプレス）に，また女子大学生アスリートの値を図8.7（バックスクワット）と図8.8（ベンチプレス）に示す。様々な競技における1RMベンチプルの記述統計値を図8.9に示す。男性の相対最大筋力値の分類を図8.10（レッグプレス）と図8.11（ベンチプレス）に，女性の値を図8.12（レッグプレス）と図8.13（ベンチプレス）に示す。

第 8 章　筋力と筋持久力

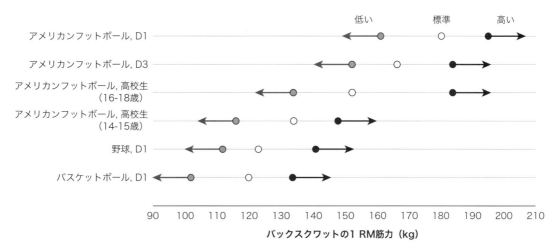

図 8.5　男子高校生と全米大学スポーツ協会（NCAA）アスリートにおけるバックスクワットの 1 RM 筋力の分類。高い：70 パーセンタイル，標準：50 パーセンタイル，低い：30 パーセンタイル。D1：ディビジョン I，D3：ディビジョン III。
14）よりデータを引用。

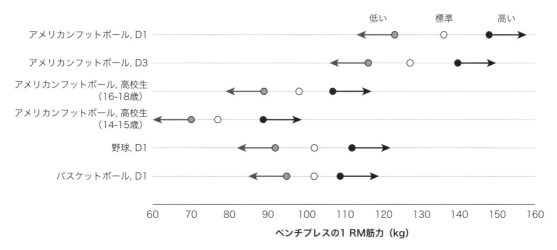

図 8.6　男子高校生と NCAA アスリートにおけるベンチプレスの 1 RM 筋力の分類。高い：70 パーセンタイル，標準：50 パーセンタイル，低い：30 パーセンタイル。D1：ディビジョン I，D3：ディビジョン III。
14）よりデータを引用。

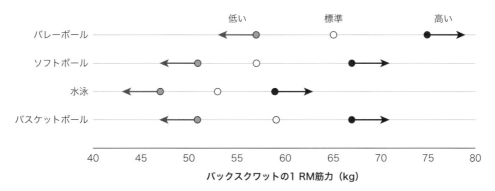

図 8.7　女子の NCAA アスリートにおけるバックスクワットの 1 RM 筋力の分類。高い：70 パーセンタイル，標準：50 パーセンタイル，低い：30 パーセンタイル。
14）よりデータを引用。

第II部　アセスメントの手順

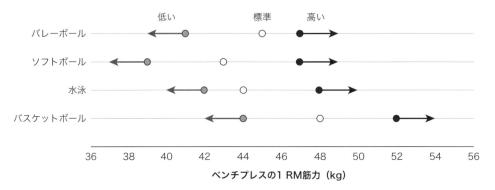

図 8.8　女子の NCAA アスリートにおけるベンチプレスの 1 RM 筋力の分類。高い：70 パーセンタイル，標準：50 パーセンタイル，低い：30 パーセンタイル。
14) よりデータを引用。

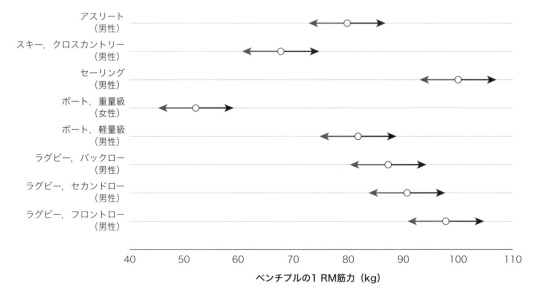

図 8.9　様々な競技におけるベンチプルの 1 RM 筋力の記述統計値。
15, 18, 25, 32, 37, 40) よりデータを引用。

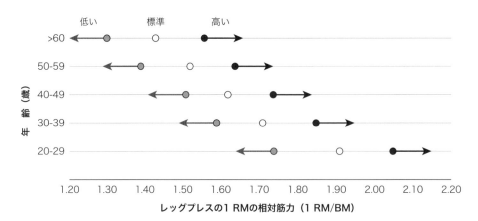

図 8.10　男性の年代別の体重に対するレッグプレスの 1 RM 筋力の分類。高い：70 パーセンタイル，標準：50 パーセンタイル，低い：30 パーセンタイル。
11) よりデータを引用。

第 8 章　筋力と筋持久力

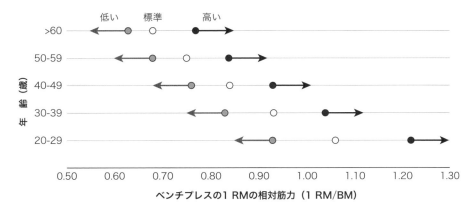

図 8.11　男性の年代別の体重に対するベンチプレスの 1 RM 筋力の分類。高い：70 パーセンタイル，標準：50 パーセンタイル，低い：30 パーセンタイル。
11) よりデータを引用。

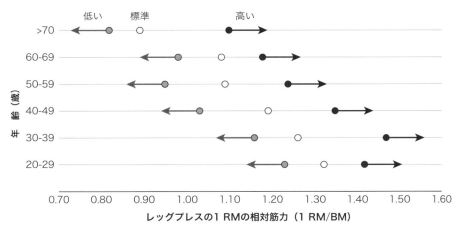

図 8.12　女性の年代別の体重に対するレッグプレスの 1 RM 筋力の分類。高い：70 パーセンタイル，標準：50 パーセンタイル，低い：30 パーセンタイル。
11) よりデータを引用。

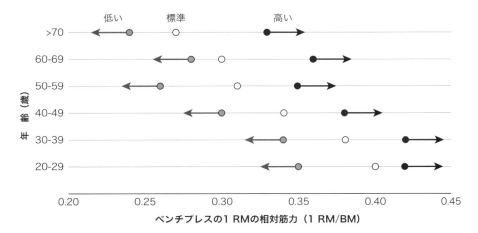

図 8.13　女性の年代別の体重に対するベンチプレスの 1 RM 筋力の分類。高い：70 パーセンタイル，標準：50 パーセンタイル，低い：30 パーセンタイル。
11) よりデータを引用。

複数回挙上重量テスト　MULTIPLE-REPETITION MAXIMUM STRENGTH TEST

目　　　的
複数回挙上重量（RM）テストは，複数回の特定の動作において動員される筋の最大筋力を測定するものである。

測定項目
特定の回数を持ち上げることができる最大重量（絶対筋力），推定 1 RM，体重に対する最大筋力（相対筋力）。

用　　　具
ラックまたはスタンド，フラットベンチまたはレッグプレス，バーベル，安全ロック，ウエイトプレート，補助者。

測 定 前
第 4 章の手順にしたがい，被験者の体重を測定する。被験者，補助者とともに，評価する動作の基本的な要素（表 8.1 〜 8.4，図 8.1 〜 8.4）を確認する（テスト前のオリエンテーション中が望ましい）。エクササイズの選択は，動員される筋（下肢にはレッグプレスやバックスクワット，上肢にはベンチプレスやベンチプル等），そして関連する動き（押す動きにはベンチプレス，引く動きにはベンチプル等）を考慮して行う。次に，試技を行う回数を決定する（「真」の最大筋力を正確に予想するために，10 回以下が好ましい。以下の説明では 5 回挙上重量（5 RM）を使用する）。

リフティングエリアを片づけ，被験者に容易に届く場所にバーベルを保持するためのラックを適切な高さで設置し，全可動域で動作を行える範囲で安全バーを下げ，カラーがしっかりと機能しているか確認する。選ばれた補助者に，被験者が持ち上げる負荷をサポートできる適切な体格と筋力があることを確認する。複数回挙上重量テストを行う前に，被験者がそれ以上の回数を行えない時の合図となる言葉（「バーベルを掴んでください」等）や動作を決める。補助者はこの合図を聞くか見るかしたらバーベルを掴み，サポートの上に戻すのを補助する。アセスメントを始める前に，一般的なウォームアップを行った後，回復のために 3 〜 5 分の休憩をとる。評価するリフティング動作に特化したウォームアップを RM 測定手順の中に組み込む。

手　　　順
1. 被験者に以下の言葉をかけて開始する：「これから，ある運動を 5 回行う時の筋力を測定します。準備はいいですか。準備ができたら，スタート位置についてください」。
2. ウエイトのついていないバーベルやスレッドの重さを確認し，最初のウォームアップセットに必要な最低限のウエイトをつける。
3. 以下のように指示する：「回数 8 〜 10 回のウォームアップセットを，正しいテクニックを使うことに気をつけながら行ってください。最初のウォームアップセットが終わったら，1 分休憩します」。

4. 1分の休憩後
   - ベンチプレスまたはベンチプルの場合はさらに2〜5 kgのウエイトを加える。
   - バックスクワットまたはレッグプレスの場合はさらに7〜9 kgのウエイトを加える。
5. 以下の指示をする：「回数6〜8回のウォームアップセットを，正しいテクニックでもう1セット行ってください，その後2〜4分休憩します」。
6. 2〜4分の休憩後
   - ベンチプレスまたはベンチプルの場合，さらに2〜5 kgのウエイトを加える。
   - バックスクワットまたはレッグプレスの場合，さらに7〜9 kgのウエイトを加える。
7. 以下の指示をする：「それでは，回数5回を正しいテクニックで行ってください。その後，2〜3分休憩します。その試技のパフォーマンスによって，ウエイトを加えたり減らしたりして，再度試技を行ってもらいます」。
8. 2〜4分の休憩後
   - ベンチプレスまたはベンチプルの試技が成功であれば，さらに2〜5 kgのウエイトを加える。
   - バックスクワットまたはレッグプレスの試技が成功であれば，さらに7〜9 kgのウエイトを加える。
   - ベンチプレスまたはベンチプルの試技が失敗であれば，1〜2 kgのウエイトを減らす。
   - バックスクワットまたはレッグプレスの試技が失敗であれば，2〜5 kgのウエイトを減らす。
9. 5 RMの値がわかるまで試技を続ける（ステップ7，8を繰り返す）。3〜5セット内で行うことが望ましい。**注**：複数回挙上重量テストにおける負荷の増加量は，経験があったり筋力が強い被験者では大きく，経験がなかったり筋力が平均的な人では小さくする方がよい。

別法・部分的変更

複数回挙上重量テストは，1 RMとの関連性が高く筋持久力の影響を受けにくいことから，5〜10 RMで行うことが推奨される。より多くの経験がある被験者には，3 RMも適切だろう。

測 定 後

正しいテクニックで予定した回数を持ち上げることができた最大重量が最終結果である。被験者間の体格の違いを説明しようとする場合，RMテストの結果を体重で割ることで相対筋力が算出される。

RMテストの結果は単純に記録でき，変化や改善を追跡したり比較したりするために利用できるが，以下の式の1つを使って1 RMを推定することもできる。

標準的な10 RM以下，ポンド（lb）による計算[6]

$$\text{推定 1 RM（ポンド）} = \frac{x\,\text{RM}}{[1.0278 - (\text{挙上できた回数} \times 0.0278)]}$$

145ポンドで5 RMの被験者の例を示す。

$$\text{推定 1 RM(ポンド)} = \frac{145 \text{ポンド}}{[1.0278 - (5 \text{回} \times 0.0278)]}$$

$$= \frac{145 \text{ポンド}}{[1.0278 - (0.139)]} = \frac{145 \text{ポンド}}{[0.8888)]} = 163.1 \text{ポンド}$$

ベンチプレスまたはバックスクワットの 10 RM 以下，キログラムによる計算 [42]

$$\text{推定 1 RM(kg)} = \frac{100 \times x\text{RM}}{48.8 + (53.8 \times e^{-0.075 \times 反復回数})}$$

注：e とは，約 2.71828 を表わす数学用語である。

75 kg で 10 RM の被験者の例を示す。

$$\text{推定 1 RM(kg)} = \frac{100 \times 75 \text{ kg}}{48.8 + (53.8 \times e^{-0.075 \times 10回})} = \frac{7,500 \text{ kg}}{48.8 + (53.8 \times e^{-0.75})}$$

$$= \frac{7,500 \text{ kg}}{48.8 + (53.8 \times 0.472)} = \frac{7,500 \text{ kg}}{48.8 + (25.4)} = \frac{7,500 \text{ kg}}{74.2} = 101.1 \text{ kg}$$

レッグプレスの 5 RM，キログラムによる計算 [30]

$$\text{推定 1 RM(kg)} = (1.09703 \times 5 \text{ RM}) + 14.2546$$

100 kg で 5 RM の被験者の例を示す。

$$\text{推定 1 RM(kg)} = (1.09703 \times 100 \text{ kg}) + 14.2546 = (109.703) + 14.2546 = 124.0 \text{ kg}$$

推定 1 RM の計算は，図 8.14 に示す計算図表を使用することによっても容易に求めることができる。使用する設備，試技の回数，年齢，性別，トレーニング事情を考慮に入れると，1 RM を推定することには内在的な限界がある。しかしこの変換を行うことで，結果を一般的に標準化されたデータと比較し，トレーニング負荷を推定 1 RM の割合のような形で設定できるようになる。あるいは，シンプルに 3 RM の結果をトレーニングの処方や他の比較のために利用してもよい。

研究からの注釈

最大筋力はスポーツパフォーマンスと直接的，間接的に関係性があるだろう。興味深いことに，上肢と下肢のパワー出力の測定結果よりも，ベンチプレスとバックスクワットの 3 RM 筋力の方が，ラグビー選手におけるタックルの能力と高い関係性があることが示されている [35]。同じ研究者は，8 週のレジスタンストレーニングによって 3 RM の最大の向上を得たラグビー選手は，タックルのパフォーマンスにおいても最大の向上を示したことを報告している [36]。

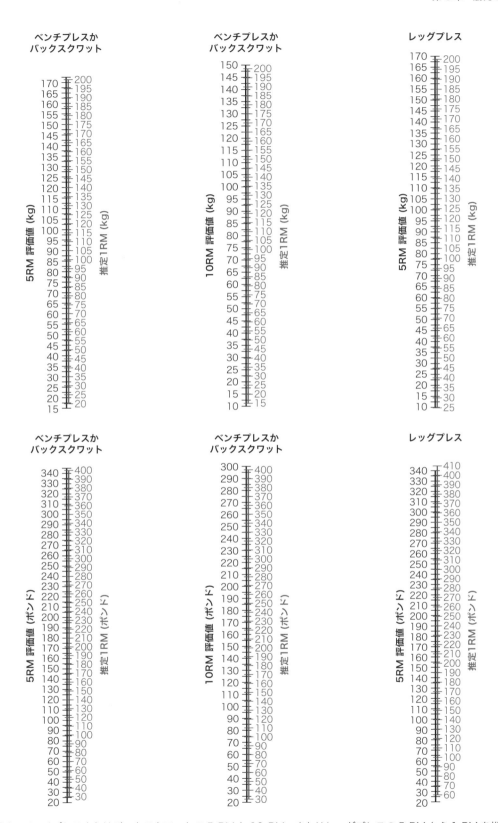

図 8.14 ベンチプレスまたはバックスクワットの 5 RM と 10 RM，またはレッグプレスの 5 RM から 1 RM を推定するための計算図表
Wathen[42] と Reynolds[30] の計算式を使用。

第Ⅱ部　アセスメントの手順

標準データ

　様々な競技の選手におけるバックスクワット，ベンチプレス，ベンチプルの 3 RM 筋力の記述統計値を図 8.15 ～ 8.17 に示す。

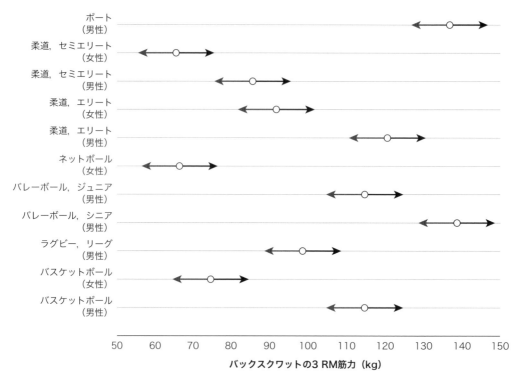

図 8.15　様々な競技におけるバックスクワットの 3 RM 筋力の記述統計値。ネットボール：イギリス発祥のバスケットボールに似たスポーツ。
38）よりデータを引用。

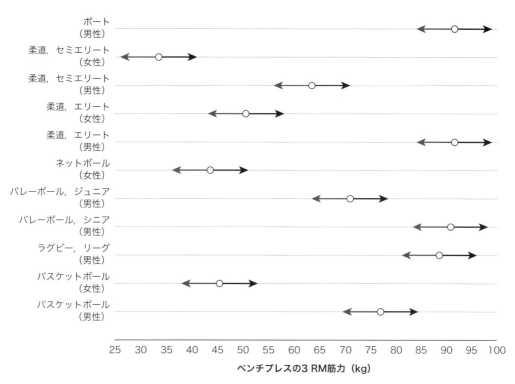

図 8.16 様々な競技におけるベンチプレスの 3 RM 筋力の記述統計値。
38) よりデータを引用。

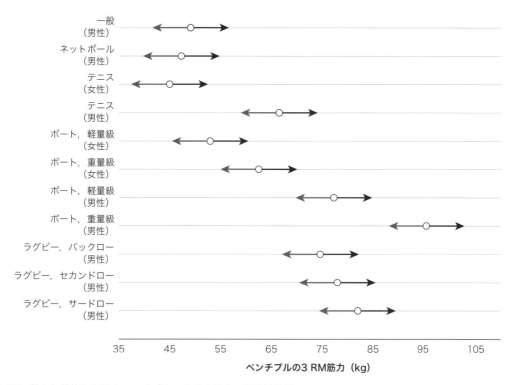

図 8.17 様々な競技におけるベンチプルの 3 RM 筋力の記述統計値。
38，40) よりデータを引用。

最大握力テスト MAXIMAL HANDGRIP STRENGTH TEST

目　的
前腕の筋の静的筋力を測定する。

測定項目
手を握る時に生み出される最大静的筋力をキログラムの単位で測定する。

用　具
握力測定機器（または握力計）。

測定前
第4章で説明した方法で被験者の体重をキログラムで計測する。被験者の中指が中央から直角になるように測定機器のハンドルを調整し，両手の適切な設定を記録する。アセスメントを始める前に，一般的なウォームアップを行った後，回復のために3～5分の休憩をとる。

手　順
1. 被験者に以下の言葉をかけて開始する：「これから握力を測定します。準備はいいですか。準備ができたら，腕は身体の横に，足は平行に置いて肩幅で立ち，測定機器を片手で握ってください」。
2. 測定機器の表示が0になっていることを確認し，以下の指示をする：「手のひらは太ももの方に向けて，腕は身体の横に保ってください」（図8.18）。
3. 以下の説明をする：「『握ってください』と言ったら，『離してください』と言うまで，できるだけ強く測定機器を握って，息を吐いてください」。
4. 被験者が静止した状態を維持しているか確認しながら，口頭で被験者に以下のように指示する：「握ってください，握ってください，握ってください，そして離してください」。
5. 測定機器から出力された最大筋力値を記録する。各試技の間に約1分の休憩・回復を挟みながら，左右の手で交互に，もう2～3回の試技を行う。各試技の前に「反対の手で同じ手順を繰り返してください」と指示する。

別法・部分的変更
最大握力テストは立位または座位で，肘を直角（90°）にした状態でも行うことができる。しかし，腕を大腿の横に伸ばした状態で行う場合と比べると，より低い筋力値が予想される。

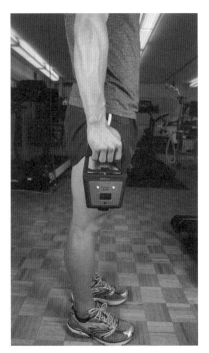

図8.18 最大握力テストで腕を伸ばして，測定機器が大腿の横にある状態

測　定　後

　左右どちらかの手の最大筋力値が最終結果である。被験者間の体格の違いを考慮する場合，最大握力テストの結果を体重で割ることで，相対筋力が算出される。

　両手の測定値の和（右＋左）または平均〔（右＋左）/2〕も算出することができ，最大握力の左右における比較をするために選択できる。

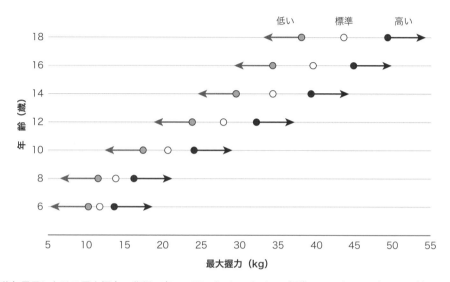

図 8.19　若年男子における最大握力の分類。高い：75 パーセンタイル，標準：50 パーセンタイル，低い：25 パーセンタイル。
26）よりデータを引用。

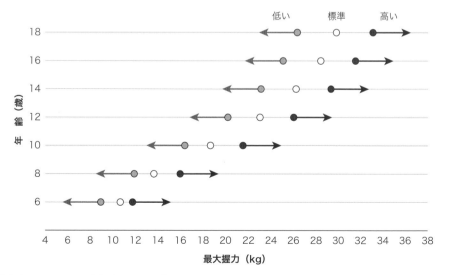

図 8.20　若年女子における最大握力の分類。高い：75 パーセンタイル，標準：50 パーセンタイル，低い：25 パーセンタイル。
26）よりデータを引用。

研究からの注釈

最大握力は全身の筋力を表わす一般的な数値とされており[44]，子どもや高齢者だけでなく特定のスポーツにおける評価と深い関連性がある。例えば，握力は水泳の自由形のパフォーマンスやテニス，ホッケー，ゴルフ，野球，ソフトボールといった多くのスポーツにおける器具の速度（球速，バットやクラブのヘッドスピード等）と関係があるとされている[9]。

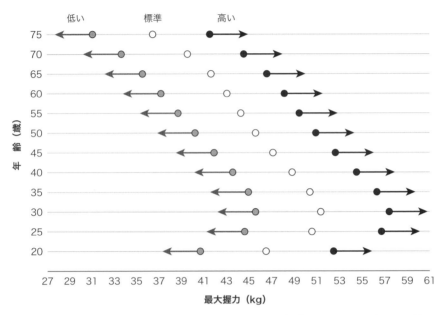

図8.21 成人男性における最大握力の分類。高い：75パーセンタイル，標準：50パーセンタイル，低い：25パーセンタイル。
[26] よりデータを引用。

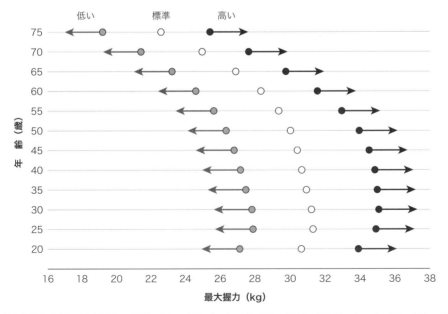

図8.22 成人女性における最大握力の分類。高い：75パーセンタイル，標準：50パーセンタイル，低い：25パーセンタイル。
[26] よりデータを引用。

標準データ

男子（図 8.19），女子（図 8.20），成人男性（図 8.21），成人女性（図 8.22）の最大握力の分類を以下に示す。同グループ内における最大握力値の体重比を図 8.23 〜図 8.26 に示す。

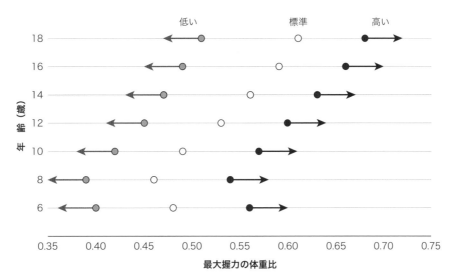

図 8.23 男子における最大握力の体重比の分類。高い：75 パーセンタイル，標準：50 パーセンタイル，低い：25 パーセンタイル。
26) よりデータを引用。

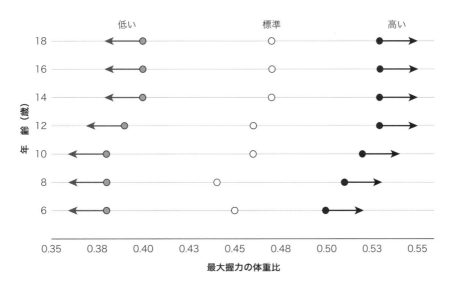

図 8.24 女子における最大握力の体重比の分類。高い：75 パーセンタイル，標準：50 パーセンタイル，低い：25 パーセンタイル。
26) よりデータを引用。

第Ⅱ部　アセスメントの手順

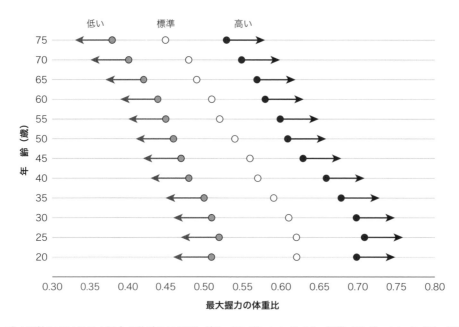

図 8.25 成人男性における最大握力の体重比の分類。高い：75 パーセンタイル，標準：50 パーセンタイル，低い：25 パーセンタイル。
26) よりデータを引用。

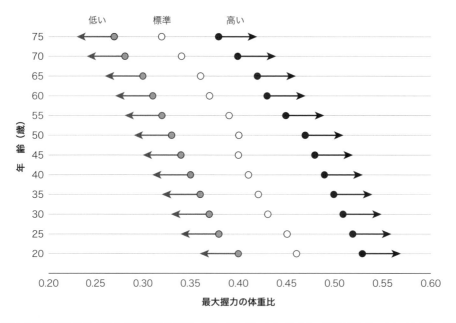

図 8.26 成人女性における最大握力の体重比の分類。高い：75 パーセンタイル，標準：50 パーセンタイル，低い：25 パーセンタイル。
26) よりデータを引用。

静的筋持久力テスト　STATIC MUSCULAR ENDURANCE TESTS

目　的
特定の筋群がある一定の時間，要求された姿勢で身体を維持する能力を測定する。

測定項目
要求された姿勢を維持できなくなるまでの総時間（秒）。

用　具
ストップウォッチまたは時間測定機器，プルアップバー，補助者（腕屈曲状態でのぶら下がりテストのサポートとして）。

測定前
アセスメント前に一般的なウォームアップを行う。

手　順
1. 被験者に以下の言葉をかけて開始する：「これから，体をある姿勢でどのくらい長く保持していられるかを測定します。準備はいいですか」。
2. 以下の3種類の姿勢から1つを選び，評価する姿勢の説明をする。
   - プランク（腹臥位ブリッジ）：「顔を下にして，床に横になってください。『始め』と言ったら，肘と前腕，つま先だけで体を支え，プランクのポジションをとってください。肘は肩幅に開き，足は互いに接触しない程度に近づけ，脚，胴体，首は一直線に保ちます。姿勢がくずれ始めたら，それを伝えます。2回注意を受けた後も姿勢を直せないようであれば，終了します」（図8.27）。
   - ハーフスクワット（ウォールシット）：「足を肩幅で平行にして立ち，後頭部を壁につけてください。足首・膝・股関節を90°に曲げ，ハーフスクワットの姿勢になるように調整してください。腕は体の横に下げて，肩の後ろと腕（手のひらまで）は壁につけた状態を保ってください。正しい姿勢をとることができたら，『始め』と言うので，テストを開始してください」（図8.28）。
   - 腕屈曲状態でのぶら下がり（ベントアームハング）：「手を伸ばして手のひらを前に向け，親指を下からまわしてバーを握り，両手を肩幅より広い楽な幅にしてください。補助者に補助してもらいながらバーまで上がり，顎がバーの上にくるように十分な高さまで体を引きつけ，そのポジションを保ってください。静止したら，補助者は後ろに下がります。『始め』と言ったらテストを開始してください」（図8.29）。
3. 以下の指示をする：「テスト中は通常の呼吸を続けて，できるだけ長くこの姿勢を維持してください。」
4. 「始め」と口頭で開始の合図を出し，姿勢を維持できなくなるまでの時間を記録する。

第Ⅱ部　アセスメントの手順

図8.27　プランク（腹臥位ブリッジ）

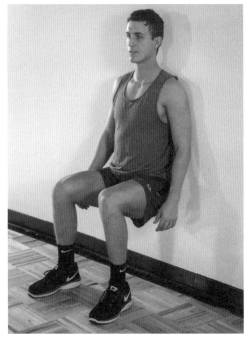

図8.28　ハーフスクワット（ウォールシット）

図8.29　腕屈曲状態でのぶら下がり（ベントアームハング）

別法・部分的変更

第5章の腰部の安定性テストも静的筋持久力の評価法である。腕屈曲状態でのぶら下がりテストでの保持時間は，被験者が肘を特定の角度（90°等）で保持できなくなるまでの時間としても記録されている。

測定後

要求された姿勢を保持することができた時間の長さが最終結果である。

研究からの注釈

静的筋持久力との関連性はスポーツや活動によって様々である。エリートのスタンドアップパドルボード選手（約184秒）は，レクリエーションレベルの選手（約96秒）や非活動的な人（約88秒）

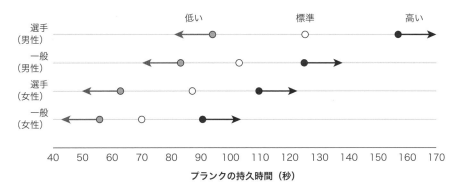

図 8.30 成人男性と女性におけるプランクの持久時間。高い：70 パーセンタイル，標準：50 パーセンタイル，低い：30 パーセンタイル。
37a）よりデータを引用。

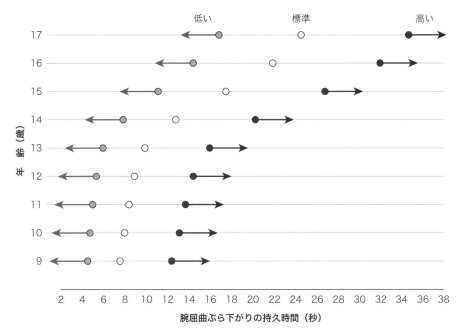

図 8.31 男子における腕屈曲状態でのぶら下がりの持久時間の分類。高い：70 パーセンタイル，標準：50 パーセンタイル，低い：30 パーセンタイル。
39）よりデータを引用。

より長いプランク保持時間を示し[33]，一方でプランクとハーフスクワットの持久力は，消防士におけるパックハイクテスト（約 20 kg のウエイトベストを着た状態で約 5 km 移動するテスト）を完了するために必要な時間と関連すると報告されている[27]。ハーフスクワットの持久時間は大学アメリカンフットボール選手の外傷・障害の予測要素になりえ，受傷した選手とそうでない選手を 88 秒のカットオフ値で区別することができる[43]。経験の多いクライマーは，経験の少ない被験者と比べて，腕屈曲状態でのぶら下がりテストのパフォーマンスがよい[3]。興味深いことに，健康関連のリスク因子が増加している軍人は，腕屈曲状態でのぶら下がり持久時間が減少していることが示された（3 つのリスク因子がある軍人で約 28 秒，リスク因子がない軍人で約 60 秒）[20]。

標準データ

プランク（図8.30），男子における腕屈曲状態でのぶら下がり（図8.31），女子における腕屈曲状態でのぶら下がり（図8.32），成人男性におけるハーフスクワット（図8.33），成人女性におけるハーフスクワット（図8.34）の静的筋持久力の分類を示す。

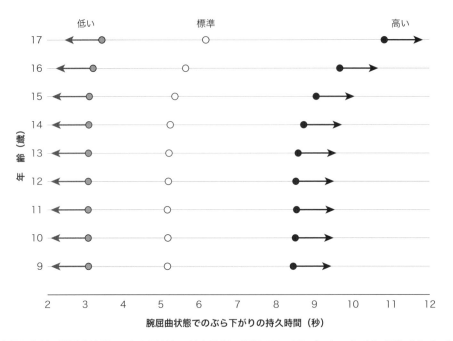

図8.32 女子における腕屈曲状態でのぶら下がりの持久時間の分類。高い：70パーセンタイル，標準：50パーセンタイル，低い：30パーセンタイル。
39) よりデータを引用。

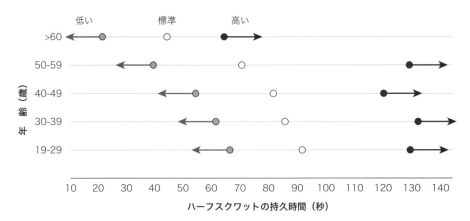

図8.33 男性におけるハーフスクワットの持久時間の分類。高い：75パーセンタイル，標準：50パーセンタイル，低い：25パーセンタイル。
22) よりデータを引用。

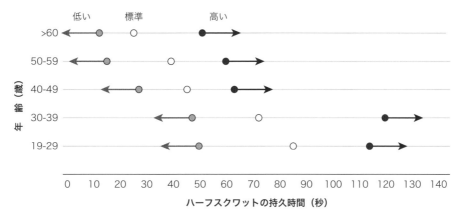

図 8.34 女性におけるハーフスクワットの持久時間の分類。高い：75 パーセンタイル，標準：50 パーセンタイル，低い：25 パーセンタイル。
22) よりデータを引用。

動的筋持久力テスト　DYNAMIC MUSCULAR ENDURANCE TESTS

目　的
特定の筋群がある一定時間の中で反復動作を行う能力を測定する。

測定項目
一定の時間内，または要求された動作パターンを維持しながら完了することができた回数。

用　具
ストップウォッチまたは時間計測機器，メトロノーム，テープメジャー，粘着テープ（部分上体起こし用），プルアップバー（懸垂用）。

測定前
行う動作パターンを決め，さらに回数を一定時間（一般的には 30 秒～2 分）カウントするか，フォームやテクニックがくずれるまでカウントするかを決定する。部分上体起こし（partial curl-up）テストでは，粘着テープを 2 枚，10 cm 離して平行に床に貼り（図 8.35），1 分に 20 回のペースになるようにメトロノームを毎分 40 ビートに設定する。

手　順
1. 被験者に以下の言葉をかけて開始する：「これから，ある動作パターンを何回行えるかを測定します。準備はいいですか」。
2. 以下の 3 種類の動作パターンから 1 つを選び，評価する動作パターンの説明をする。
    - 部分上体起こし：「腕を体のすぐ横に置き，仰向けになってください。指が床にある 2 枚の粘着

第II部　アセスメントの手順

テープのうちの1枚目に触れるように，体の位置を調整し，膝が直角（90°）になるように足の位置を調整してください。足は床につけ，互いに触れない程度に近づけた状態を保ってください。『始め』と言ったら，スタートポジションから床に沿って2枚目のテープに指が触れるまで，胴体と背中を曲げて起こします。また指がスタート位置に戻るように，胴体をゆっくりと下ろします。メトロノームの音に合わせて同じ動作を続けてください（図8.35）。

- 腕立て伏せ（プッシュアップ）：「左右の ＿＿＿＿（一般的に，男性は足，女性は膝）をつけて，うつ伏せになってください。そのまま，手を肩幅より少し広目の幅に置いてください。次に，スタートポジションをとるため，手と ＿＿＿＿（一般的に，男性はつま先，女性は膝）だけが床についた状態になるまで体を押し上げてください。『始め』と言ったら，上腕が床と平行になるまで肘を曲げ，そこから脚，胴体，首を一直線に保ちながらスタートポジションに戻ってください」（男性：図8.36，女性：図8.37）。
- スクワット：「足を平行にして肩幅に開き，手は頭の後ろか胸の前で組んでください。『始め』

図8.35　部分上体起こし

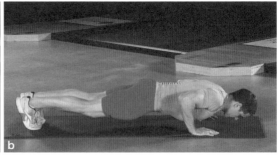

図8.36　腕立て伏せ（プッシュアップ）：男性

図8.37　腕立て伏せ代替案：女性

第8章　筋力と筋持久力

と言ったら，足首，膝，股関節を直角になるように曲げて，スクワットしてください。動作の間，背中はまっすぐに，顔は前に向けておいてください。大腿部が床と平行になったら，下降の動作を止め，膝と股関節を伸ばしてスタートポジションに戻ってください」（図8.38）。

- 懸垂（プルアップ）：「腕を伸ばし，両手で肩幅より広い楽な幅でバーを掴んでください。手のひらは前へ向け，親指をバーの下からまわし，肘を完全に伸ばして，バーにぶら下がってください。『始め』と言ったら，顎がバーの上にくるまで体を引き上げ，それからスタートポジションまで下ろしてください。過剰な動きや体の振りは最小限に抑えながら，この上下運動を続けてください（図8.39）。

図8.38　スクワット

図8.39　懸垂（プルアップ）

3. 以下の指示をする：「テスト中は普段通りの呼吸を続け，要求された動作パターンを維持しながら，できるだけ多くの回数を行ってください」。
4. 「始め」と口頭で開始の合図を出し，正しいテクニックで行うことができた回数，またはあらかじめ決められた時間が終了するまでに行うことができた回数を記録する。

別法・部分的変更

　腕立て伏せが適切に行われたことを証明するには，被験者の胸が試験官のこぶしか高さ約 7 cm の比較的柔らかい物に毎回触れる，もしくは被験者の顎が床に触れるといったように，様々な方法がある。

　腹筋の筋持久力測定の代替方法として，下半身を部分上体起こしと同じポジションにし，手を頭の後ろに置くか腕を胸の前で組んで行う膝屈曲での上体起こし（bent-knee sit-up）がある。この方法では，パートナーが足を押さえ，肘が大腿に触れた時に回数をカウントすることが一般的である（図 8.40）。

　多くの被験者は懸垂を 1 回もできないかもしれないので（この場合には，筋持久力ではなく筋力を測定することになってしまう），別の方法で懸垂を行うこともある。懸垂の代替方法では，被験者は背臥位で腕を真上に伸ばし，指の先から 2.5〜5 cm 上にバーがくるようにする。その位置でバーを握って踵で体重を支え，身体が床とほぼ平行の状態から，胸がバーの下 18〜20 cm に張られたバンドに触れるまで身体を引きつける（図 8.41）。

　スクワットテストでは，高さの参照として（また，後ろに倒れないよう安全面に配慮して），適切なサイズの椅子やプライオメトリックボックスを使ってもよい。椅子やボックスは，スクワットで最も低

図 8.40　膝屈曲での上体起こし

図 8.41　懸垂（代替方法）

い位置（大腿が床と平行になる位置）で，被験者の大腿の下端の高さより低いものを選ぶ（25〜50 cmの高さ．厚さ1 cmのマットを使って調整してもよい）．動的筋持久力テストにおけるスクワットでは，要求されたテクニックで行えなくなるまでの回数，もしくはある一定の時間内（1〜2分等）に行った回数をカウントする．

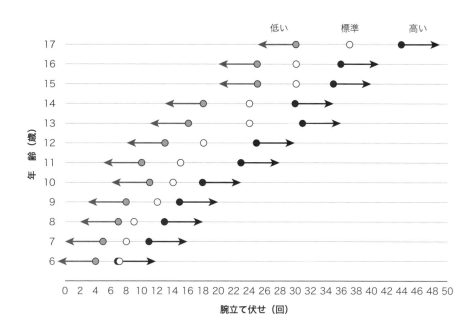

図 8.42 男子の腕立て伏せの分類（1分20回の一定のペースでフォームが崩れるまでに行えた回数）．高：70パーセンタイル，標準：50パーセンタイル，低：30パーセンタイル．
13) よりデータを引用．

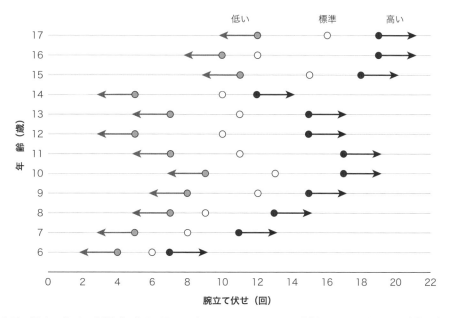

図 8.43 女子の腕立て伏せの分類（1分20回の一定のペースでフォームが崩れるまでに行えた回数）．高：70パーセンタイル，標準：50パーセンタイル，低：30パーセンタイル．
13) よりデータを引用．

測　定　後

要求された動作パターンで正確に行えた回数が最終結果である。

研究からの注釈

　握力測定のような静的筋力テストと同様に，動的筋持久力は一般的に被験者がよく使用する筋群を反映する。例えば，格闘技や組み技系のスポーツを行っている若年期のアスリートは，それらのスポーツにおいて習慣的に体幹の筋をトレーニングするため，チームスポーツに参加する人や非アスリートよりも 30 秒と 60 秒でより多くの上体起こしを行うことができた[16]。軍関連の訓練中に行われたテストでは，60 秒の腕立て伏せ回数は，上肢の最大筋力と中程度の関連性があった。一方で，60 秒のスクワット回数は下肢の最大筋力よりも，有酸素性運動能力と関連性が高いことが示された[41]。さらには，動的筋持久力における差異は，1 週未満の病欠をした軍人（平均して，60 秒で腕立て伏せ 35 回，上体起こし 37 回，スクワット 55 回）と 1 週以上の病欠をした軍人（平均して，60 秒で腕立て伏せ 32 回，上体起こし 35 回，スクワット 53 回）の間でも報告された。

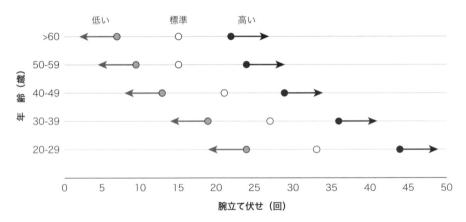

図 8.44　成人男性の腕立て伏せの分類。高：75 パーセンタイル，標準：50 パーセンタイル，低：25 パーセンタイル。24）よりデータを引用。

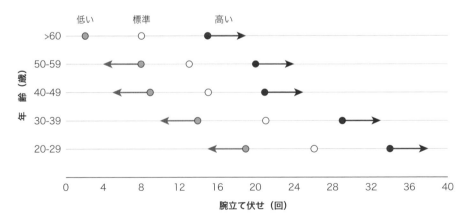

図 8.45　成人女性の腕立て伏せの分類。高：75 パーセンタイル，標準：50 パーセンタイル，低：25 パーセンタイル。24）よりデータを引用。

標準データ

腕立て伏せの分類値を，図 8.42（男子），図 8.43（女子），図 8.44（成人男性），図 8.45（成人女性）に示す。部分上体起こしの分類値を，図 8.46（男性），図 8.47（女性）に示す。膝屈曲上体起こしの分類値を図 8.48（男子，30 秒），図 8.49（女子，30 秒），図 8.50（男子，1 分），図 8.51（女子，1 分）に示す。

United States Navy Physical Readiness Test（米国海軍体力テスト：米国海軍軍人のための体力テスト）による筋持久力の分類を，図 8.52（男性，腕立て伏せ，2 分），図 8.53（女性，腕立て伏せ，2 分），図 8.54（男性，上体起こし，2 分），図 8.55（女性，上体起こし，2 分）に示す。成人男性・女性の要求されたテクニックがくずれるまでにこなせた上体起こし，腕立て伏せ，スクワットの回数による筋持久力の分類を図 8.56 に示す。上肢の筋力の体重比との関係性を見出すことは難しいため，腕立て伏せについての標準データは限定的であり，ここでは紹介しない。腕立て伏せの記録をその都度記録し，自身のデータベースとして保管することが勧められる。

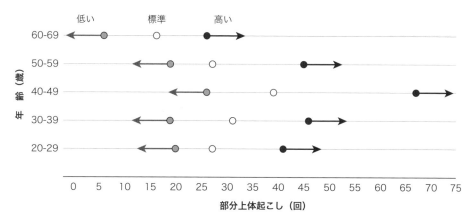

図 8.46 男性の部分上体起こしの分類（最大 75 回）。高：70 パーセンタイル，標準：50 パーセンタイル，低：30 パーセンタイル。
1）よりデータを引用。

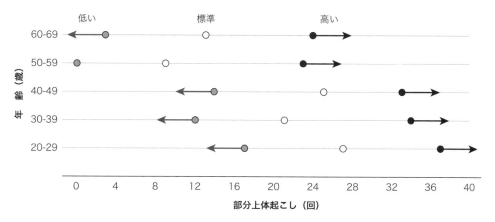

図 8.47 女性の部分上体起こしの分類（最大 75 回）。高：70 パーセンタイル，標準：50 パーセンタイル，低：30 パーセンタイル。
1）よりデータを引用。

第II部　アセスメントの手順

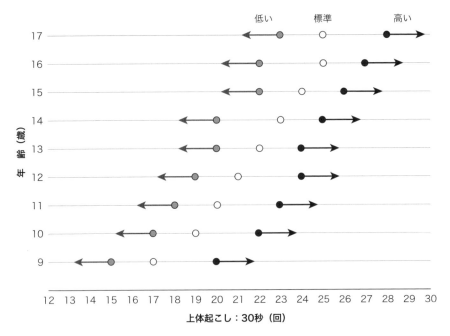

図 8.48　男子の上体起こしの分類（30秒で行えた回数。パートナーが足を押さえ，手は頭の後ろに置いて行う）。高：70パーセンタイル，標準：50パーセンタイル，低：30パーセンタイル。
39) よりデータを引用。

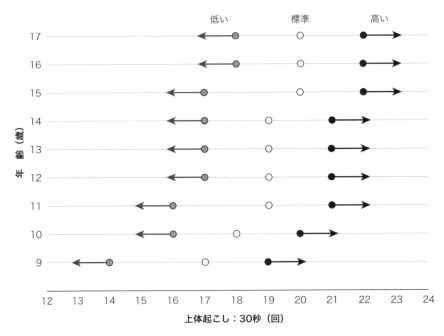

図 8.49　女子の上体起こしの分類（30秒で行えた回数。パートナーが足を押さえ，手を頭の後ろに置いて行う）。高：70パーセンタイル，標準：50パーセンタイル，低：30パーセンタイル。
39) よりデータを引用。

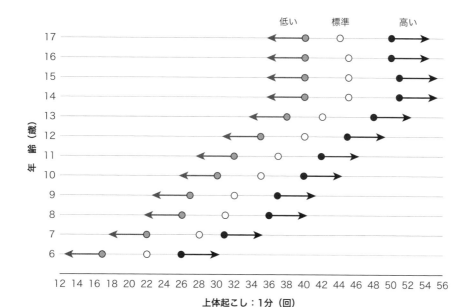

図 8.50 男子の上体起こしの分類（1分で行えた回数。パートナーが足を押さえ，腕を胸の前で組んで行う）。高：70パーセンタイル，標準：50パーセンタイル，低：30パーセンタイル。
13) よりデータを引用。

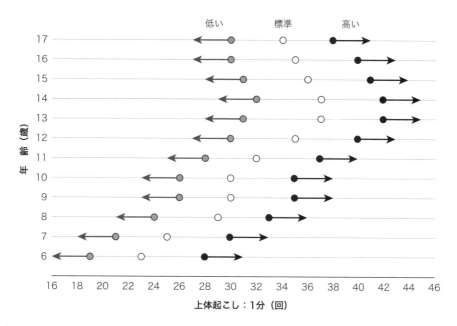

図 8.51 女子の上体起こしの分類（1分で行えた回数。パートナーが足を押さえ，腕を胸の前で組んで行う）。高：70パーセンタイル，標準：50パーセンタイル，低：30パーセンタイル。
13) よりデータを引用。

第Ⅱ部　アセスメントの手順

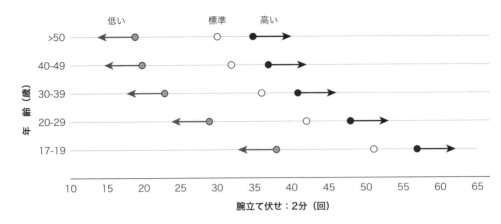

図 8.52　男性の腕立て伏せ（米国海軍体力テスト）の分類（2分で行えた回数）。高：80 パーセンタイル，標準：50 パーセンタイル，低：20 パーセンタイル。
12）よりデータを引用。

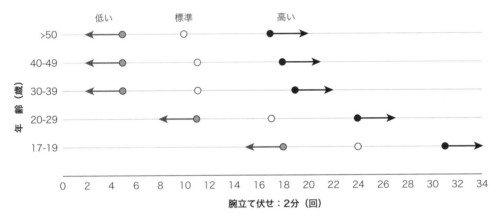

図 8.53　女性の腕立て伏せ（米国海軍体力テスト）の分類（2分で行えた回数）。高：80 パーセンタイル，標準：50 パーセンタイル，低：20 パーセンタイル。
12）よりデータを引用。

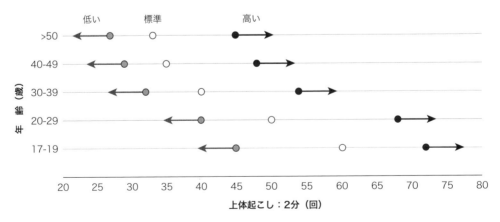

図 8.54　男性の上体起こし（米国海軍体力テスト）の分類（2分で行えた回数。パートナーが足を押さえ，腕を胸の前で組んで行う）。高：80 パーセンタイル，標準：50 パーセンタイル，低：20 パーセンタイル。
12）よりデータを引用。

第8章　筋力と筋持久力

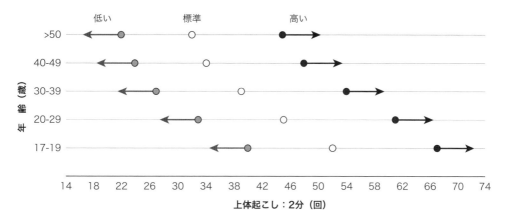

図 8.55　女性の上体起こし（米国海軍体力テスト）の分類（2分で行えた回数。パートナーが足を押さえ，腕を胸の前で組んで行う）。高：80パーセンタイル，標準：50パーセンタイル，低：20パーセンタイル。
12) よりデータを引用。

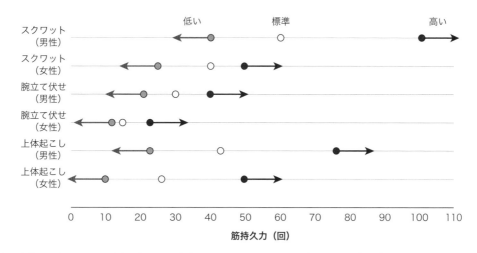

図 8.56　成人のスクワット，腕立て伏せ，上体起こしのパフォーマンス（フォームがくずれるまでに行えた回数）。高：75パーセンタイル，標準：50パーセンタイル，低：25パーセンタイル。
4) よりデータを引用。

YMCA ベンチプレステスト　YMCA BENCH PRESS TEST

目　的
上肢の筋持久力を測定する。

測定項目
完了することができた最大回数，推定1 RM。

用　具
ラックまたはスタンド，フラットベンチ，バーベル，安全ロック，ウエイトプレート，補助者，メトロノーム。

測定前
　表8.3と図8.3で説明したように，被験者と補助者とともにベンチプレスの基本的要素を確認する（テスト前のオリエンテーション中が望ましい）。アセスメントを始める前に，一般的なウォームアップを行う。男性の場合はバーベルと合計して80ポンド（36.6 kg），女性の場合は35ポンド（15.9 kg）の負荷にする。1分間に30回のペースになるように，メトロノームを毎分60ビートに設定する。

手　順
1. 被験者に以下の言葉をかけて開始する：「これから，ベンチプレスを使って上肢の筋持久力を測定します。準備はいいですか。準備ができたら，ベンチプレスのスタート位置についてください」（図8.57）。
2. 以下の指示をする：「ラックからバーベルをはずし，動作の一番上と下でメトロノームの音と合うようなリズムで，滑らかに一定の動きで反復を行ってください」。
3. 次に，以下の指示をする：「テスト中は通常の呼吸を続け，正しいテクニックと，1分間に30回のペー

図8.57　YMCA ベンチプレステスト

スを保ちながら，できるだけ多くの回数を行ってください」。補助者は，終了時に被験者を補助できるよう準備をする。
4. 被験者が正しいテクニックで行うことができた回数，もしくはメトロノームで設定したペースを維持できなくなるまでに行うことができた回数を記録する。

別法・部分的変更

男性アスリートに対するYMCAベンチプレステストの代替方法では，ペースの設定を行わず（メトロノームを使わない等），標準的に132ポンド（60 kg）の重量を使用する[2]。このテスト方法では，正しいテクニックを維持できなくなった時，もしくは反復の途中に休憩（一時休止）を必要とした時を終了とする。

測定後

テスト中に行うことができた回数が最終結果である。この結果から，以下の公式を使い，ベンチプレスにおける1 RM筋力を推定することができる[17]。

男性，キログラムによる計算
$$\text{推定 1 RM (kg)} = (1.55 \times \text{ベンチプレスの回数}) + 37.9$$

女性，キログラムによる計算
$$\text{推定 1 RM (kg)} = (0.31 \times \text{ベンチプレスの回数}) + 19.2$$

1 RM筋力の計算は，図8.58に示した計算図表を使用しても容易に求めることができる。

研究からの注釈

筋持久力は一般的に出産後に低下する。しかし，低強度の有酸素性運動，レジスタンストレーニング，ストレッチングを週に3回12週行うトレーニングプログラムによって，産後4〜6週の女性において，授乳期に副作用等の影響を与えることなく，YMCAベンチプレステストのパフォーマンスが改善することが示されている[45]。

132ポンド（60 kg）の負荷を使用する別法では，プロのラグビーリーグ所属の選手（約33回）と下部のディビジョンの選手（約24回）との間に回数の差異が示され，このテスト結果にはベンチプレスの1 RM筋力と各アスリートの競技レベルとの関連性がみられた[2]。

標準データ

YMCAベンチプレステストの分類値を図8.59（男性），図8.60（女性）に示す。

第Ⅱ部　アセスメントの手順

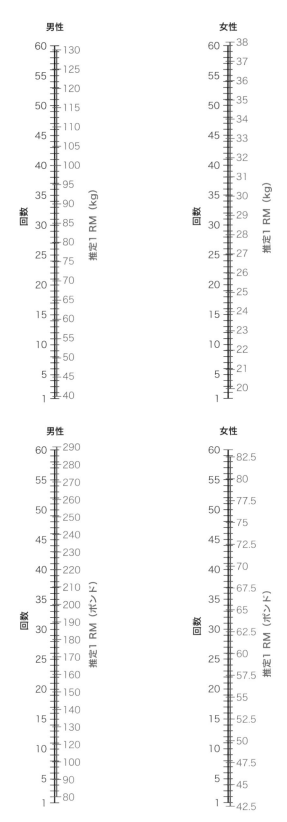

図 8.58　YMCA ベンチプレステストの回数から 1 RM を予想するための計算図表
Kim[17] の計算式を使用。

第 8 章　筋力と筋持久力

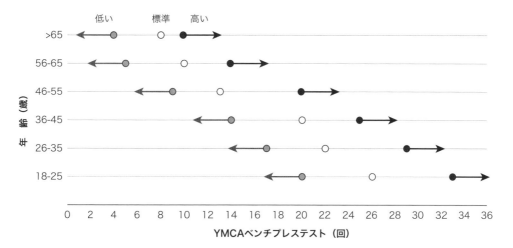

図 8.59　男性の年代別の YMCA ベンチプレステストの回数。高：70 パーセンタイル，標準：50 パーセンタイル，低：30 パーセンタイル。
21) よりデータを引用。

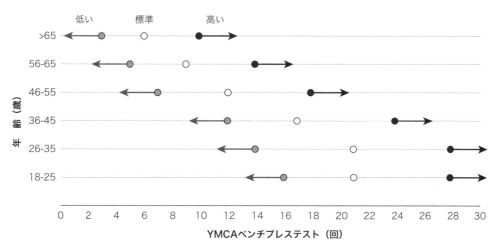

図 8.60　女性の年代別の YMCA ベンチプレステストの回数。高：70 パーセンタイル，標準：50 パーセンタイル，低：30 パーセンタイル。
21) よりデータを引用。

CHAPTER 9

心肺機能

> 「データがあるのなら,データを見よう。意見しかないのなら,僕の意見で行こう。
>
> ジム・バークスデール(前ネットスケープ社 CEO)

　心肺機能は,健康と「心臓・肺・筋が酸素を使用する能力」についての一般的な指標となるが,有酸素性持久力のパフォーマンスと高強度運動後の回復能力とも関係する。心肺機能の基準的な測定方法は,ガス交換分析を使用して**最大有酸素性持久力**(**最大酸素摂取量**,$\dot{V}O_2max$ ともいう)を測定するものである。この種のアセスメントには,高価な設備,評価者の心肺機能についての実用的知識,研究施設や病院のような一定に管理された環境での被験者による最大努力が必要である。しかし幸いにも,運動強度と運動に対する身体の反応(運動時心拍数等)との関係性に基づく最大または最大下強度でのフィールドテストが存在する。

　最大強度の心肺機能テストは,強度を最大努力まで増加させて運動のパフォーマンスを評価するものなので,活動的で健康な人に適している。最大下強度のテストは,ある一定の強度(歩行やランニングのペース)を維持させることにより観察される定常状態での有酸素性運動に対する心拍反応に基づく。

　心肺機能テストの選択は,その後のトレーニングプログラムにおいて行う運動の種類,テストの長さ(時間や距離が長い方が,有酸素性持久力の指標としてよりよい),テストが持続的なものか断続的なものか,被験者のトレーニングの状態をもとに行う。本章で紹介するアセスメントは以下のとおりである。

- 20 m マルチステージシャトルラン(PACER テスト,ビープテスト)[31, 55, 59]
- ヨーヨーテスト[6, 59]
- 距離を基準とした歩行・走行テスト[19, 21]
- 時間を基準とした歩行・走行テスト(12 分テスト)[19, 21]
- 最大下ステップテスト(Queens College ステップテスト,YMCA ステップテスト)[20, 21]
- 最大下ローイングエルゴメーターテスト[21]
- 45 秒スクワットテスト(Ruffier-Dickson テスト)[51]

20 m マルチステージシャトルラン　20-METER MULTI-STAGE SHUTTLE RUN

目　　的

20 m マルチステージシャトルラン〔PACER（progressive aerobic cardiovascular endurance run）テスト，ビープテストともいう〕は，最大努力まで強度を増加させる持続的で方向転換動作を含むランニングをもとに，心肺機能を測定する。

測定項目

最終ステージと完走した 20 m シャトルの本数，総距離，推定最大酸素摂取量。

用　　具

マーカー（2 つ），粘着テープまたはフィールドペイント，テープメジャー，モバイルアプリケーションまたは録音済みの音声ファイル（テスト中の指示を録音したもの，インターネットで様々なものが入手可能），音声ファイルの再生機器，オーディオシステムまたはスピーカー。

測 定 前

20 m 離して 2 本の線を引くか，2 つのマーカーを配置する。片方の線またはコーンをスタートラインとし，もう片方をターンラインとする（図 9.1）。

一般的な 20 m シャトルランテストに使用されるデータ収集シートを表 9.1 に示す（他の方法については「別法・部分的変更」の項を参照）。録音音声，ソフトウェアやアプリが測定方法に適しているか，注意深く確認する必要がある。

アセスメント開始前に，一般的なウォームアップに続いて，回復のために 3 ～ 5 分の休憩をとる。

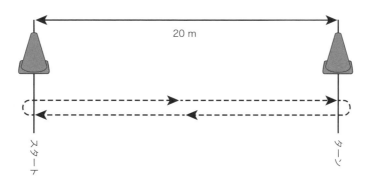

図 9.1　20 m マルチステージシャトルランのセットアップ

第II部　アセスメントの手順

表9.1　20 m マルチステージシャトルランのデータ収集シート

ステージ	スピード(km/時)	ペース(分/km)	スピード(マイル/時)	ペース(分/マイル)	20 m走の時間(秒)	20 m走の本数	最終ステージの完走	完走した本数
S1	8.5	7.1	5.3	11.3	8.5	①②③④⑤⑥⑦		___/7
S2	9	6.7	5.6	10.7	8.0	①②③④⑤⑥⑦⑧		___/8
S3	9.5	6.3	5.9	10.2	7.6	①②③④⑤⑥⑦⑧		___/8
S4	10	6.0	6.2	9.7	7.2	①②③④⑤⑥⑦⑧⑨		___/9
S5	10.5	5.7	6.5	9.2	6.9	①②③④⑤⑥⑦⑧⑨		___/9
S6	11	5.5	6.8	8.8	6.5	①②③④⑤⑥⑦⑧⑨⑩		___/10
S7	11.5	5.2	7.1	8.5	6.3	①②③④⑤⑥⑦⑧⑨⑩		___/10
S8	12	5.0	7.5	8.0	6.0	①②③④⑤⑥⑦⑧⑨⑩⑪		___/11
S9	12.5	4.8	7.8	7.7	5.8	①②③④⑤⑥⑦⑧⑨⑩⑪		___/11
S10	13	4.6	8.1	7.4	5.5	①②③④⑤⑥⑦⑧⑨⑩⑪		___/11
S11	13.5	4.4	8.4	7.1	5.3	①②③④⑤⑥⑦⑧⑨⑩⑪⑫		___/12
S12	14	4.3	8.7	6.9	5.1	①②③④⑤⑥⑦⑧⑨⑩⑪⑫		___/12
S13	14.5	4.1	9.0	6.7	5.0	①②③④⑤⑥⑦⑧⑨⑩⑪⑫⑬		___/13
S14	15	4.0	9.3	6.5	4.8	①②③④⑤⑥⑦⑧⑨⑩⑪⑫⑬		___/13
S15	15.5	3.9	9.6	6.3	4.6	①②③④⑤⑥⑦⑧⑨⑩⑪⑫⑬		___/13
S16	16	3.8	9.9	6.1	4.5	①②③④⑤⑥⑦⑧⑨⑩⑪⑫⑬⑭		___/14
S17	16.5	3.6	10.3	5.8	4.4	①②③④⑤⑥⑦⑧⑨⑩⑪⑫⑬⑭		___/14
S18	17	3.5	10.6	5.7	4.2	①②③④⑤⑥⑦⑧⑨⑩⑪⑫⑬⑭⑮		___/15
S19	17.5	3.4	10.9	5.5	4.1	①②③④⑤⑥⑦⑧⑨⑩⑪⑫⑬⑭⑮		___/15
S20	18	3.3	11.2	5.4	4.0	①②③④⑤⑥⑦⑧⑨⑩⑪⑫⑬⑭⑮⑯		___/16
S21	18.5	3.2	11.5	5.2	3.9	①②③④⑤⑥⑦⑧⑨⑩⑪⑫⑬⑭⑮⑯		___/16
							合計本数	

渡部一郎 監訳：スポーツパフォーマンスのアセスメント，ナップ，東京，2019 (D. Fukuda, *Assessments for Sport and Athletic Performance*. Champaign, IL: Human Kinetics, 2019) より。

手　　順

1. 被験者に以下の言葉をかけて開始する：「これから，2つのコーンの間をどれだけ長く合図に合わせて走り続けられるかを測定します。準備はいいですか。準備ができたら，スタート位置についてください」。
2. 次に，以下の説明をする：「音声がテストの開始を指示したら，最初の音に合わせてターンラインに到着するように走り始め，次に反対方向に向きを変え，次の音に合わせてスタートラインに到着するように走ってください。テストが進み7本を超えると，音の間隔はより短くなるので，時間内にラインに到着するためにより速く走らなければなりません。本数をカウントするためには，ラインを片足で踏むか越える必要があります。2回連続して音に間に合わなかったら，テストは終了します」。
3. 試験官を各ラインに配置する。試験官は，被験者のどちらかの足が音に合わせてラインに到達したことを確認し，もしそれができていなければ口頭で知らせる。完走した本数を正確にカウントするために，画線法（「正」の字等を書いて数を数える方法）やカウント機器を使用して記録する。被験者が音に合わせて次のラインに到達できない場合は，テストは終了し，完走した最終ステージと本数を記録する（間に合わなかった最後の2本を含む）。

別法・部分的変更

　20mマルチステージシャトルランは，少人数であれば，複数の被験者を1回のセッションで評価することができる。この方法では，被験者間に十分なスペース（最低2m）と追加の試験官を必要とする。最大心拍数の計測は，第10章で説明する方法から1つを使用して，テスト直後に行う。

　20mマルチステージシャトルランには，各ステージの長さを1分に維持するように開始時のスピードや各ステージの本数を変更する等，様々な方法が存在する[55]。例えば，Eurofitテスト【訳注：ヨーロッパで用いられている小児および成人を対象とする体力テスト】とPACERテストの最初のステージは8km/時（7.5分/km）というスピードで，20mを9秒のペースで走るが，その他の手順については20mマルチステージシャトルランと同じである[55]。

　テストのため十分なスペースが確保できない場合は，ステージごとのシャトル本数が多い，15mマルチステージシャトルランという選択肢もある[37]。しかしこの方法では，次の項で示す計算図表には正確には当てはめることができない。

測　定　後

　完走した最後のステージと合計本数（最後の2本を含む）が最終結果である。表9.2のデータ例では，ステージ6と「ステージ7において6本」を完走した被験者の合計本数は57本となる。

　完走した最後のステージと被験者の年齢から，図9.2に示す計算図表を用いて，最大酸素摂取量を推測することができる。上の例の被験者が14歳の場合，推定最大酸素摂取量は44.8 mL/kg/分である。

研究からの注釈

　いくつかの若年期を対象とした体力測定にこのテストを含めることの裏づけとして，20mマルチ

表 9.2 20 m マルチステージシャトルランのデータ例

ステージ	スピード (km/時)	ペース (分/km)	スピード (マイル/時)	ペース (分/マイル)	20 m 走の時間 (秒)	20 m 走の本数	最終ステージの完走	完走した本数
S1	8.5	7.1	5.3	11.3	8.5	①②③④⑤⑥❌	○	7 /7
S2	9	6.7	5.6	10.7	8.0	①②③④⑤⑥⑦❌	○	8 /8
S3	9.5	6.3	5.9	10.2	7.6	①②③④⑤⑥⑦❌	○	8 /8
S4	10	6.0	6.2	9.7	7.2	①②③④⑤⑥⑦⑧❌	○	9 /9
S5	10.5	5.7	6.5	9.2	6.9	①②③④⑤⑥⑦⑧❌	○	9 /9
S6	11	5.5	6.8	8.8	6.5	①②③④⑤⑥⑦⑧⑨❌	○	10 /10
S7	11.5	5.2	7.1	8.5	6.3	①②③④⑤❌⑦⑧⑨⑩		6 /10
S8	12	5.0	7.5	8.0	6.0	①②③④⑤⑥⑦⑧⑨⑩⑪		___/11
S9	12.5	4.8	7.8	7.7	5.8	①②③④⑤⑥⑦⑧⑨⑩⑪		___/11
S10	13	4.6	8.1	7.4	5.5	①②③④⑤⑥⑦⑧⑨⑩⑪		___/11
S11	13.5	4.4	8.4	7.1	5.3	①②③④⑤⑥⑦⑧⑨⑩⑪⑫		___/12
S12	14	4.3	8.7	6.9	5.1	①②③④⑤⑥⑦⑧⑨⑩⑪⑫		___/12
S13	14.5	4.1	9.0	6.7	5.0	①②③④⑤⑥⑦⑧⑨⑩⑪⑫⑬		___/13
S14	15	4.0	9.3	6.5	4.8	①②③④⑤⑥⑦⑧⑨⑩⑪⑫⑬		___/13
S15	15.5	3.9	9.6	6.3	4.6	①②③④⑤⑥⑦⑧⑨⑩⑪⑫⑬		___/13
S16	16	3.8	9.9	6.1	4.5	①②③④⑤⑥⑦⑧⑨⑩⑪⑫⑬⑭		___/14
S17	16.5	3.6	10.3	5.8	4.4	①②③④⑤⑥⑦⑧⑨⑩⑪⑫⑬⑭		___/14
S18	17	3.5	10.6	5.7	4.2	①②③④⑤⑥⑦⑧⑨⑩⑪⑫⑬⑭⑮		___/15
S19	17.5	3.4	10.9	5.5	4.1	①②③④⑤⑥⑦⑧⑨⑩⑪⑫⑬⑭⑮		___/15
S20	18	3.3	11.2	5.4	4.0	①②③④⑤⑥⑦⑧⑨⑩⑪⑫⑬⑭⑮⑯		___/16
S21	18.5	3.2	11.5	5.2	3.9	①②③④⑤⑥⑦⑧⑨⑩⑪⑫⑬⑭⑮⑯		___/16
							合計本数	57

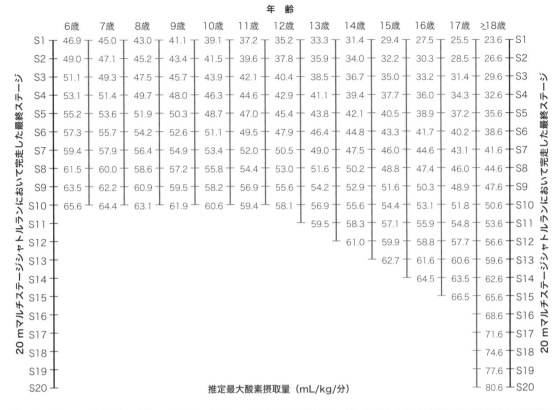

図9.2　20 m マルチステージシャトルランにおいて完走した最終ステージと年齢から最大酸素摂取量を推定する計算図表

L.A. Léger, D. Mercier, C. Gadoury, and J. Lambert, "The Multistage 20 Metre Shuttle Run Test for Aerobic Fitness," *Journal of Sports Sciences* 6(1988): 93-101 より転載。

ステージシャトルランの結果は，研究室ベースの最大有酸素性持久力測定によって評価される心肺機能と高い関連性があることが示されている[34]。男子（10～12歳：ステージ4，13歳：ステージ5，14～15歳：ステージ6，16～17歳：ステージ7，18歳：ステージ8）と女子（10～12歳：ステージ3，13～18歳：ステージ4）で境界値が確立されており，示されたステージに届いていない男子・女子はメタボリックシンドロームのリスクファクターが3～4倍高い確率になるとされている[52]。興味深いことに，成人を対象とした20 m マルチステージシャトルランを使用した研究結果は，小児を対象としたものよりも，心肺機能についてのより明確な指針となる可能性がある[34]。

標準データ

完走した本数による20 m マルチステージシャトルランの分類を図9.3（男子）と図9.4（女子）に示す。最大酸素摂取量に対する20 m マルチステージシャトルランの分類を図9.5（男子）と図9.6（女子）に示す。アスリートのスポーツ競技別の20 m マルチステージシャトルランの記述統計値を図9.7に示す。一般的な最大酸素摂取量の分類を図9.8（男性）と図9.9（女性）に示す。

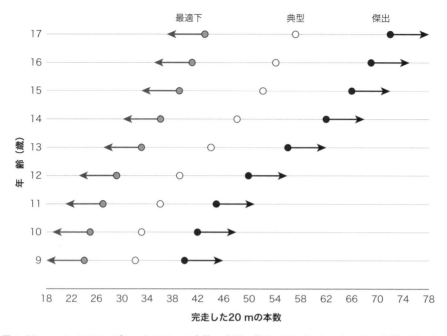

図 9.3 男子の 20 m マルチステージシャトルランの本数の分類。傑出：70 パーセンタイル，典型：50 パーセンタイル，最適下：30 パーセンタイル。
54) よりデータを引用。

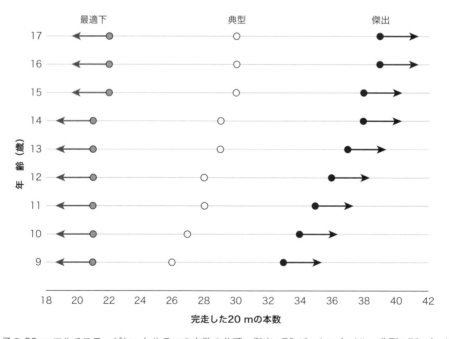

図 9.4 女子の 20 m マルチステージシャトルランの本数の分類。傑出：70 パーセンタイル，典型：50 パーセンタイル，最適下：30 パーセンタイル。
54) よりデータを引用。

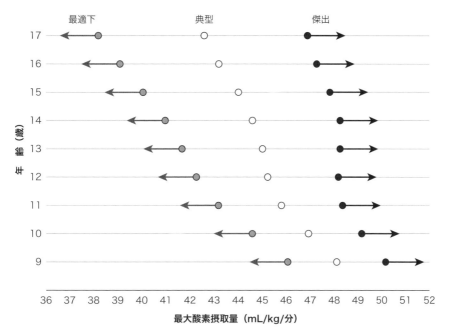

図9.5 男子の20 mマルチステージシャトルランによる最大酸素摂取量の分類。傑出：70パーセンタイル，典型：50パーセンタイル，最適下：30パーセンタイル。
54) よりデータを引用。

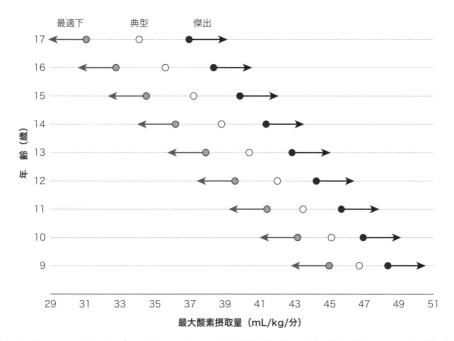

図9.6 女子の20 mマルチステージシャトルランによる最大酸素摂取量の分類。傑出：70パーセンタイル，典型：50パーセンタイル，最適下：30パーセンタイル。
54) よりデータを引用。

第II部　アセスメントの手順

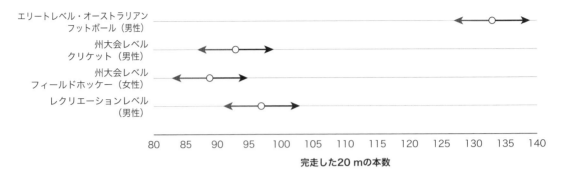

図9.7　様々な運動競技の選手における20 mマルチステージシャトルランの記述統計値。
61）よりデータを引用。

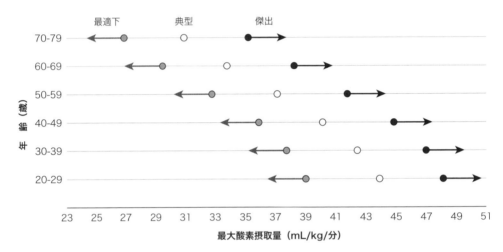

図9.8　男性の最大酸素摂取量の分類。傑出：70パーセンタイル，典型：50パーセンタイル，最適下：30パーセンタイル。
4）よりデータを引用。

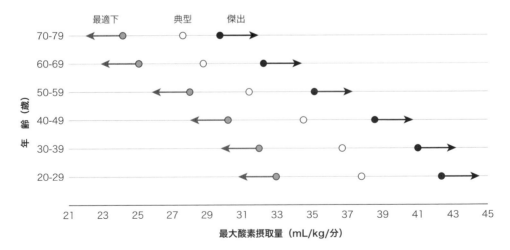

図9.9　女性の最大酸素摂取量の分類。傑出：70パーセンタイル，典型：50パーセンタイル，最適下：30パーセンタイル。
4）よりデータを引用。

ヨーヨーテスト YO-YO INTERMITTENT RECOVERY TEST

目　的
最大努力まで強度を増加させて断続的な方向転換動作を用いて行う，ランニングをベースとした心肺機能の測定である。

測定項目
20 m シャトルランを完走した本数，総距離，推定最大酸素摂取量。

用　具
マーカー（3つ），粘着テープまたはフィールドペイント，録音済みの音声ファイルまたはそのモバイルアプリケーション（インターネットで様々なものが入手可能），音声ファイルを再生するための機器，オーディオシステムまたはスピーカー。

測定前
　20 m 離して2本のラインを引くか，2つのマーカーを配置し，片方のラインまたはマーカーをスタートライン，もう片方をターンラインとする（図9.10）。リカバリーラインとしてもう1つのマーカーを，スタートラインからターンラインとは反対側に5 m 離して配置する（スタートラインとターンラインの距離である20 mより外側）。

　テスト方法は，レベル1（Yo-Yo IR1テスト）またはレベル2（Yo-Yo IR2テスト）から選択する。両方ともシャトル間に10秒のアクティブリカバリーが入るが，Yo-Yo IR1テストはより遅いスピードから始まり，Yo-Yo IR2テストではより速くスピードが増加する。Yo-Yo IR2テストは高強度の運動を断続的に行うアスリート（多くのチームスポーツやストレングス・パワー系アスリート）に適しており，Yo-Yo IR1テストは有酸素性持久力系のアスリート，または高強度の断続的な運動に対するトレーニングが十分でない人に適している。被験者がYo-Yo IR1テストの手順すべてを完了できたら，Yo-Yo IR2テストを将来の目標とする。表9.3にYo-Yo IR1テスト，表9.4にYo-Yo IR2テストのデータ収集シートを示す（追加オプションについては「別法・部分的変更」の項参照）。録音音声，ソフトウェア，アプリケーションについては，測定方法に適したものであるか注意深く確認する必要がある。アセスメント開始前に，一般的なウォームアップ後に，回復のため3～5分休憩をとる。

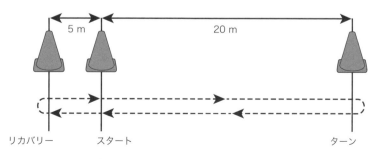

図9.10　ヨーヨーテストのセットアップ

手　順

1. 被験者に以下の説明をして開始する：「これから，2つのコーンの間をどのくらい長く走り続けられるかを測定します。各シャトルの間には10秒のリカバリータイムがあります。準備はいいですか。準備ができたら，スタートラインに立ってください」。
2. 次に，以下の説明をする：「録音音声がテストのスタートを指示したら，最初の音に合わせてターンラインに着くようにジョギングで進み，ターンラインで方向転換して，次の音に合わせてスタートラインに戻ってきてください。スタートラインに戻ったら，そのままリカバリーラインまでペースを落として移動し，その後すぐにスタートラインに戻り，次のスタートを指示する音まで立って待ちます。テストが進むにつれて，音の間隔は短くなり，時間内にラインに着くためにより速く走らなければなりません。シャトルの本数をカウントするためには，片足でラインを踏むか越える必要があります。2回連続して音に合わせてスタートラインに戻れなかったら，テストは終了します」。
3. 各ラインまたはマーカーに試験官を配置する。試験官は，被験者のどちらかの足が音に合わせてスタートラインに着いたことを確認し，できていなければそれを伝える。画線法やカウント機器を使用して，完走した本数を正確に記録する。被験者が音に合わせてスタートラインに戻って来られな

表9.3　ヨーヨーテストレベル1のデータ収集シート

ステージ	スピード (km/時)	ペース (分/km)	スピード (マイル/時)	ペース (分/マイル)	20 m走のタイム (秒)	シャトルの本数 (2×20 m)	シャトルの完了本数
S1	10	6.0	6.2	9.7	7.20	①	
S2	11.5	5.2	7.1	8.5	6.26	①	
S3	13	4.6	8.1	7.4	5.54	①②	
S4	13.5	4.4	8.4	7.1	5.33	①②③	
S5	14	4.3	8.7	6.9	5.14	①②③④	
S6	14.5	4.1	9.0	6.7	4.97	①②③④⑤⑥⑦⑧	
S7	15	4.0	9.3	6.5	4.80	①②③④⑤⑥⑦⑧	
S8	15.5	3.9	9.6	6.3	4.65	①②③④⑤⑥⑦⑧	
S9	16	3.8	9.9	6.1	4.50	①②③④⑤⑥⑦⑧	
S10	16.5	3.6	10.3	5.8	4.36	①②③④⑤⑥⑦⑧	
S11	17	3.5	10.6	5.7	4.24	①②③④⑤⑥⑦⑧	
S12	17.5	3.4	10.9	5.5	4.11	①②③④⑤⑥⑦⑧	
S13	18	3.3	11.2	5.4	4.00	①②③④⑤⑥⑦⑧	
S14	18.5	3.24	11.5	5.2	3.89	①②③④⑤⑥⑦⑧	
S15	19	3.16	11.8	5.1	3.79	①②③④⑤⑥⑦⑧	
						合計シャトル本数	

渡部一郎 監訳：スポーツパフォーマンスのアセスメント，ナップ，東京，2019（D. Fukuda, *Assessments for Sport and Athletic Performance*. Champaign, IL: Human Kinetics, 2019）より。

い場合，テストを終了し，完走した総本数を記録する（最後の間に合わなかった2本を含む）。
4. 最大心拍数の計測を行う場合は，第10章で説明する方法の1つを使用して，テスト直後に試験官が心拍数を計測する。

別法・部分的変更

ヨーヨーテストは，少人数であれば，複数の被験者を1回のセッションで評価することができる。この方法では，被験者間に十分なスペース（最低2 m）と，追加の試験官を必要とする。最大心拍数の計測を行う場合は，第10章で説明する方法から1つを使用して，試験官がテスト直後に計測を行う。

Yo-Yo IR1テストは，1本あたりの長さを16 m，リカバリーラインまでの距離を4 mに減らすことで，小児（6～10歳）を対象としたものとして応用することができ，ほとんどの小児は少なくとも3分のテストを完了できることが示されている[7]。Yo-Yo IR1テストとYo-Yo IR2テストの最大下バージョンは，アスリートをモニターするために推奨された方法である（第10章）[42, 57]。

ヨーヨー持久力テスト（Yo-Yo intermittent endurance test）レベル1（Yo-Yo IE1テスト）とレベル2（Yo-Yo IE2テスト）という，シャトルの距離は同じ20 mだがアクティブリカバリーを2.5 m

表9.4 ヨーヨーテストレベル2のデータ収集シート

ステージ	スピード (km/時)	ペース (分/km)	スピード (マイル/時)	ペース (分/マイル)	20 m走のタイム (秒)	シャトルの本数 (2×20 m)	シャトルの完了本数
S1	13	4.6	8.1	7.4	5.54	①	
S2	15	4.0	9.3	6.5	4.80	①	
S3	16	3.8	9.9	6.1	4.50	①②	
S4	16.5	3.6	10.3	5.8	4.36	①②③	
S5	17	3.5	10.6	5.7	4.24	①②③④	
S6	17.5	3.4	10.9	5.5	4.11	①②③④⑤⑥⑦⑧	
S7	18	3.3	11.2	5.4	4.00	①②③④⑤⑥⑦⑧	
S8	18.5	3.2	11.5	5.2	3.89	①②③④⑤⑥⑦⑧	
S9	19	3.2	11.8	5.1	3.79	①②③④⑤⑥⑦⑧	
S10	19.5	3.1	12.1	5.0	3.69	①②③④⑤⑥⑦⑧	
S11	20	3.0	12.4	4.8	3.60	①②③④⑤⑥⑦⑧	
S12	20.5	2.93	12.7	4.7	3.51	①②③④⑤⑥⑦⑧	
S13	21	2.86	13.0	4.6	3.43	①②③④⑤⑥⑦⑧	
S14	21.5	2.8	13.4	4.5	3.35	①②③④⑤⑥⑦⑧	
S15	22	2.7	13.7	4.4	3.27	①②③④⑤⑥⑦⑧	
						合計シャトル本数	

渡部一郎 監訳：スポーツパフォーマンスのアセスメント，ナップ，東京，2019（D. Fukuda, *Assessments for Sport and Athletic Performance*. Champaign, IL: Human Kinetics, 2019）より．

の距離で5秒行う，有酸素性持久力の測定を目的としたテストも開発されている。Yo-Yo IE1テスト（8〜14.5 km/時のスピード）は主にエリートではないアスリートと若年期のアスリートに対して使用され[11, 58]，一方でYo-Yo IE2テスト（11.5〜18 km/時のスピード）は女子サッカー選手に主に使用されている[10]。

測定後

完走したシャトルの合計本数が最終結果である（最後の2本を含む）。シャトルの合計本数にシャトル1本あたりの距離である40 mをかけることで，テスト中の総距離が算出される。

表9.5に示すデータ例では，Yo-Yo IR1テスト中に合計25本完了した被験者の総距離は1,000 mとなる（25本×40 m）。総距離を使って，以下の公式から最大酸素摂取量を推定することもできる[6]。

表9.5 ヨーヨーテストレベル1のデータ収集シートのサンプルデータを使った例

ステージ	スピード(km/時)	ペース(分/km)	スピード(マイル/時)	ペース(分/マイル)	20 m走のタイム(秒)	シャトルの本数(2×20 m)	シャトルの完走本数
S1	10	6.0	6.2	9.7	7.20	✗	1/1
S2	11.5	5.2	7.1	8.5	6.26	✗	1/1
S3	13	4.6	8.1	7.4	5.54	①✗	2/2
S4	13.5	4.4	8.4	7.1	5.33	①②✗	3/3
S5	14	4.3	8.7	6.9	5.14	①②③✗	4/4
S6	14.5	4.1	9.0	6.7	4.97	①②③④⑤⑥⑦✗	8/8
S7	15	4.0	9.3	6.5	4.80	①②③④⑤✗⑦⑧	6/8
S8	15.5	3.9	9.6	6.3	4.65	①②③④⑤⑥⑦⑧	
S9	16	3.8	9.9	6.1	4.50	①②③④⑤⑥⑦⑧	
S10	16.5	3.6	10.3	5.8	4.36	①②③④⑤⑥⑦⑧	
S11	17	3.5	10.6	5.7	4.24	①②③④⑤⑥⑦⑧	
S12	17.5	3.4	10.9	5.5	4.11	①②③④⑤⑥⑦⑧	
S13	18	3.3	11.2	5.4	4.00	①②③④⑤⑥⑦⑧	
S14	18.5	3.24	11.5	5.2	3.89	①②③④⑤⑥⑦⑧	
S15	19	3.16	11.8	5.1	3.79	①②③④⑤⑥⑦⑧	
						合計シャトル本数	25

Yo-Yo IR1 テスト（mL/kg/分）

$$\dot{V}O_2\text{max} = (\text{Yo-Yo IR1 テストの総距離（m）} \times 0.0084) + 36.4$$

Yo-Yo IR2 テスト（mL/kg/分）

$$\dot{V}O_2\text{max} = (\text{Yo-Yo IR2 テストの総距離（m）} \times 0.0136) + 45.3$$

表9.5に示したデータ例では，Yo-Yo IR1テストで総距離1,000 m（25本 × 40m）の被験者の最大酸素摂取量は，以下のように推定できる。

$$\dot{V}O_2\text{max} = (1000 \text{ m} \times 0.0084) + 36.4 = 44.8 \text{ mL/kg/分}$$

もしくは，公式を使用する代わりに，図9.11に示す計算図表を用いて，最大酸素摂取量を推定することもできる。

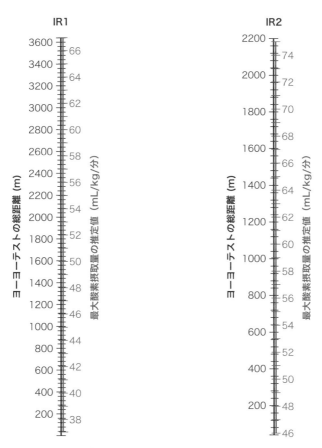

図9.11 ヨーヨーテストレベル1（IR1）とレベル2（IR2）から最大酸素摂取量を推定する計算図表
6) の公式を使用。

研究からの注釈

Yo-Yo IR1 テストのパフォーマンスは，サッカーの試合中の選手と審判の高強度ランニングのパフォーマンスと関連性があることが示されている[6]。サッカーの審判に対して12週の高強度インターバルトレーニングを行ったところ，試合中（主に後半）の高強度ランニングが23％増加し（前：1,690 m，後：2,060 m），Yo-Yo IR1 テストの総距離が31％増加した（前：1,345 m，後：1,763 m）[26]。Yo-Yo IR2 テストのパフォーマンスは，サッカーのポジションと競技レベルによって差があること[28]，一方で試合中の5分間に高強度で走ることができる最も長い距離とも関連があることが示されている。

他のスポーツにおいては，バスケットボール選手の Yo-Yo IR1 テストのパフォーマンスは，試合後のラインドリルのタイムの減少と関連すると報告されており[12]，より高い Yo-Yo IR2 テストの記録をもつ（高強度ランニング能力がより高いことが示唆される）ラグビー選手は，低い記録の選手と比べ，試合の24時間後と48時間後で疲労が少なかった[24]。

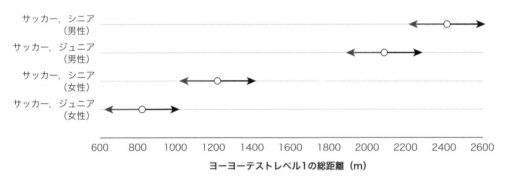

図9.12 男性と女性のサッカー選手におけるヨーヨーテストレベル1の距離の統計値
41) よりデータを引用。

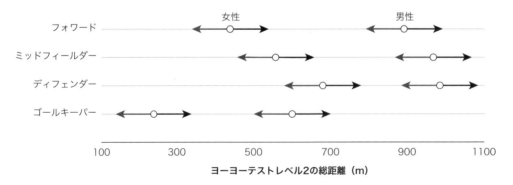

図9.13 ポジション別エリート男子と大学女子サッカー選手におけるヨーヨーテストレベル2の距離の統計値
28, 32) よりデータを引用。

標準データ

様々な人口におけるヨーヨーテストの記述統計値を図 9.12 〜 9.16 に示す。各競技のアスリートにおける最大酸素摂取量の平均値を表 9.6 に示す。

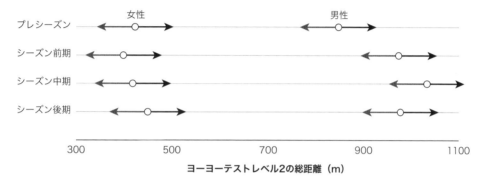

図 9.14 シーズン別のエリート男子と大学女子サッカー選手におけるヨーヨーテストレベル 2 の距離の統計値
33, 40) よりデータを引用。

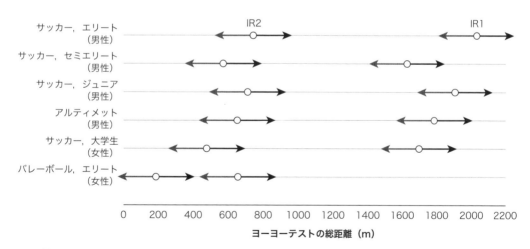

図 9.15 様々なアスリートにおけるヨーヨーテストレベル 1 (IR1) とレベル 2 (IR2) の距離の統計値
12, 23, 27, 32, 45) よりデータを引用。

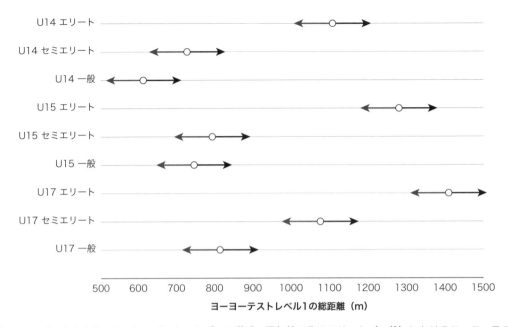

図9.16 エリートとセミエリートのバスケットボール選手，同年齢の非アスリート（一般）におけるヨーヨーテストレベル1の距離の記述的データ
56) よりデータを引用。

表9.6 アスリートの競技別の最大酸素摂取量の平均値

分類	最大酸素摂取量（mL/kg/分）		競技
	男性	女性	
きわめて高い	70+	60+	クロスカントリースキー，中距離走，長距離走
非常に高い	63-69	54-59	自転車，ボート，競歩
高い	57-62	49-53	サッカー，水泳（中距離），競技カヌー，ハンドボール，ラケットボール，スピードスケート，フィギュアスケート，スキー（滑降），レスリング
平均より上	52-56	44-48	バスケットボール，バレエ，アメリカンフットボール（オフェンスとディフェンス），体操，ホッケー，競馬（騎手），水泳（短距離），テニス，短距離走，跳躍競技
平均	44-51	35-43	野球，ソフトボール，アメリカンフットボール（ラインマンとクオーターバック），砲丸投げ，円盤投げ，ウエイトリフティング（オリンピックスタイル），ボディビル

M. McGuigan, "Administration, Scoring, and Interpretation of Selected Tests." In *Essentials of Strength Training and Conditioning*, 4th ed., edited by G.G. Haff and N.T. Triplett for the National Strength and Conditioning Association (Champaign, IL: Human Kinetics, 2016), 308 より許可を得て転載。

距離を基準とした歩行・走行テスト DISTANCE-BASED WALK AND RUN TESTS

目 的
一定距離を用いて持続的な運動を行うことで心肺機能の測定を行う。

測定項目
定められた距離を走行（歩行）するのに必要とした時間（秒），最大酸素摂取量の推定値。

用 具
トラックまたは距離を計測済みのコース，マーカー，テープメジャー，ストップウォッチまたは時間計測機器。

測定前
選択した距離となるようにマーカーを配置し〔この説明では 1.5 マイル（2.4 km）を使用する〕，スタートラインとコースを明らかにする。440 ヤードトラックの代わりに，400 m トラック（437.6 ヤード）を使用する場合は（図 9.17），1 周完了するごとに 2.3 m（2.4 ヤード）の差が生じることに注意する。例えば，1.5 マイル走行・歩行では，440 ヤードトラックでは 6 周，400 m トラックでは 6 周とさらに 13.8 m（2.3 m × 6 本）を必要とする。

アセスメントを始める前に，一般的なウォームアップに続いて，3 〜 5 分の休憩・回復を行う。

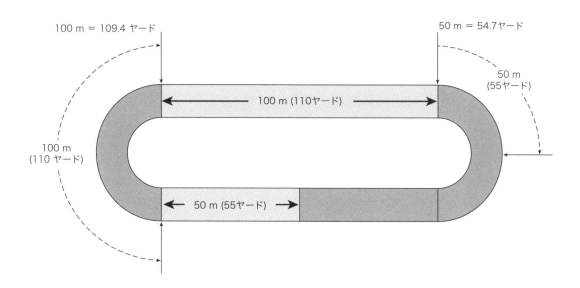

図 9.17　400 m（437.5 ヤード）トラック

手　順

1. 被験者に以下の言葉をかけて開始する：「これから，どれだけ速く1.5マイルを走る，または歩くことができるかを測定します。準備はいいですか。準備ができたら，スタートラインに立ってください」。
2. 次に，以下の説明をする：「『スタート』と言ったら，ゴールまでできるだけ速く走ってください」（必要に応じて「歩いてください」または「ジョギングしてください」）。
3. 口頭で「3，2，1，スタート」と合図を出し，目的とした距離に達するのにどのくらいの時間が必要だったかを秒の単位で記録する。

別法・部分的変更

1マイル（1.6 km）Rockport歩行テスト【訳注：1-mile Rockport walk test：普段あまり運動をしていない人に対して行われる有酸素性運動能力テスト】では，歩行を終了した後に脈拍を15秒間数える。脈拍数と合わせて年齢，性別，体重を使用し，最大酸素摂取量を推定する。

測　定　後

選択された距離を走行（歩行）するのに要した時間が最終結果である。単位を「秒」から「分」に変換するには，時間（秒）を60で割ればよい。以下に挙げる距離ごとの公式を使用して，最大酸素摂取量（$\dot{V}O_2max$）（mL/kg/分）を推定することができる。

1マイル走行・歩行の公式（18～25歳をもとに作成）[14]

男性

$$\dot{V}O_2max = (-9.06 \times タイム（分）) + (0.38 \times (タイム（分））^2) + 98.49$$

女性

$$\dot{V}O_2max = (-6.04 \times タイム（分）) + (0.22 \times (タイム（分））^2) + 82.2$$

例として，1マイル（1.6 km）に9分かかる女性の推定最大酸素摂取量は，以下のように求められる。

$$\dot{V}O_2max = (-6.04 \times 9分) + (0.22 \times (9分)^2) + 82.2$$
$$\dot{V}O_2max = -54.36 + (0.22 \times 81) + 82.2$$
$$\dot{V}O_2max = -54.36 + 17.82 + 82.2 = 45.7 \text{ mL/kg/分}$$

この公式を用いる代わりに，図9.18に示す1マイル（1.6 km）走行・歩行テストの計算図表を使用して，最大酸素摂取量を推定することもできる[14]。

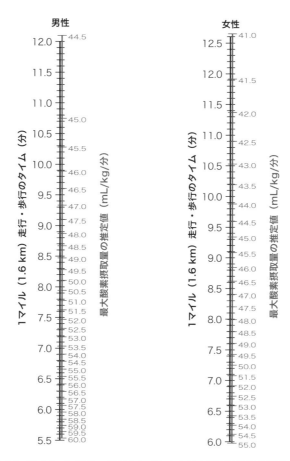

図 9.18 男性と女性の1マイル（1.6 km）走行・歩行のタイムから最大酸素摂取量を推定するための計算図表 14) の公式を使用。

1.5 マイル（2.4 km）走行・歩行の公式（18～29 歳をもとに作成）[16]

男性
$$\dot{V}O_2max = 91.736 - (0.1656 \times 体重（kg）) - (2.767 \times タイム（分）)$$

女性
$$\dot{V}O_2max = 88.020 - (0.1656 \times 体重（kg）) - (2.767 \times タイム（分）)$$

例として，1.5 マイルに 11 分半かかる体重 70 kg の男性の推定最大酸素摂取量は，以下のように求められる。

$$\dot{V}O_2max = 91.736 - (0.1656 \times 70\,kg) - (2.767 \times 11.5\,分)$$
$$\dot{V}O_2max = 91.736 - 11.592 - 31.821 = 48.3\,mL/kg/分$$

この公式を用いる代わりに，図 9.19 に示す 1.5 マイル（2.4 km）走行・歩行テストの計算図表を使用して，最大酸素摂取量を推定することもできる[16]。

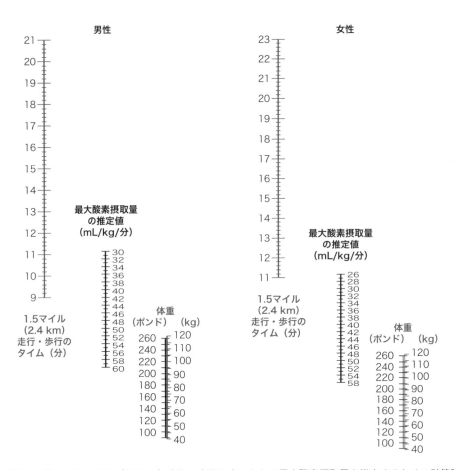

図 9.19 男性と女性の 1.5 マイル（2.4 km）走行・歩行のタイムから最大酸素摂取量を推定するための計算図表 16) の公式を使用。

2 マイル（3.2km）走行・歩行の公式（20 ～ 37 歳をもとに作成）[39]

男性

$$\dot{V}O_2max = 99.7 - (3.35 × タイム（分））$$

女性

$$\dot{V}O_2max = 72.9 - (1.77 × タイム（分））$$

例として，2 マイルに 14 分 45 秒（885 秒/60：14.75 分）かかる女性の最大酸素摂取量の推定値は，以下のように求められる。

$$\dot{V}O_2max = 72.9 - (1.77 × 14.75 分)$$
$$\dot{V}O_2max = 72.9 - 26.1 = 46.8 \, mL/kg/分$$

この公式を用いる代わりに，図 9.20 に示す 2 マイル（3.2 km）走行・歩行テストの計算図表を使用して，最大酸素摂取量を推定することもできる[39]。

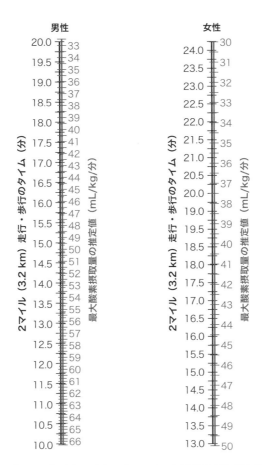

図 9.20 男性と女性の 2 マイル（3.2 km）走行・歩行のタイムから最大酸素摂取量を推定するための計算図表
39) の公式を使用。

研究からの注釈

　距離走行・歩行テストは，米国海軍で使用されている 1.5 マイル（2.4 km）テストや米国陸軍で使用されている 2 マイル（3.2 km）テストのように，軍の体力テストの中でよく行われる。なぜなら，それらの結果は心肺機能（$\dot{V}O_2$max）測定の基準値と関連しており，大規模でも容易に行うことができるからである[30]。

　心肺機能が高い小児は，低い小児よりも，一般的によい学業成績を示すとされる[50]。ある研究では，10 〜 16 歳において，1 マイル（1.6 km）走行・歩行テストの結果が 1 分増えるごとに，標準テストの数学の 1.9 ポイントの低下，読解（reading）の 1.1 ポイントの低下が報告された[48]。

　心肺機能の評価に関する 123 の研究のレビュー論文では，1.5 マイル（2.4 km）走行・歩行テストが，よくある距離をもとにしたフィールドテストの中で，最大有酸素性持久力と最も関連性が高いことが示されている[35]。

標準データ

距離ごとのタイムの分類を以下に示す。1マイル（1.6 km）走行・歩行テスト：図9.21（男子）と図9.22（女子），1.5マイル（2.4 km）走行・歩行テスト：図9.23（男性）と図9.24（女性），2マイル（3.2 km）走行・歩行テスト：図9.25（男性）と図9.26（女性）である。

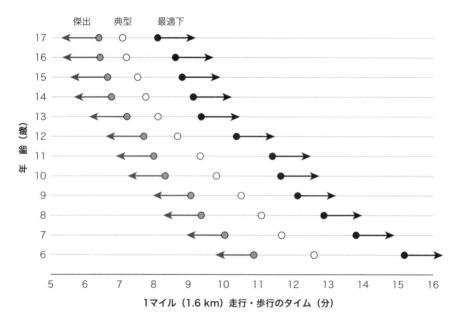

図 9.21 男子における1マイル（1.6 km）走行・歩行のタイムの分類。傑出：75パーセンタイル，典型：50パーセンタイル，最適下：25パーセンタイル。
46）よりデータを引用。

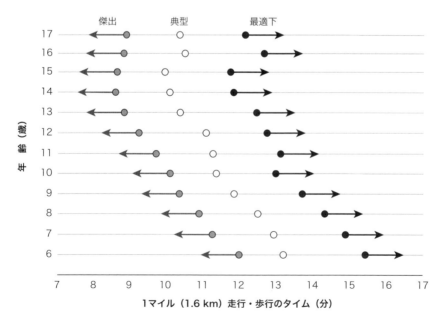

図 9.22 女子における1マイル（1.6 km）走行・歩行のタイムの分類。傑出：75パーセンタイル，典型：50パーセンタイル，最適下：25パーセンタイル。
46）よりデータを引用。

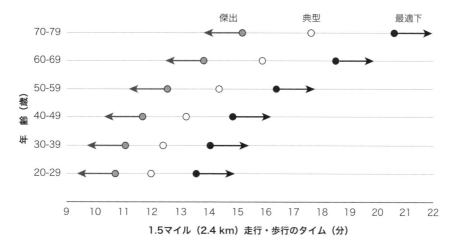

図 9.23 男性における 1.5 マイル (2.4 km) 走行・歩行のタイムの分類。傑出：75 パーセンタイル，典型：50 パーセンタイル，最適下：25 パーセンタイル。
4) よりデータを引用。

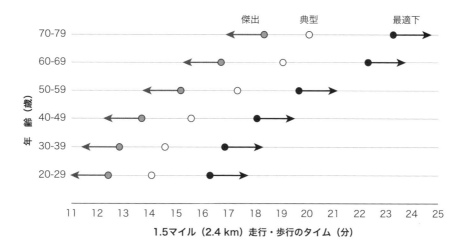

図 9.24 女性における 1.5 マイル (2.4 km) 走行・歩行のタイムの分類。傑出：75 パーセンタイル，典型：50 パーセンタイル，最適下：25 パーセンタイル。
1) よりデータを引用。

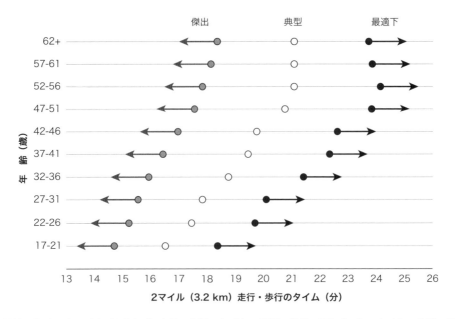

図 9.25 男性における 2 マイル（3.2 km）走行・歩行のタイムの分類。傑出：75 パーセンタイル，典型：50 パーセンタイル，最適下：25 パーセンタイル。
1) よりデータを引用。

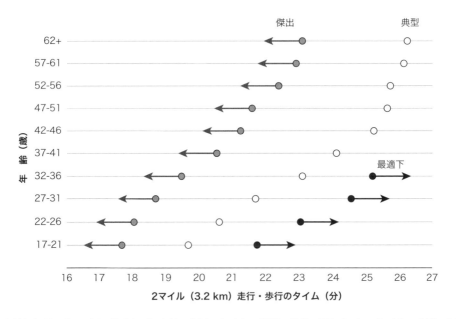

図 9.26 女性における 2 マイル（3.2 km）走行・歩行のタイムの分類。傑出：75 パーセンタイル，典型：50 パーセンタイル，最適下：25 パーセンタイル。
1) よりデータを引用。

第9章　心肺機能

時間を基準とした歩行・走行テスト　TIME-BASED WALK OR RUN TESTS

目　的
一定時間の持続的な運動を行って心肺機能を測定する。

測定項目
設定した時間内に達した総距離をキロメートルかメートルで測定する。推定最大酸素摂取量。

用　具
トラックまたは測定済みのコース，マーカー，テープメジャー，ストップウォッチまたは時間計測機器。

測定前
　測定時間を決定する（この説明では12分を使用する）。測定時間は，使用可能なスペース，被験者のトレーニング状況（長い距離はトレーニングが不十分な人には適さない等）から決定する。距離を測定済みのコースを明確にし，コーンやマーカーを等間隔に並べインターバルの距離がわかるようにする。
　アセスメントを始める前に，一般的なウォームアップを行った後，3〜5分の休憩・回復を行う。

手　順
1. 被験者に以下の言葉をかけて開始する：「これから，12分でどれだけ長い距離を走れるか，または歩けるかを測定します。準備はいいですか。準備ができたら，スタートラインの後ろに立ってください」。
2. 次に以下の説明をする：「『スタート』と言ったら，12分でできるだけ長い距離を走ってください（必要に応じて歩行またはジョギングに変更）」。
3. 口頭で「3, 2, 1，スタート」と合図を出し，時間内に走る（または歩く）ことのできた総距離を50 m単位で記録する。

別法・部分的変更
　9分，15分のテストもよく使用される。また，高齢者用体力テスト[47]の項目として，6分間歩行テストが使用されている。このテストは，20ヤード（18.3 m）×5ヤード（4.6 m）のコースにおいて，6分で50ヤード（45.7 m）を何本完了することができるかというものである。

測定後
　設定した時間内に達成した総距離が最終結果である。総距離をメートルからキロメートルに変換するには，1,000で割ればよい。以下の公式を最大酸素摂取量（$\dot{V}O_2max$）（mL／kg／分）を推定するために使用することができる。

12分間走行・歩行の公式[13]

$$\dot{V}O_2max = (22.35 \times 距離(km)) - 11.28$$

例えば，12分間走行・歩行テストで2.75 km（2,750 m／1,000）を走行（歩行）した被験者の推定最大酸素摂取量は，以下のように求められる。

$$\dot{V}O_2max = (22.35 \times 2.75\ km) - 11.28$$
$$\dot{V}O_2max = 61.46 - 11.28 = 50.18\ mL/kg/分$$

この公式を用いる代わりに，図9.27に示す12分間走行・歩行テストの計算図表を使用して，最大酸素摂取量を推定することもできる[13]。

研究からの注釈

年齢の相対的効果は，1年のうちのある期間に生まれた人がどれだけ多く分布しているかによって特徴づけられる。競技スポーツにおいては，選択過程や他の様々な要因によって，年齢グループでの境界

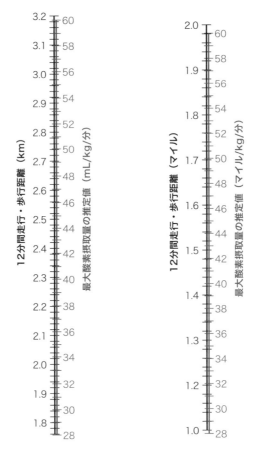

図9.27 12分間走行・歩行距離から最大酸素摂取量を推定するための計算図表
13)の公式を使用。

値のすぐ後に生まれた（1月生まれ）相対的に年齢の高いアスリートの数が，同じ年の年末近くに生まれた相対的に若いアスリート（12月生まれ）よりも多くなる可能性がある。

例えば，若年期の多くのアルペンスキー選手は，伝えられるところによると10月〜12月（18〜21%）よりも1月〜3月生まれの方が多かった（28〜34%）[18]。

同様に，ある年の後半に生まれた13〜14歳のスキー選手は，12分間走行・歩行テストにおける距離が，その年の前半に生まれた選手よりも短かった。さらには，12分間走行・歩行テストの距離の差は，21歳以下（U21）のアルペンスキー選手でナショナルチームに選ばれた選手とそうでない選手との間にもみることができた[17]。

心肺機能の評価を調べた123の研究のレビュー論文では，12分間走行・歩行テストは，よく使用される時間を基準にしたテストの中でも，最大有酸素性持久力と関連性が最も高いことが示されている[35]。

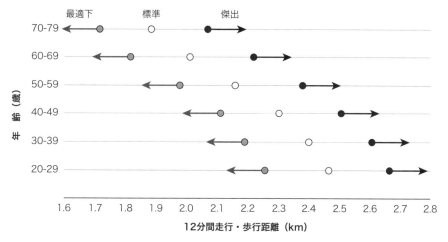

図9.28 男性の12分間走行・歩行距離の分類。傑出：75パーセンタイル，典型：50パーセンタイル，最適下：25パーセンタイル。
4）よりデータを引用。

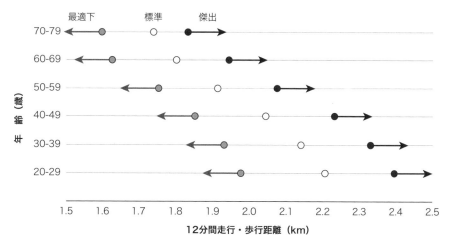

図9.29 女性の12分間走行・歩行距離の分類。傑出：75パーセンタイル，典型：50パーセンタイル，最適下：25パーセンタイル。
4）よりデータを引用。

標準データ

12分間走行・歩行テストの距離の分類値を，図9.28（男性）と図9.29（女性）に示す。若年期のアルペンスキー選手における12分間走行・歩行テストの記述統計値を，図9.30（男子）と図9.31（女子）に示す。

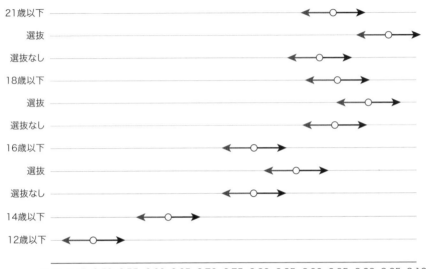

図9.30 若年期の男子アルペンスキー選手における記述統計値。
17）よりデータを引用。

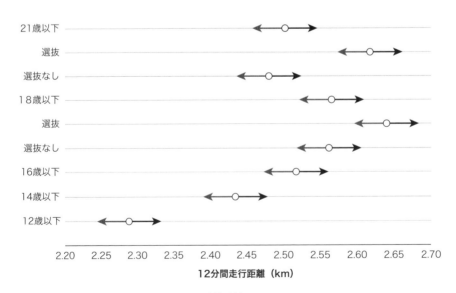

図9.31 若年期の女子アルペンスキー選手における記述統計値。
17）よりデータを引用。

最大下ステップテスト　SUBMAXIMAL STEP TEST

目　的
最大下ステップテスト（または Queens College ステップテスト，YMCA ステップテスト）は，一定の持続的リズムによる運動を用いて心肺機能を測定する。

測定項目
心拍数回復能力（bpm），推定最大酸素摂取量。

用　具
約 40 cm の高さの丈夫なステップ台，時間計測機器，メトロノーム，可能であれば心拍数モニター。

測定前
第 10 章の心拍数測定のガイドラインを確認する。メトロノームを，女性の場合は 88 bpm（1 分で 22 ステップのペース），男性の場合は 96 bpm（1 分で 24 ステップのペース）に設定する。

手　順
1. 被験者に以下の言葉をかけて開始する：「これから，3 分のステップテストを行い，その後に心拍数を測定します。準備はいいですか。準備ができたら，ステップ台の前に立ってください」。
2. 次に以下の説明をする：「『スタート』と言ったら，片足ずつステップ台の上に上り，逆の順番で下

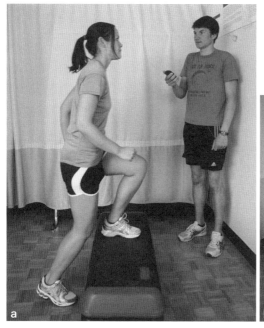
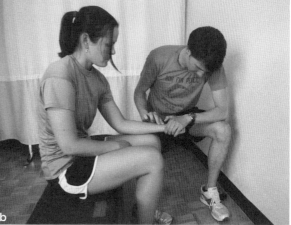

図 9.32　最大下ステップテスト（**a**）と心拍数回復能力の測定（**b**）。心拍数回復能力は，Queens College ステップテストにおいては立位で，YMCA ステップテストでは座位で計測する。

りてください（例：右足，左足の順番で上り，左足，右足の順番で下りる）。いずれかの足をリード足として始め，その足が疲れたら逆の足をリード足として自由に替えることができます。各ステップがメトロノームの音に合うように，できるだけがんばってください。3分経ったら合図をして，テストは終了します。私が首か手首に指を置いて心拍数を計測している間は，両足を床に着いて立っていてください（図9.32）。

3．口頭で「3，2，1，スタート」と合図を出し，被験者がメトロノームのペースに合わせて安全にテストを行えているか観察する。被験者が，促されても要求されたペースを維持できない場合は，テストを中止し，他のアセスメント方法を考慮する。テスト終了後約5秒経ってから，15秒間心拍数を測定し，記録する。

別法・部分的変更

YMCAステップテストでは，同様の手順を用いるが，約30 cmの高さのステップ台を使用し，テストが終わって1分後に被験者が座位で心拍数を測定する[60]。

Forestryステップテスト（米国の森林・営林作業員の体力を測定するためのテスト）では，高さの違うステップ台（男性は40 cm，女性は33 cm）を使用し，ペースは1分あたり22.5ステップ（90 bpm），テスト時間は5分，心拍数回復能力の測定はテスト後15秒経ってから開始する[2]。

高齢者に対しては，代替方法として，ステップ台を用いず，行進するようにその場で足踏みし，リード足を少なくとも膝蓋骨（膝のお皿）と腰骨の中間まで上げて，2分間で行う[47]。

測定後

テスト終了後15秒間の心拍数が最終結果である。この値に4をかけて，1分間の心拍数（bpm）を算出し，最大酸素摂取量を推定するために使用する。以下は，健康な若年の成人を対象とした公式である[36]。

女性（mL/kg/分）
$$\dot{V}O_2max = 65.81 - (0.1847 \times 心拍数（bpm）)$$

男性（mL/kg/分）
$$\dot{V}O_2max = 111.33 - (0.42 \times 心拍数（bpm）)$$

例えば，最大下ステップテストを完了し，運動直後の心拍数が120 bpmの女性の最大酸素摂取量の推定値は，以下のように求められる。

$$\dot{V}O_2max = 65.81 - (0.1847 \times 120\ bpm)$$
$$\dot{V}O_2max = 65.81 - 22.16 = 43.65\ mL/kg/分$$

この公式を使用する代わりに，図9.33に示す最大下ステップテストの計算図表を使用して，最大酸素摂取量を推定することもできる[36]。

研究からの注釈

ステップテストは多くの場面で容易に行うことができ，一般的に健康な成人の心肺機能と関連することが示されている一方で[8]，すべての人に適してはいない可能性がある。ある研究の報告によると，YMCAステップテストにおいて189名の73%が2分以下しか行えず，年齢（50歳以上），性別（女性），身長（低い），健康（自己評価によるリスク要素がより多い）が影響を与えた要因だと考えられた[9]。

ステップテストは，仕事に関連する動作との類似性から，消防士の心肺機能の評価としてしばしば使用される。消防士が防護服と呼吸装置を装着している場合は，標準的な運動着の状態と比べて，Queens Collegeステップテストで測定される最大酸素摂取量の推定値に約18%の減少がみられた[43]。さらには，13%の消防士は，追加の安全装備を身に着けることで，テストを完了することができなかった。

標準データ

ステップテストでの心拍数回復能力の分類値を以下に示す。図9.34はテスト終了5秒後，図9.35（男性）と図9.36（女性）はテスト終了1分後である。

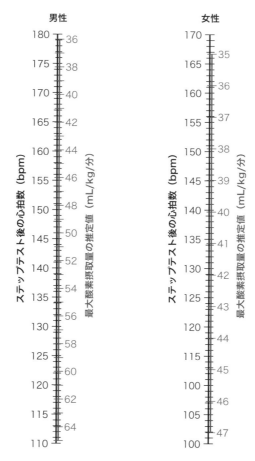

図9.33 ステップテスト終了5秒後に測定した心拍数回復能力から最大酸素摂取量を推定するための計算図表
36）の公式を使用。

第Ⅱ部　アセスメントの手順

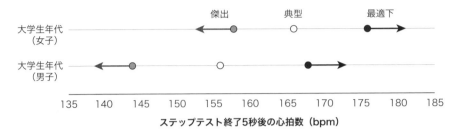

図9.34　若年一般男性と女性における最大下ステップテストでの心拍数回復能力（5秒後）の分類。女性：傑出：75パーセンタイル，典型：50パーセンタイル，最適下：25パーセンタイル。41.3 cmのステップ台を使用。
36) よりデータを引用。

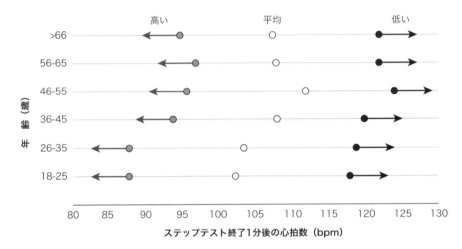

図9.35　男性の年代別YMCAステップテストでの心拍数回復能力（1分後）の分類。33 cmのステップ台を使用。
40a) よりデータを引用。

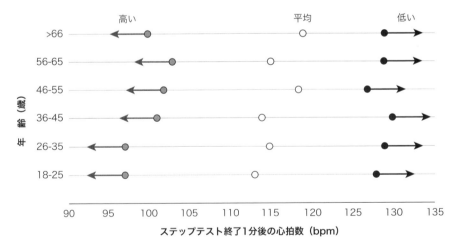

図9.36　女性の年代別YMCAステップテストでの心拍数回復能力（1分後）の分類。33 cmのステップ台を使用。
40a) よりデータを引用。

最大下ローイングエルゴメーターテスト
SUBMAXIMAL ROWING ERGOMETER TEST

目　　的
持続的な一定のリズムによる運動を用いて心肺機能の指標を得る。

測定項目
心拍数回復能力（bpm），推定最大酸素摂取量。

用　　具
ローイングエルゴメーター（コンセプト2），時間計測機器，可能であれば心拍数モニター。

測定前
　被験者とともに，表7.1にしたがってローイングストロークの基本的要素を確認する（テスト前のオリエンテーション中が望ましい）。第4章で説明した方法にしたがい，被験者の体重（kg）を記録する。負荷レベルを最も高い設定にし[10]，ワット数と1分あたりのストローク数を表示するように付属コンピューターの設定を行う（心拍数モニターがある場合は心拍数も表示できるようにする）。アセスメント開始前に，一般的なウォームアップを行った後，3～5分の休憩・回復を行う。

手　　順
1. 被験者に以下の言葉をかけて開始する：「これから，ローイングエルゴメーターを使って，適度な強度で運動を行っている間の心拍数を計測します。準備はいいですか。準備ができたら，ローイングエルゴメーターに座って，足をフットプレートにストラップで固定し，ハンドルを両手で握ってください」。
2. 次に以下の説明をする：「『スタート』と言ったら，ハンドルを引いて，5～10分間動作を維持できると思う強度で，スタート・ドライブ・フィニッシュ・リカバリーのすべての段階を踏みながら，漕ぎ始めてください。全力では行わないでください。心拍数が安定した状態（一定の数値が続く状態）になるまで，運動開始後1分ごとに心拍数をチェックします。安定した状態になったらテストは終了です」。
3. エルゴメーターのパフォーマンスモニターがはっきりと見える位置に立つ。口頭で「3，2，1，スタート」と合図を出し，一貫した最大下強度とストローク率で，心拍数170 bpm以下で行えているかを確認する。心拍数モニターを使用している場合は，心拍数の値がパフォーマンスモニター上に見えるようにするが，使用していない場合は，心拍数を計測する間はハンドルを握ったままスタート位置で停止するよう指示する。
4. 被験者の心拍数が安定して2分経ったら，その値とパワー出力（W）を記録し，テストを終了する。

測定後

テストの最後2分間に測定した安定心拍数が最終結果である。健康な若い一般の人をもとに作成された計算図表（図9.37）を使用し，推定絶対最大酸素摂取量（L/分）を求める。次に，以下の公式を使用して，絶対値から推定相対最大酸素摂取量（mL/kg/分）に変換する。

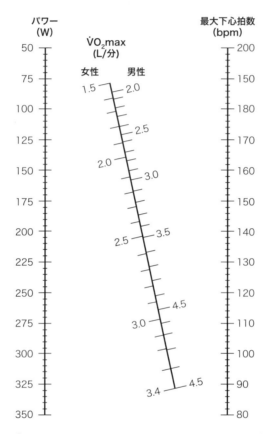

図9.37 最大下ローイングエルゴメーターテストによるパワー出力と心拍数から最大酸素摂取量を推定するための計算図表

Concept II Rowing Ergometer Nomogram for Prediction of Maximal Oxygen Consumption, by Dr. Fritz Hagerman, Ohio University, Athens, OHより。この計算図表は，Concept 2以外のローイングマシンに当てはめるには適切ではなく，また競技レベルではない，または専門のトレーニングを行っていない，有酸素性運動プログラムに参加している被験者を対象としてデザインされている。Concept2, Inc., 105 Industrial Park Drive, Morrisville, VT 05661 (800) 245-5676の許可を得て転載。

第 9 章　心肺機能

$$\dot{V}O_2\text{max}(\text{mL/kg/分}) = \frac{\dot{V}O_2\text{max}(\text{mL/分})}{\text{体重}(\text{kg})} \times 1,000$$

　例として，パワー出力 225 W でのローイング 2 分後の心拍数が 146 bpm である 72.7 kg の男性における絶対 $\dot{V}O_2$max は 3.5 L/分であり，相対値については以下のように求められる。

$$\dot{V}O_2\text{max}(\text{mL/kg/分}) = \frac{3.5 \text{ L/分}}{72.7(\text{kg})} \times 1,000$$

$$\dot{V}O_2\text{max (mL/kg/分)} = 0.04814 \times 1,000 = 48.14 \text{ mL/kg/分}$$

研究からの注釈

　ローイングトレーニングは，有酸素性持久力とレジスタンストレーニングの両方の要素を含むため，心肺機能と筋骨格の適応をもたらす[5]。さらには，1 回のローイングストロークから生み出されるパワーの約 50％は体幹から，40％は脚から，10％は腕から来るとされ[53]，身体にある筋の大部分を動員する非荷重の運動である。そのため，スポーツパフォーマンスおよび生涯の健康の改善を目的として，ローイングトレーニングが推奨されている[5, 25]。

　元来，スポーツ現場での心肺機能の評価法としては走動作をベースにしたものが主であったが，ローイングはその特徴から代替種目となっている。この項で示した測定方法を裏づけるものとして，運動強度と最大下のローイングに対する心拍数の反応は，ローイングトレーニングを行っている人とそうでない人の両者において心肺機能の指標となることが示されている[29]。

標準データ

　最大下ローイングエルゴメーターにおける推定最大酸素摂取量の値は，図 9.38（男性）と図 9.39（女性）に示す標準データと比較することができる。

第Ⅱ部　アセスメントの手順

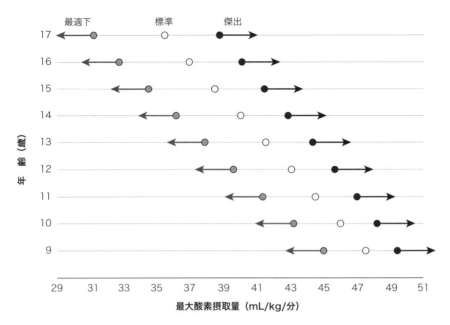

図 9.38　男性における最大酸素摂取量の分類。傑出：75 パーセンタイル，標準：50 パーセンタイル，最適下：25 パーセンタイル。
4）よりデータを引用。

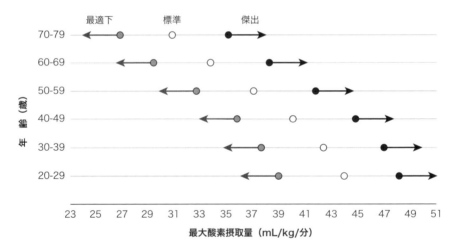

図 9.39　女性における最大酸素摂取量の分類。傑出：75 パーセンタイル，標準：50 パーセンタイル，最適下：25 パーセンタイル。
4）よりデータを引用。

45秒スクワットテスト　45-SECOND SQUAT TEST

目　　的
　45秒スクワットテスト（またはRuffier-Dicksonテスト）は，一定のリズムで運動を行った後の心拍数回復能力から心肺機能を評価する。

測定項目
　心拍数回復能力値，Ruffier-Dickson index，推定最大酸素摂取量。

用　　具
　丈夫な治療用ベッド，時間計測機器，メトロノーム，可能であれば心拍数モニター。

測定前
　第4章の方法にしたがい，被験者の身長を記録する。第10章の心拍数測定のガイドラインを確認する。メトロノームを80 bpm（1分あたりスクワットを40回行うペース）に設定する。

手　　順
1. 被験者に以下の言葉をかけて開始する：「これから，30回の自重スクワットを行い，その前後の心拍数を測定します。メトロノームの音に合わせて，しゃがんで立つスクワット動作を行います。メトロノームで設定したペースで，45秒間にスクワットを30回行ってください。準備はいいですか。準備ができたら，安静時の心拍数を測るので，ベッドの上に5分間横になってください」。
2. 安静時間の最後に，心拍数モニターに表示された数値を記録するか，以下の説明をする：「今から，首か手首に私の指をあてて脈拍を測ります」。
3. 以下の指示をする：「足は肩幅で平行に，腕は胸の前で組むか，伸ばした状態で立ってください。『スタート』と言ったら，膝と股関節を曲げて，足首・膝・股関節が直角（90°）のスクワットポジションになるように，体を下ろしていってください。動作の間，目は前に向け，背中をまっすぐに保ちます。メトロノームの音が聞こえるのと同時に一番下に到達するような速さでしゃがんでください。その後，膝と股関節を伸ばし，次の音に合わせてスタート位置に戻ります」（図9.40）。
4. 次に，以下の指示をする：「テスト中は通常の呼吸をすることに集中し，45秒間メトロノームに合わせてスクワットを行ってください。スクワットを30回行ったら，心拍数を再度測定するので，ベッドの上に横になってください」。
5. スクワット動作がはっきりと見える位置に立つ。口頭で「3, 2, 1, スタート」と合図を出し，時間を見ながら被験者が要求されたペースでスクワットを行っているか確認する。
6. 45秒経過後，以下の指示をする：「心拍数を測るので，ベッドの上に横になってください」。
7. 被験者が横になったら，できるだけ早く（15秒以内）心拍数を記録し，1分後（75秒以内）にも再度記録する。

図 9.40 自重スクワット

別法・部分的変更

元来の 45 秒スクワットテストでは，踵と殿部が近づくようなフルスクワット動作を行う必要があったが，下肢の可動域に制限がある人のために膝を 90° 曲げるだけの動作に変更することもできる。

測定後

安静時の心拍数（HR_{rest}），運動後 15 秒以内の心拍数（HR_{15s}），運動後 1 分以内の心拍数（HR_{75s}）から，以下のように Ruffier-Dickson index（RDI）を算出することができる。

$$RDI = \frac{(HR_{15s} - 70) + 2(HR_{75s} - HR_{rest})}{10}$$

例えば，HR_{rest} が 47 bpm，HR_{15s} が 121 bpm，HR_{75s} が 55 bpm の被験者の RDI は，以下のように求められる。

$$RDI = \frac{(121 \text{ bpm} - 70) + 2(55 \text{ bpm} - 47 \text{ bpm})}{10}$$

$$RDI = \frac{51 + 2(8)}{10} = \frac{51 + 16}{10} = \frac{67}{10} = 6.7$$

RDI は一般的な心肺機能を評価するために使用することができるが，年齢と身長を併用することで，以下の公式を使用して絶対最大酸素摂取量（L/分）を推定することができる。

男性

$$\dot{V}O_2\text{max} = (-0.0309 \times \text{年齢}) + (4.533 \times \frac{\text{身長(cm)}}{100}) - (0.0864 \times \text{RDI}) - 3.228$$

女性

$$\dot{V}O_2\text{max} = (-0.0309 \times \text{年齢}) + (4.533 \times \frac{\text{身長(cm)}}{100}) - (0.0864 \times \text{RDI}) - 3.788$$

例えば，RDI 6.7，身長 173 cm の 28 歳男性の推定最大酸素摂取量は以下のように求められる。

$$\dot{V}O_2\text{max} = (-0.0309 \times 28) + (4.533 \times 1.73) - (0.0864 \times 6.7) - 3.228$$
$$\dot{V}O_2\text{max} = -0.865 + 7.842 - 0.579 - 3.228 = 3.17 \text{ (L/分)}$$

以下の公式を使用して，絶対値を推定相対最大酸素摂取量（mL/kg/分）に変換することができる。

$$\dot{V}O_2\text{max(mL/kg/分)} = \frac{\dot{V}O_2\text{max(L/分)}}{\text{体重(kg)}} \times 1,000$$

例えば，絶対 $\dot{V}O_2$max の値が 3.94 L/分で体重 79.5 kg の男性における相対 $\dot{V}O_2$max は以下のように求められる。

$$\dot{V}O_2\text{max(mL/kg/分)} = \frac{3.94 \text{(L/分)}}{79.5 \text{(kg)}} \times 1,000$$
$$\dot{V}O_2\text{max（mL/kg/分）} = 0.04956 \times 1,000 = 49.56 \text{（mL/kg/分）}$$

研究からの注釈

　45 秒スクワットテストにおける酸素消費量の直接測定では，安静時の値の約 6 倍のエネルギー消費量が示されている。この結果は，あまりトレーニングを行っていない人にとっての高強度の運動，そしてトレーニングを比較的よく行っている人にとっての中強度の運動に相当する[51]。RDI の値は，健康な人における最大有酸素性持久力と関連があること[51]，ラグビー選手における 45 秒スクワットテスト後のリカバリー時の血流と関連があることが示されている[44]。低い RDI の値はアスリートの中でも報告されている（男性ラグビー選手で 2.5 等）一方で，トレーニングをあまりしていない人には過大評価，トレーニングをしっかりと行っている人には過小評価となってしまうため，RDI から心肺機能を推定することには限界がある可能性もある[3, 44, 51]。

　2 週間の運動介入を 3 種類調査した研究では，携帯電話を利用したトレーニングとジムでの監視下でのトレーニングセッション両方を利用した人と同様に，携帯電話の歩数計アプリを利用した人において，RDI 値の減少（潜在的な心肺機能の向上を示唆している）が報告された[49]。

標準データ

一般的に言うと，低い RDI 値は高い心肺機能を，高い RDI 値は低い心肺機能を意味する。RDI に関する推奨案[51]では，RDI 値 5 以下では心肺機能がよいと考えられ，6〜10 は普通，11 以上はよくないとされている。推定最大酸素摂取量の値を算出すれば，図 9.41（男子）と図 9.42（女性）に示す標準データを使用することができる。

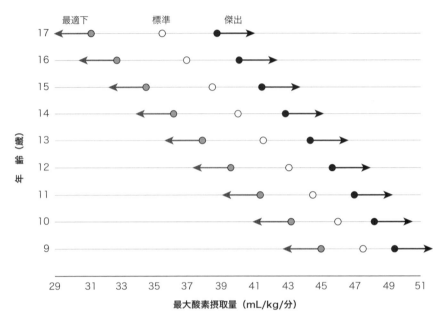

図 9.41 男子における最大酸素摂取量の分類。傑出：75 パーセンタイル，標準：50 パーセンタイル，最適下：25 パーセンタイル。
4) よりデータを引用。

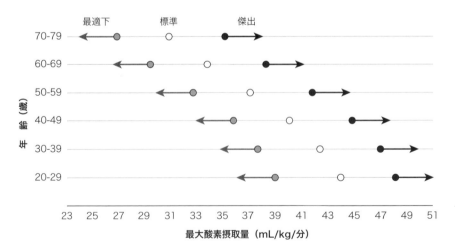

図 9.42 女性における最大酸素摂取量の分類。傑出：75 パーセンタイル，標準：50 パーセンタイル，最適下：25 パーセンタイル。
4) よりデータを引用。

CHAPTER 10

トレーニングのモニタリング

「力や知識ではなく，継続的な努力こそが，潜在能力を開放する鍵である。」

リアン・コーデス（作家）

　第Ⅱ部で紹介した多くのアセスメントは，ベースライン評価の一部として，もしくはトレーニングプログラムや他の運動介入の効果を確認するための定期的なフォローアップ（再評価）として用いられることを意図している。一連のテストすべてを行うことは，時間がかかり非常に大変なので，数ヵ月に１回以上の頻度で行うことは現実的ではないだろう。しかしコーチは，自分が受け持つ選手を定期的に観察する必要があり，パフォーマンスを最大限に高め，なおかつケガのリスクを最小限にするためには，日ごとまたは週ごとにトレーニングを調整する必要がある。この過程が「モニタリング」と呼ばれるものである。トレーニングのモニタリングは，テストの測定結果を一般的な標準値や特定の値（前回の測定や基準値から５～10％以上の変化といったような）と比較することによって，トレーニング期間の安定性や，トレーニングへの適応の良し悪しといった傾向を評価できるようにする。

　例えば，心拍数の測定は運動強度の指標として，もしくは選手の運動に対する反応を評価する手段として使用することができ，両方ともトレーニングをモニタリングするうえで特に役立つだろう。体重管理，水分補給の状態，脱水状態からの回復も，トレーニングセッションの前後にモニタリングすることができる要素である。

　トレーニング負荷と身体的準備度のモニタリングは，上に挙げた生理学的要素以上に，選手のトレーニング適応状況に関する大切な視点を明らかにしてくれる。トレーニング負荷は，**外的負荷**（行ったトレーニングの内容）と**内的負荷**（選手のトレーニングに対する反応）のバランスに影響される[21, 37]。外的負荷と内的負荷のバランスについての関係性を図10.1に示す。とりわけ，トレーニング負荷に関するアンバランスは，良い順応（高い外的負荷と低い内的負荷）か悪い順応（低い外的負荷と高い内的負荷）かを気づかせてくれる可能性が高い[21]。両カテゴリーの負荷の値が低い場合は，トレーニングのより積極的な漸進の必要性を表わし，両カテゴリーの負荷の値が高い場合は，積極性を少し抑えた漸進の必要性を示している[21]。

「**身体的準備度**（physical readiness）」とは，選手がある特定の日にトレーニングに参加するための能力である[21, 37]。トレーニング負荷と身体的準備度は，トレーニングの進行状況に対して選手がどれだけ適応しているかということに関して考慮しなければならないものであり，これは「**知覚的健康状態**（perceptual well-being）」と呼ばれる[21, 37]。

知覚的健康状態と身体的準備度の間，そして知覚的健康状態とトレーニング負荷の間の関係性を図10.2に示す。トレーニング負荷と知覚的健康状態のスコアのアンバランスは，トレーニングプログラムの修正・変更が必要であることを意味しており，両カテゴリーの値が高い場合は安定したトレーニング環境を，値が低い場合はトレーニングプログラム以外の部分に問題があることを表わしている[21]。

身体的準備度と知覚的健康状態のスコア間におけるアンバランスは，さらなる身体面のトレーニング（知覚的健康状態が高く身体的準備度が低い場合）か心理面のトレーニング（知覚的健康状態が低く身体的準備度が高い場合）が必要であることを示している。両カテゴリーにおいて値が高い場合は，トレーニング環境が安定していることを意味しており，値が低い場合はさらなる回復や代替介入の必要性を表わしている[21]。

これらの図から得られる情報は単なる提案であり，コーチの直感，専門的な準備，スポーツや運動についての知識を用いて活用されるべきである。本章では，身体状態の測定だけでなく，外的トレーニング負荷，内的トレーニング負荷，知覚的健康状態，身体的準備度のアセスメントについても説明していく。モニタリングデータの多くはトレーニング記録を参照することで収集することができる。

本章で説明するアセスメントは以下のとおりである。

- 心拍数測定[26]
- 体重管理と水分補給の状態[1]
- 体水分損失量の評価[36]
- 外的トレーニング負荷[21, 34, 37]
- 内的トレーニング負荷[21, 37]
- 知覚的健康状態[21, 37]
- 身体的準備度[21, 37]

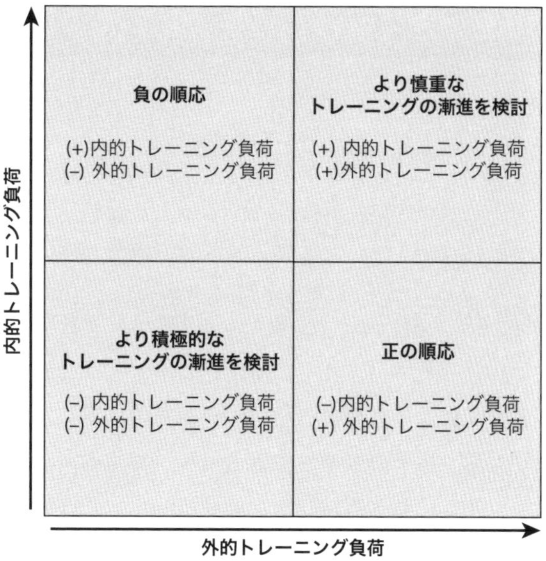

第10章　トレーニングのモニタリング

図10.1　外的・内的トレーニング負荷のバランスについての関係性
T.J. Gabbett, G.P. Nassis, E. Oetter, et al., "The Athlete Monitoring Cycle: A Practical Guide to Interpreting and Applying Training Monitoring Data", *British Journal of Sports Medicine* 51（2017）：1451-1452 より改変。

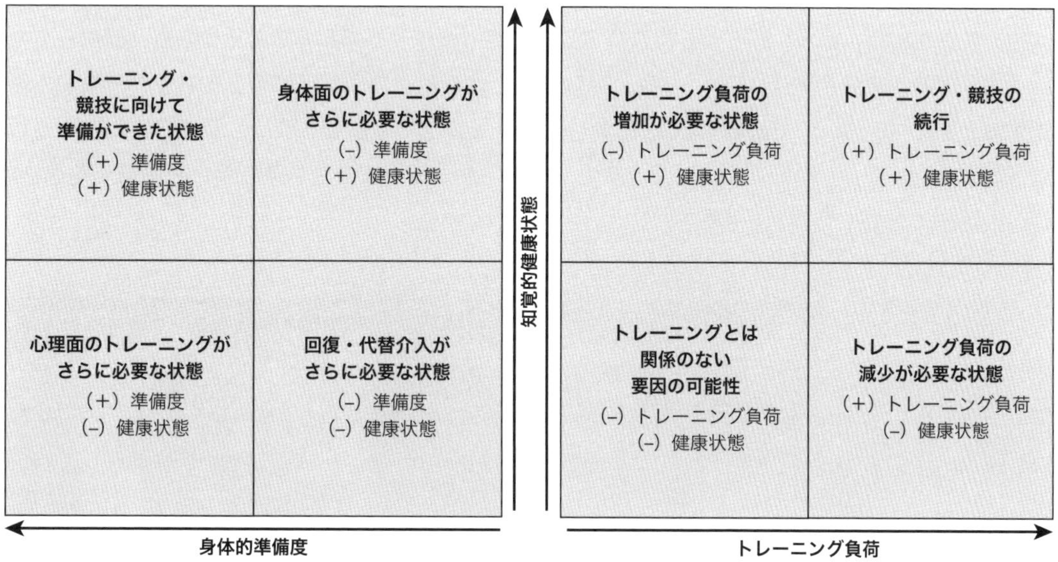

図10.2　知覚的健康状態と身体的準備度のバランス，そして知覚的健康状態とトレーニング負荷のバランスについての関係性
T.J. Gabbett, G.P. Nassis, E. Oetter, et al., "The Athlete Monitoring Cycle: A Practical Guide to Interpreting and Applying Training Monitoring Data", *British Journal of Sports Medicine* 51（2017）：1451-1452 より改変。

第Ⅱ部　アセスメントの手順

心拍数測定　HEART RATE MEASUREMENT

目　的

心拍数は，数多くの生理的システムのバランスと，運動に対する反応や回復能力といった身体の現在の状態を数値化できる。

背景とアプローチ

心拍数は，安静時は一般的に60〜80 bpm（beats per minute：1分間あたりの拍動）とされており，個人間で差が大きい。女性は男性と比べ，また12歳以下の子どもは成人と比べて，たいてい安静時心拍数が多い。トレーニングとは関係ない心拍数の日々の変動を最小限にするためには，標準化されたテスト環境が必要である。なぜなら，多くの環境や食事の要因，身体的，心理的要因が安静時の値に影響を与えるからである。さらに，特定の薬も直接的または間接的に，安静時と運動時の心拍数に影響を与える。

中指と人差し指で選手の動脈の近くを軽く圧迫し，脈拍を感じとる。橈骨動脈は手首の親指と手のひらが交わる位置にあり（図10.3a），頸動脈はあごのラインの下，のどの横に沿って位置している（図10.3b）。親指自体に脈拍があるので，心拍数測定には利用するべきではない。

脈拍の位置を確認したら，あらかじめ決められた時間で感じとることのできる心拍数（脈拍）をカウントする（安静時の測定では15〜60秒，運動時または運動後では，リアルタイムでその瞬間の値を測定するために15秒以下で測定する）。時間計測機器をスタートさせる際は，最初の拍動を0としてカウントする。しかし，時間がすでに流れている時間計測機器（壁掛けの時計等）を使用する場合は，最初の拍動を1としてカウントする。

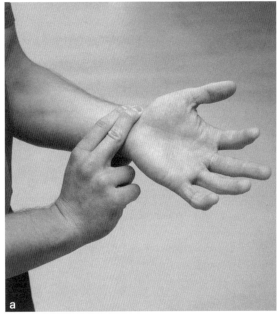 

図10.3　橈骨動脈（a）と頸動脈（b）の位置

表10.1 安静時・運動時における心拍数（bpm）を算出するための脈拍数変換公式

運動時		脈拍数（6秒）	×	10	=	心拍数（bpm）
		脈拍数（10秒）	×	6	=	心拍数（bpm）
	休息時	脈拍数（15秒）	×	4	=	心拍数（bpm）
		脈拍数（30秒）	×	2	=	心拍数（bpm）
		脈拍数（60秒）	×	1	=	心拍数（bpm）

　安静時心拍数の測定は，5～10分の休憩時間後に座位または臥位で行う。運動時と運動後心拍数の測定は，回復の影響を最小限にするためにできるだけ運動のセッション直後に，もしくは特定の時点で行う。表10.1に示す公式を用いて，脈拍数から心拍数を算出することができる。

別法・部分的変更

　様々な種類の心拍数モニターの機器があり，胸ストラップや腕・手首に装着する機器を使用して，データを腕時計や携帯電話のアプリに送りながら持続的に心拍数を測定することができるものもある。

　選手の最大心拍数を知っておくことで，運動強度を考慮しながらのアセスメントが可能になり，ある特定のアセスメントが適切な中止ポイント（最大下テストで最大心拍数の約85％等）まで到達していることの指標を得ることができる。実際の最大心拍数の測定は，第9章で説明した20mマルチステージシャトルランやヨーヨーテストのような，最大努力まで徐々に増加していく運動を用いたアセスメントの際に行われることが好ましいが，年齢から推定される値は以下の公式の1つを使用することで求められる[56a]。

$$年齢から推定される最大心拍数（bpm）= 220 - 年齢（歳）$$
$$年齢から推定される最大心拍数（bpm）= 208 - (0.7 × 年齢（歳）)$$

研究からの注釈

　運動後に心拍数が安静時のレベルまで戻るペースはトレーニングによって改善されるものであり，回復はトレーニングを行っていない人よりも行っている人において速い[4,14]。トレーニング時のモニタリング手段としての心拍数の有用性は，トレーニングプログラムの長さと，測定方法によるだろう[7]。安静時心拍数の変化は短いトレーニング期間（2週以下）で顕著になるかもしれないが，最大下運動時心拍数の変化はより長いトレーニング期間（2週間以上）で顕著になりえ，最大運動時心拍数の変化は短期間および長期間両方のトレーニングに対する反応として起こりうる。さらに，心拍数測定は，トレーニングプログラムの負荷に対して選手がどのように対処しているかをコーチがよりよく理解するために，他のモニタリング項目と合わせて用いることが推奨される[8]。

実用例

以下に2つの実用例を挙げる。

シナリオ1

安静時脈拍が30秒で27拍の30歳の被験者における安静時心拍数（bpm）と，年齢から推定される最大心拍数（bpm）を，両方の公式を使用して求める。

$$安静時心拍数 = 27拍 \times 2 = 54 \text{ bpm}$$
$$年齢から推定される最大心拍数 = 220 - 30歳 = 190 \text{ bpm}$$
$$年齢から推定される最大心拍数 = 208 - (0.7 \times 30歳) = 187 \text{ bpm}$$

シナリオ2

運動時の脈拍が10秒で25拍の22歳の被験者における運動時心拍数（bpm）と，年齢から推定される最大心拍数（bpm）を，両方の公式を使用して求める。

$$運動時心拍数 = 25拍 \times 6 = 150 \text{ bpm}$$
$$年齢から推定される最大心拍数 = 220 - 22歳 = 198 \text{ bpm}$$
$$年齢から推定される最大心拍数 = 208 - (0.7 \times 22歳) = 193 \text{ bpm}$$

第 10 章　トレーニングのモニタリング

体重管理と水分補給
BODY WEIGHT MAINTENANCE AND HYDRATION STATUS

目　　的
体重管理によって水分補給の状態を評価する。

背景とアプローチ
　運動中の水分損失と水分補給のバランスをとることは，トレーニングや競技において考慮しなければならない重要な事項である。時間とともに蓄積されていく「脱水」は，パフォーマンスや認知機能に悪い影響を与えることが示されている[32, 39]。水分補給の状態を把握する最も簡単な方法は，体重の増減を意図して行っておらず，水分補給を定期的に行っている時に，頻繁に体重測定を行うことである。通常体重は，第4章で説明した手順にあるように，3回の連続した体重測定の平均値を求めることで決定することができる。それに続いて，日々の体重の変動には1％以上の差があるべきではなく，この変動が2％以上で脱水によるものである場合は配慮が必要である[1, 12]。以下の公式を用いて，各測定間の（もしくは通常体重と比較して）体重の変化率を求めることができる。

$$体重の変化率 = \frac{2日目の体重 - 1日目の体重}{1日目の体重} \times 100$$

$$体重の変化率 = \frac{測定体重 - 通常体重}{通常体重} \times 100$$

　水分補給の状態はまた，尿の色を調べることによっても知ることができる。この簡単なアセスメントは，空の容器に尿のサンプルを集め，尿の色を白色の背景にかざして市販のカラーチャートと比較することによって，選手自身が行うこともできる[1]。1〜3のスケールにある色（非常に淡い黄色）であれば水分補給がよい状態を示し，7〜8（緑に近い色）はひどい脱水状態にあることを表わしている。1日数回のチェックで尿の色が濃いと判断したら，尿の色が淡い黄色になるまで，翌日までかけて定期的により多くの水を飲むことに集中するべきである。しかし，水分は一度に過剰に摂取するべきではない。なぜなら，体内水分量に対して十分なナトリウムがないことで，低ナトリウム血症等，健康に害を及ぼし時には入院が必要な深刻な合併症が起こる可能性があるからである。強度の高い運動だけでなく，フルーツ，野菜，ビタミン，薬によって尿の色が変わる可能性があるので，水分補給の状態を評価する際には，選手の食習慣やトレーニングプランにおける直近の変化を考慮する必要がある。

別法・部分的変更
　容器を購入したり尿を取り扱ったりする面倒がないより簡単な方法としては，選手が直接尿の流れ（排尿中）から[28]，または排尿後の便器から色を推測する方法がある。しかし，こういった方法はあまり正確とはいえないだろう。

研究からの注釈

脱水症状は，体重（階級）別に競い合うスポーツにおいて重要な問題である。選手が競技や試合に向けた準備期間に体重を 2 〜 5%，あるいは 10% まで減量することはよくみられる[19]。レスリング，テコンドー，ボクシング選手の評価では，適切に水分補給を行っている選手とそうでない選手の間で尿の色に大きな違いがみられた[17]。

水分補給状態の重要性は，多くのスポーツ環境において明らかである。例えば，一般的な水分補給状態（尿の色のスケールが 2）とそうでない状態（尿の色のスケールが 4）の低ハンディキャップのゴルファーを調べた研究では，水分制限によって体重の 1.5% の減少を引き起こした後では，様々な種類のクラブ（5 番，7 番，9 番アイアン）を使用した場合の飛距離と正確性の両方に低下がみられた[55]。

実用例

以下に 2 つの実用例を挙げる。

シナリオ 1

普段の体重 78 kg の選手が体重 76.5 kg の時の体重の変化率を求める。

$$体重の変化率 = \frac{76.5 \text{ kg} - 78 \text{ kg}}{78 \text{ kg}} \times 100 = -1.92\%$$

シナリオ 2

体重が 112 kg，通常は 112.5 kg の選手における体重の変化率を求める。

$$体重の変化率 = \frac{112 \text{ kg} - 112.5 \text{ kg}}{112.5 \text{ kg}} \times 100 = -0.44\%$$

体水分損失量の評価 FLUID LOSS EVALUATION

目的
トレーニングセッションに応じて必要な水分補給量を測定するものである。

背景とアプローチ
トレーニングセッション中には，個々の選手の発汗率，運動時間，運動強度，環境要因（暑さや湿度）に応じて体内水分が失われ，水分を再補給する必要性が増加するが，その量は様々である。そのため，コーチは選手の水分摂取量と発汗量を突き止め，水分の再補給のガイドラインを作成するとよいだろう。

トレーニングセッションに先がけて，可能であればトイレを利用させ，運動後の測定が完了するまでトイレの使用を控えるように，選手に指示をする。第4章の手順にしたがい，評価前の体重（kg）を記録する。トレーニングセッション中に摂取する可能性のある飲み物すべての，飲む前の容量（mL）を記録する。トレーニングセッション中は，選手が測定済みの飲み物容器からだけ飲んでいることを確認する。トレーニングセッション後に，選手は肌についた汗をしっかりと乾かすようにし，運動後の体重（kg）を記録する。トレーニングセッション中に消費された量を求めるために，飲料の最初の量から残りの量を差し引く。水分損失量は以下の公式を用いて算出することができる。

$$体水分損失量（mL）＝ \{(運動前の体重（kg）－運動後の体重（kg））\times 1,000\} \\ ＋ 運動前の飲み物の量（mL）－運動後の飲み物の量（mL）$$

選手は，運動後8～12時間で，トレーニングセッション中に失った水分量の1～1.5倍を摂取することを目指すべきである。つまり，1kg体重が減るごとに1.5Lの水分を摂取するべきである。

別法・部分的変更
選手が，短時間のトレーニングセッションにおいて水分を摂取しない場合は，水分損失の計算は運動前後の体重の差を計算するだけといった簡単なものにすることができる。長時間のトレーニングセッションにおいては，尿の量を測り水分損失量を求める公式から差し引く必要があるだろう。

トレーニングセッションの長さを測定できる場合は，選手の発汗率を以下の公式を用いて算出することができる。

$$発汗率（mL/分）＝ \frac{体水分損失量（mL）}{トレーニングセッションの持続時間（分）}$$

発汗率は個々の選手ごとの数値なので，その選手がトレーニングセッション中におおよそどのくらいの水分を摂取するべきかを時間に応じて求めることができる。この値を求めるには，単純に発汗率に対象のトレーニングセッション時間をかければよい。

水分バランスや脱水のリスクには，高強度運動の頻度や，用意された飲料の量，摂取するタイミング，

第II部　アセスメントの手順

環境等，いくつかの要因の組み合わせが影響するため，特定のスポーツにおける発汗率を明示することは困難である[43]。これらを踏まえたうえで，図10.4はチームスポーツ選手の発汗率の分布を表わしている。**注**：単位がmL/分で算出されている発汗率は，L/時で報告されている発汗率と比較するために60（分）をかけて1,000（mL）で割る必要があり，単位がmL/kg/分で表わさている発汗率に対しては，60（分）をかけて体重（kg）で割って変換する必要がある。

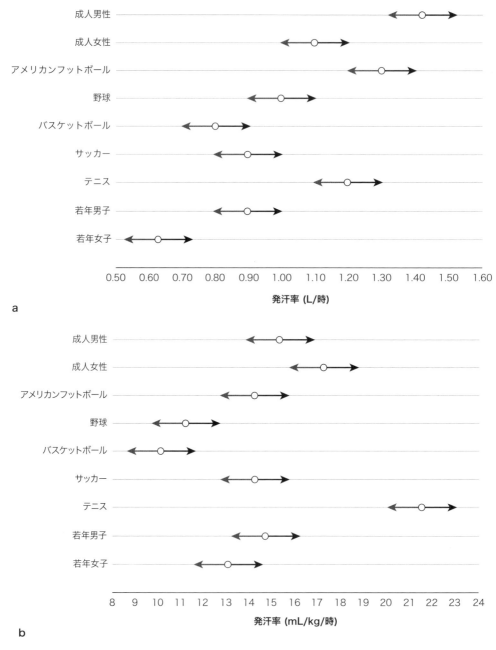

図10.4 競技別の発汗率（**a**）L/時と（**b**）mL/kg/分
1a）よりデータを引用。

研究からの注釈

　気温と湿度が高い環境では，水分バランスに対してさらなる配慮が必要である。気温 29.5℃（85.1°F），相対湿度 78％の酷暑環境における標準的な 90 分のトレーニングセッションの後では，若年期の男子・女子の柔道選手は通常通りの水分補給を維持していたにもかかわらず，600 〜 1,200 mL の水分を失っており[50]，発汗率は 6.7 〜 13.3 mL/分であることが報告された。多くの選手はトレーニング中に減少した体重が 24 時間以内に戻っていたが，この間も喉の渇きや頭痛といった脱水による症状が報告されている。

　水分バランスは比較的穏やかな気候においても問題となりうる。涼しい環境（9.8℃，相対湿度 63％）における 90 分のトレーニングセッション後に，若年期の女子サッカー選手は，発汗率が 11.5 mL/分で体重の 0.84％（約 1,150 mL の水分損失量）を失っており，十分な水分が摂取されておらず中程度の脱水が起こっていたことが示されている[23]。この論文の著者は，トレーニング中の体重減少が体重の 2％以上ある選手もおり（それにより，その後のトレーニングセッション中により頻繁に深刻な脱水関連の症状が起こるリスクが上がる），個人によって大きく異なることに言及している。

実 用 例

　以下に 2 つの実用例を挙げる。

シナリオ 1

　トレーニング前の体重が 73 kg，後が 72 kg の選手がいる。90 分のトレーニングセッション中に，500 mL のドリンクのうち 300 mL を飲んだ。この選手の水分損失量は以下のように求められる。

$$水分損失量（mL）＝〔(73\ kg － 72\ kg) × 1,000〕＋ (500\ mL － 300\ mL)＝ 1,200\ mL$$

　この選手は，次の 8 〜 12 時間で 1,200 〜 1,800 mL の水分摂取を目標にするべきであり，発汗率は以下のように求められる。

$$発汗率(mL/分) ＝ \frac{1,200\ mL}{90分} ＝ 13.3\ mL/分$$

　同様の環境で 60 分のトレーニングセッションを行う場合には，運動前体重を維持しながら運動するために，798 mL（60 分 × 13.3 mL/分）の水分を摂取する必要がある。

シナリオ 2

　トレーニング前の体重が 54.5 kg，後が 53.75 kg の選手がいる。45 分のトレーニングセッション中に，950 mL のドリンクのうち 830 mL を飲んだ。この選手の水分損失量は以下のように求められる。

$$水分損失量（mL）＝〔(54.5 \text{ kg} - 53.75 \text{ kg}) \times 1,000〕+ (950 \text{ mL} - 830 \text{ mL})$$
$$= 870 \text{ mL}$$

この選手は運動後8〜12時間で870〜1,305 mLの水分を目標に摂取するべきであり，発汗率は以下のように求められる。

$$発汗率（mL/分）＝\frac{870 \text{ mL}}{45 \text{分}} = 19 \text{ mL/分}$$

同様の環境で75分のトレーニングセッションを行う場合には，運動前体重を維持しながら運動するために，1,425 mL（75分 × 19 mL/分）の水分を摂取する必要がある。

外的トレーニング負荷 EXTERNAL TRAINING LOAD

目的

外的トレーニング負荷は，トレーニングセッションにおける身体的ストレス（負荷）を測定するものである。

背景とアプローチ

外的トレーニング負荷の評価は，被験者の行う競技や動作によって規定され，トレーニングの量か強度，あるいはその両方によって測定することが多い。トレーニング量は単純に，完了した回数（挙上回数，スプリント数，インターバル数，ジャンプ数等），総距離，トレーニングセッションの長さとして算出される。ここでの定義と計算は，レジスタンストレーニングの場合をもとにしている。

トレーニング量はレジスタンストレーニングセッション中に完了できた合計回数として求められる。

$$トレーニング量（回）＝ セット数 \times 回数$$

しかし，真の外的トレーニング負荷のより明確な指標を得るために，特定のエクササイズの合計回数と挙上できた重さをかけた値としての負荷量（volume load：VL）がしばしば利用される[35]。

$$負荷量（kg）＝ セット数 \times 回数 \times 重さ（kg）$$

トレーニングセッション（種目ごとのセット数，回数や負荷）の中に複数の異なる運動が組み込まれている場合は，各種目ごとに分けて計算した負荷量を合計することで，そのセッションにおける合計負荷量を求める。

$$\text{合計負荷量（kg）} = \text{種目 A の負荷量（kg）} + \text{種目 B の負荷量（kg）}$$

トレーニング強度は心拍数，スピード，筋力，パワー値によって表わされる個人の最大強度における割合（％）として，数値で表現することができる。レジスタンストレーニングセッションでは，以下の公式を用いて，1回あたりの平均挙上重量として算出することができる [56]。

$$\text{トレーニング強度(kg/回)} = \frac{\text{合計負荷量(kg)}}{\text{合計回数}}$$

トレーニングセッションの強度を測定するもう1つの方法は，セッション間の休息時間をもとにしたものであり，「運動密度（exercise density）」と呼ばれる [34]。レジスタンストレーニングの例で続けると，運動密度は負荷量をセット間の合計休息時間で割ることで求められる（**注**：最終種目の最終セット後の休息はカウントしない）。この計算を用いると，似た負荷量の値をもつ2つのトレーニングセッション間の区別をすることができる。より短い休息時間は高い運動密度を表わし，より長い休息時間は低い運動密度を示すことになる。

$$\text{運動密度(kg/秒)} = \frac{\text{合計負荷量(kg)}}{\text{セット間の合計休息時間(秒)}}$$

別法・部分的変更

ウェアラブルテクノロジーからのリアルタイムの心拍数モニタリングと GPS のデータがあれば，トレーニングセッションを通してフィードバックが得られるので，外的トレーニング負荷の測定を手助けすることができる。具体的に，この情報によって，選手が特定の強度の範囲〔最大心拍数，スピード，パワー出力における割合（％）の範囲等〕でどのくらいの時間トレーニングを続けられるかを求めることができる。多くの市販の心拍数と GPS 機器は，その機器独自の外的トレーニング負荷測定を提供している。市販の機器や携帯電話のアプリを，総仕事量やある特定の挙上動作におけるバーベルのスピード（または，身体やその他の器具における動作速度）を求め，最大値や標準的なデータと比較する目的で使用することもできる。

研究からの注釈

週に3セッション，9週間行うレジスタンストレーニングプログラムにおける負荷量は，特定のエクササイズを処方された場合よりも，自分自身でエクササイズを選ぶ機会を与えられた時により大きな数値を示すとされている [49]。このことは，レジスタンストレーニングプログラム中の負荷量と関連した筋力や筋量の変化に対する重要な関連性を表わしている [47]。

筋力の増加（5 RM の負荷で5回を5セット，セット間の休息は180秒）と筋の肥大（10 RM の負荷で10回を3セット，セット間の休息は60秒）を目的としたレジスタンストレーニングプログラ

ムの比較では，回数に差はみられたが，負荷量には差がみられなかった[34]。興味深いことに，トレーニング強度は筋力増加プログラムで高かったが，運動密度は筋肥大プログラムにおいて高かった。しかし，運動密度と完了できた回数だけが，トレーニングによる全体的な代謝ストレスに関連があった。

実 用 例

以下に2つの実用例を挙げる。

シナリオ1

ある選手はバックスクワット（75 kgで5回を5セット）とベンチプレス（55 kgで5回を5セット）からなるトレーニングセッションを完了した。セット間の休息時間は180秒であった。様々な外的負荷の値は以下のようにして求められる。

$$\text{バックスクワットの負荷量} = 5\text{セット} \times 5\text{回} \times 75\text{ kg} = 1,875\text{ kg}$$

$$\text{ベンチプレスの負荷量} = 5\text{セット} \times 5\text{回} \times 55\text{ kg} = 1,375\text{ kg}$$

$$\text{合計負荷量} = 1,875\text{ kg}（\text{バックスクワットの負荷量}）+ 1,375\text{ kg}（\text{ベンチプレスの負荷量}）$$
$$= 3,250\text{ kg}$$

$$\text{トレーニング強度} = \frac{3,250\text{ kg}（\text{合計負荷量}）}{25\text{回}（\text{バックスクワット}）+ 25\text{回}（\text{ベンチプレス}）} = 65\text{ kg/回}$$

$$\text{運動密度} = \frac{3,250\text{ kg}（\text{合計負荷量}）}{9（\text{合計休息回数}）\times 180\text{秒}} = 2\text{ kg/秒}$$

シナリオ2

ある選手はバックスクワット（80 kgで10回を3セット）とベンチプレス（60 kgで10回を3セット）からなるトレーニングセッションを完了した。セット間の休息時間は60秒であった。様々な外的負荷の値は以下のようにして求められる。

$$\text{バックスクワットの負荷量} = 3\text{セット} \times 10\text{回} \times 80\text{ kg} = 2,400\text{ kg}$$

$$\text{ベンチプレスの負荷量} = 3\text{セット} \times 10\text{回} \times 60\text{ kg} = 1,800\text{ kg}$$

$$\text{合計負荷量} = 2,400\text{ kg}（\text{バックスクワットの負荷量}）+ 1,800\text{ kg}（\text{ベンチプレスの負荷量}）$$
$$= 4,200\text{ kg}$$

$$\text{トレーニング強度} = \frac{4,200\text{ kg}（\text{合計負荷量}）}{30\text{回}（\text{バックスクワット}）+ 30\text{回}（\text{ベンチプレス}）} = 70\text{ kg/回}$$

$$\text{運動密度} = \frac{4,200\text{ kg}（\text{合計負荷量}）}{5（\text{合計休息回数}）\times 60\text{秒}} = 140\text{ kg/秒}$$

内的トレーニング負荷 INTERNAL TRAINING LOAD

目　　　的

内的トレーニング負荷は，トレーニングセッションに対する反応を測定するものである。

背景とアプローチ

内的トレーニング負荷を測定するには，高度なウェアラブルテクノロジー，血液検査や酸素消費量の分析を必要とするが，選手のトレーニングセッションに対する主観的な感覚を用いれば，非侵襲的に評価することができる。

主観的に内的トレーニング負荷を評価する際は，選手が評価スケール上の値を正確に区別する（そして選択する）ために，評価スケールについて，その定義，評価方法，最大値および最小値の意味，残りの評価の詳細等を明確に理解することが重要である。評価する情報は個人特有のものであるため，正しい反応や間違った反応があるわけでないということを選手が理解することも重要である。さらに，選手が内的トレーニング負荷の申告を気楽に，そして正直に行えるようにすべきである。

トレーニングセッション中の運動強度を主観的に評価するために，自覚的運動強度（rating of perceived exertion：RPE）のスケールがよく用いられる[16]。RPEは一般的に，生理学的（肺やエクササイズで使用される筋等），心理学的要素から起因する全身の運動強度を推定するために使用される。RPEスケールにはいくつかの種類があるが，多くの場合で0か1の評価は「努力をしていない」または「全く何もしていない」を意味し，最も高い評価はスケールの種類によって様々であるが，「最大限の努力」もしくは「運動を続けることができない」ことを表わしている。10段階のRPEスケールの例を図10.5に示す。

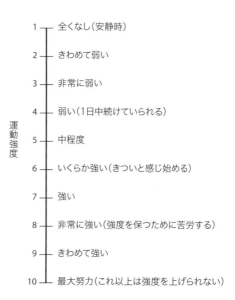

図10.5　自覚的運動強度の評価スケール

RPE の値は，ドリルやセットの間等，トレーニングセッション中に必然的に生じるインターバル中に記録することができる。主観的・客観的両方のフィードバックを提供することで内的トレーニング負荷について多面的な視点が得られるので，運動時心拍数と併せて RPE も可能な場合はいつでも用いるべきである。また，コーチがそのトレーニングプログラムで意図した RPE と，トレーニングセッション中に選手が得た実際の RPE とを比較することは，強度の調整を適切に行うための効果的なモニタリング手段となる。

　コーチは，トレーニングセッション全体や競技全体についての RPE の値（セッション RPE）を選手に聞くこともできる。セッション RPE に運動の長さや完了した回数をかけることによって，以下のようにセッション負荷を求めることができる [18]。

$$セッション負荷（任意単位：AU）＝セッション RPE × 運動時間（分）$$

$$セッション負荷（AU）＝セッション RPE × 回数$$

　セッション負荷を計算することで，選手が同じようなセッション RPE 値を報告した際に，回数が多い場合と少ない場合，またはトレーニングセッションが長い場合と短い場合を比較することができるようになる。

　RPE は元々全身の運動を推定することを目的としたものであるが，各筋群や身体の部位ごとの運動強度を見極めるためにも用いることができる。1 つの方法として，選手に解剖図を渡し，各筋の RPE を示して，トレーニングや競技で自覚的にどこに負荷を感じているかを表わすように指示するものがある [42]。各筋の名前を示した解剖図を図 10.6 に，RPE を記入するための空欄が用意されたテンプレートを図 10.7 に示す。

　セッション中の回復能力のモニタリングが重視される時は，選手がトレーニングを続けるにあたりどのくらい準備ができているかをみるために自覚的準備度スケールを使用してもよい [15]。自覚的準備度は，ドリルやセット間等で記録することができる。最小値の 1 は「完全に回復した状態」または「最大強度で運動ができる状態」を意味し，最大値の 7 は「疲労した状態」または「運動ができない状態」を表わしている（図 10.8）。以上のことから，RPE と自覚的準備度は，コーチがトレーニングセッション中の運動-休息の適切な割合を決めるための情報を提供するものである。

別法・部分的変更

　Borg によって提唱された元々の RPE スケールは，評価の数値に 10 をかけることで，運動中の標準的な心拍反応に相当する 6～20 の評価システムを特徴としていた [6]（6 × 10 = 60 bpm：安静時の値，20 × 10 = 200 bpm：最大値）。10 段階の RPE スケールは，より直感的に最大運動強度の割合（％）を表わすことができるように，100 段階のスケール [5] に拡大することもできる。

第 10 章　トレーニングのモニタリング

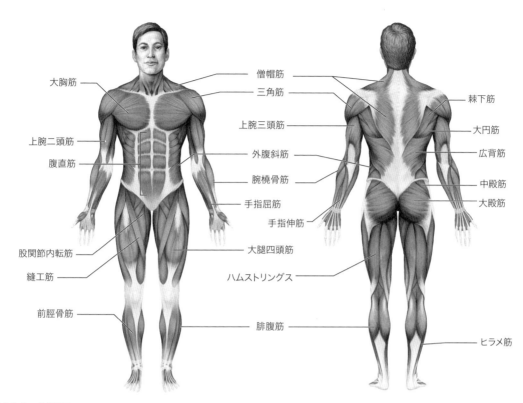

図 10.6　解剖図

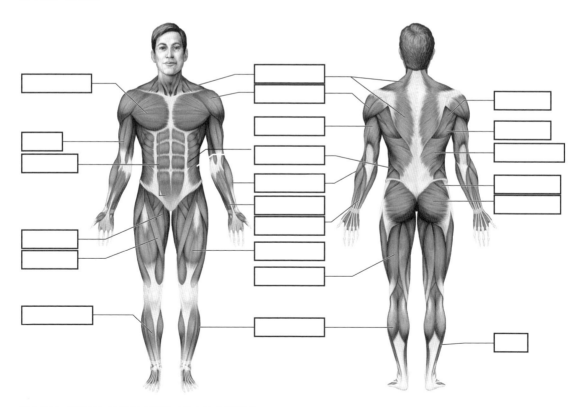

図 10.7　筋群ごとの RPE を記入するための解剖図

渡部一郎 監訳：スポーツパフォーマンスのアセスメント，ナップ，東京，2019（D. Fukuda, *Assessments for Sport and Athletic Performance*. Champaign, IL: Human Kinetics, 2019）より。

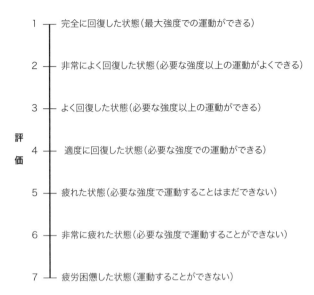

図10.8　自覚的準備度のスケール

研究からの注釈

　レジスタンストレーニング中にRPEスケールを用いることは，負荷の強度〔最大筋力の割合（％）〕と関連していることが示されており，一方でセッションRPEは様々な活動やスポーツのためのトレーニングをモニタリングする際に推奨されている[24, 54]。

　競技シーズンを通して，エリートサッカー選手はリカバリーメニューで構成された試合翌日のトレーニング（約50 AU以下）や通常のトレーニング（約200～300 AU）と比較して，試合においてより高いセッション負荷（約600 AU）が報告されている[57]。トレーニング負荷をテーパリング（漸減）していく時の指標として，試合まで3日をかけて，セッション負荷を1日約60 AUずつ減らしていく方法がある[57]。対照的に，フェンシングの男性エリート選手は，フットワーク（約93 AU）やスパーリング（約525 AU）で構成されるトレーニング中のセッション負荷が，予選やグループでの総当たり戦（約31 AU），トーナメント戦（約137 AU）で構成される試合と比較すると，より高いことが報告されている[59]。

　世界選手権でのグレコローマンスタイルのレスリング選手は，試合全体の平均RPEが13.8（Borg 6-20スケールを使用）であること，上肢を主に使用する競技特性と一致するように前腕屈筋，三角筋，上腕二頭筋におけるRPEの値が最も高いことが報告されている[42]。それらと比較すると，スラックラインのトレーニング（一定の高さで両端を固定されたポリエステル製のバンドの上でバランスをとるトレーニング）を6週かけて12セッションこなした人は，全体の平均RPEが8.3（Borg 6–20スケールを使用）であり，腓腹筋，ハムストリングス，ヒラメ筋，大腿四頭筋，腰部伸筋，そして前脛骨筋において最も高いRPE値が報告された。これは，この種類の運動における下肢や姿勢を維持するための筋の重要性と一致している[51]。

　全米大学スポーツ協会（NCAA）のディビジョンⅠ（1部リーグ）所属の大学アイスホッケー選手が，自走式トレッドミルを用いた反復スプリントアセスメントを行った。このアセスメントはラインシフ

ト（アイスホッケーにおいて一定時間ごとにグループごと交代すること）に似せるために，90秒のリカバリー時間を挟んだ5本の45秒スプリントで構成され，プレシーズン，ポストシーズン中に行われた[30]。これらの選手は，プレシーズンでのテストと比較すると，ポストシーズンにおける3，4，5本目のスプリント後のRPEの減少とともに，4本目と5本目のスプリントに先がけて，より低い自覚的準備度の値を報告した[30]。自覚的準備度とRPE評価はともに，反復スプリントアセスメントにおける平均パワーや減少率といったパフォーマンスの変化と関連していることが示された[30]。

実 用 例

以下に3つの実用例を挙げる。

シナリオ1

90分のトレーニングセッション後のセッションRPEを4（1-10のスケール）と報告したサッカー選手のセッション負荷を求める。

$$セッション負荷 = 4（セッションRPE）\times 90分 = 360（AU）$$

シナリオ2

5分の試合後のセッションRPEを8（1-10のスケール）と報告した柔道選手のセッション負荷を求める。

$$セッション負荷 = 8（セッションRPE）\times 5分 = 40（AU）$$

シナリオ3

合計50回からなるトレーニングセッション後のセッションRPEを7（1-10のスケール）と報告した選手のセッション負荷を求める。

$$セッション負荷 = 7（セッションRPE）\times 50回 = 350（AU）$$

知覚的健康状態　PERCEPTUAL WELL-BEING

目　　的
知覚的健康状態の評価は，トレーニングの進歩状況を選手がどのように受け止めているかの指標を示すものである。

背景とアプローチ

知覚的健康状態と内的トレーニング負荷はどちらも選手による主観的評価であるが，知覚的健康状態は，特定のトレーニングセッション中に行った運動に関することではなく，選手の日常生活といったより広範囲へのトレーニングの影響を測定することを目的としている。

知覚的健康状態の評価法には，痛みや回復等1つのことに着目したものから，選手の生活におけるいくつかの異なる要素にわたるウェルネスインベントリー（wellness inventory：健康に関する様々な項目からなる評価法）までがある。1つの方法として，選手の睡眠の質，筋痛，ストレス，疲労を主観的に評価して得られた評価値を合計することによって，1つの指標を算出するものがある（1～7のスケールを使用した場合はHooper indexとされる）[27]。図10.9はウェルネスインベントリーの質問表の例を示している。評価が低い場合は知覚的健康状態がよくないことを，高い場合はよいことを意味する。この評価方法によって，コーチは選択されたカテゴリーだけでなく全体の評価も確認することができ，また他のモニタリングされた項目と比較することで，現在のトレーニングプログラムを継続するか修正するかを決めることができる。

知覚的健康状態を測定する1つのツールとして，これから行うトレーニングセッションにおける選手のパフォーマンスを予測するために，簡単なウォームアップ後の自覚的回復状態を評価するものが開発されている[31]。図10.10は自覚的回復状態のスケールであり，0は「ほとんど回復できていない状態」または「非常に疲れた状態」を意味し，10は「非常によく回復した状態」または「非常にエネルギーにあふれた状態」を示す[31]。それに応じて，選手が報告した値が1～3ではパフォーマンスの低下，

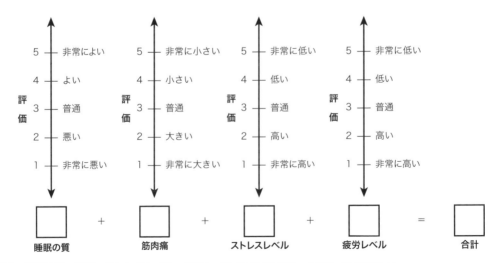

図10.9　睡眠の質，筋痛，ストレスレベル，疲労レベルについてのウェルネスインベントリー

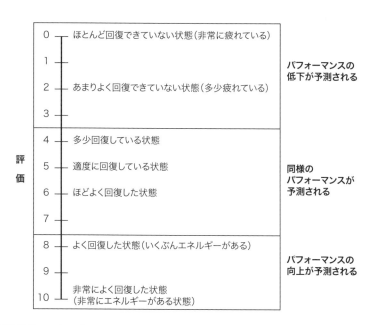

図10.10 自覚的回復状態のスケール

3〜7では同様のパフォーマンス，7〜10ではパフォーマンスの向上を予測でき，これはそれぞれが悪い，平均的，よい回復状態を意味するためである。

　一般的な数字での評価尺度に加えて，視覚的アナログスケール（visual analog scale：VAS）が，知覚的測定を記録するために用いられることが多い。VASは，あらかじめ決められた長さの線（100 mm等）を用い，片方の端を最も低い値，もう片方の端を最も高い値とする[44]。

　遅発性筋痛（DOMS）による痛みは，スケールの左端を「痛みなし」，右端を「耐えられない痛み」といった表現を用いて，この方法でモニタリングすることができる[29]。選手は，現在の総合的な痛みのレベルを表わすために，VASに沿って印をつけるよう指示される。その後，報告された痛みのレベルはVAS上の総距離に対する長さ（mm）として算出される，もしくはあるトレーニングセッションと次のセッションを単純に比較するために用いられる。図10.11は筋痛についての数字によるレーティングと，絵を用いたVASである。痛みに対するVASの利用は，他の筋群や身体の部位に特化したRPEを提供したのと似たような方法で，各筋群において前回のトレーニングセッションからの影響がどのくらい残っているかを評価することにも応用できる。

別法・部分的変更

　知覚的健康状態の評価は様々なカテゴリーにまで広げることができる。例えば，総合的な回復状態のスケールでは，栄養・水分補給，睡眠と休息，リラクゼーションと精神的支柱，そしてストレッチングとアクティブレストの項目を自己申告により評価する。図10.12は総合的な回復状態のスケールの0〜10の評価システムで，0は「全く不十分な回復」，5は「ほどよい回復」，10は「非常によい回復」を意味する[37]。

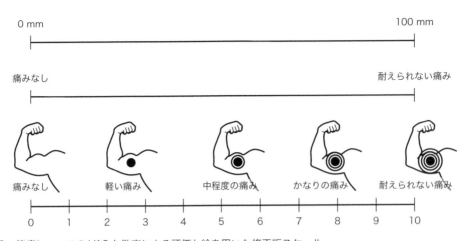

図 10.11 筋痛についての VAS と数字による評価と絵を用いた修正版スケール
M. McGuigan, *Monitoring Training and Performance in Athletes* (Champaign, IL:Human Kinetics, 2017), 92 より許可を得て転載。

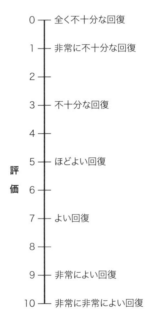

図 10.12 総合的な回復状態のスケール

研究からの注釈

　健康状態の主観的評価は，トレーニングによる短期的変化と長期的変化の両方を反映することが示されている[52]。自己申告による筋痛，睡眠の質，疲労，ストレス，エネルギーレベルの評価で構成されるウェルネス評価の低下は，エリートのサッカー選手において，トレーニング中のスプリントの総距離や最大速度でのランの本数といった外的トレーニング負荷の項目の低下と関連することが報告されている[33]。さらには，健康状態の評価は試合の当日に最も高く，試合後2日で大幅に減少し，次の試合に向けて上昇していった[33]。

自覚的回復状態は，一連の高強度で断続的なスプリントを完走するために必要な時間の変化と関連すること，およびその後のパフォーマンスの向上または低下を予測するための個々の能力の指標となることが示されている[31]。自覚的回復状態は，高ボリュームでのレジスタンストレーニングセッションでは，48時間後に減少し（0-10スケールで8.6から4.2），筋ダメージの血液マーカーであるクレアチンキナーゼと大きく関連すると報告されている[53]。興味深いことに，エリートサッカー選手は自覚的回復スコア（0-6スケールで0が「全く回復出来ていない状態」，6が「完全に回復出来た状態」）において，日中の試合（約3.5）やトレーニング日（約4.5）と比較して，夜の試合後（約1.9）に低いスコアを報告している[20]。

VASを用いた痛みの評価は，レジスタンストレーニングセッションの種類によってその後の回復期間に差があることが示されている。高強度トレーニング（バックスクワットを1RMの90%で3回を8セット行う）は基準値からの最も小さい変化しか生じさせず[3]，反対に高ボリュームのトレーニング（バックスクワットを1RMの70%で10回を8セット行う）はトレーニング経験のある男性において運動後3日目に有意な値を生じさせた[3]。

実 用 例

以下に2つの実用例を挙げる。

シナリオ1

潜在的に最適下の値を示す選手のウェルネスインベントリーを示す。
（図10.13）

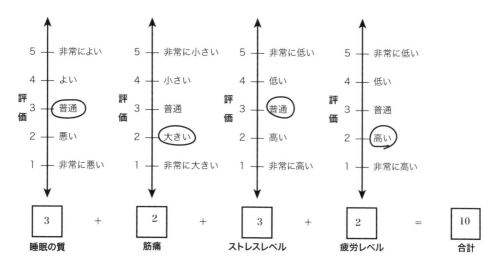

図10.13　ウェルネスインベントリーのサンプル：最適下のケース

第II部　アセスメントの手順

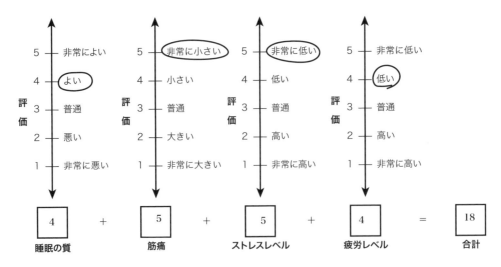

図10.14　ウェルネスインベントリーのサンプル：最適のケース

潜在的に最適の値を示す選手のウェルネスインベントリーを示す。
（図10.14）

シナリオ2

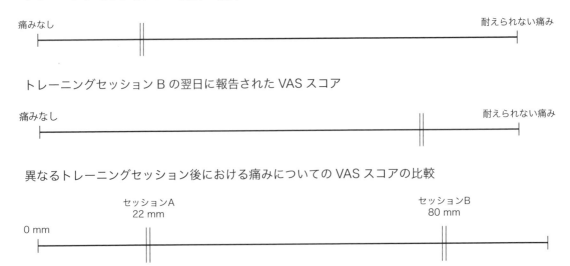

身体的準備度　PHYSICAL READINESS

目　　的

　身体的準備度は，選手がこれから行うトレーニングセッションに向けてどの程度準備ができているかを測定するものである。

背景とアプローチ

　身体的準備度のアセスメントは，通常疲労を生じさせないテストであり，トレーニングセッション前に短時間で行うことができる。結果を選手自身やグループの以前の結果と比較できるようにするため，アセスメント方法は標準化すべきである。さらには，身体的準備度の日ごとの変化がどの程度であればトレーニングセッションを修正・変更する必要があるかについては，コーチの経験や感覚に頼る必要があるかもしれない。この項では，トレーニング前のパワーやスピードのテスト（選手自身の標準的値との比較）と，最大下運動に対する心拍反応という2つのアプローチを紹介する。

　パワー・スピードテストによる身体的準備度の評価は，トレーニング前の最大パワー・スピードと選手自身の以前の測定結果との比較に基づき，その選手の標準的な運動能力に対する割合（％）を評価する。身体的準備度を評価するための公式は，高い値と低い値のどちらを最適なパフォーマンスとして考えるかによって異なる。ジャンプの高さやパワーの場合，運動能力の低下は低い値によって表わされ，以下の公式が用いられる。

$$\text{標準的な運動能力に対する割合（\%）} = \frac{\text{ジャンプの測定結果}}{\text{ジャンプの標準的値}} \times 100$$

　スプリントスピードの場合，運動能力の低下はより大きなスプリントタイムの値によって表わされ，以下の公式が用いられる。

$$\text{標準的な運動能力に対する割合（\%）} = \frac{\text{スプリントの標準的値}}{\text{スプリントの測定結果}} \times 100$$

　一般的に，その日に測定された値が標準的な運動能力に近いことは，これから行うトレーニングセッションに向けて身体的な準備ができていることを示している。

　パワーアセスメントの様々な方法については，第7章で説明した。ほとんどのパワーテストが身体的準備度を評価する目的で使用できる一方で，最も単純な方法はおそらく，垂直跳び，幅跳び，メディシンボールスローのような距離や長さを測定するアセスメントである。同様に，第6章で紹介した直線スプリントテストの手順を用いた短距離走（一般的に30 m以上）のスプリントタイムによって，別の視点から身体的準備度の変化を知ることができるだろう[22, 40]。

　最大下心拍数反応の測定では，選手の標準的な心拍数反応が明らかになっているトレーニング種目を用いる必要がある。このテストはトレーニングセッション前のウォームアップのルーティーンとしても

用いることができる。簡単な方法として，時速 9 km ほどの最大下スピードを保って 5 分のランニングを行い，直後と 60 秒の休息後に座位で心拍数の評価を行う[9]。心拍リカバリーの絶対値は以下の公式を用いて算出できる。

$$心拍リカバリーの絶対値（bpm）＝ テスト直後の心拍数 − 回復後心拍数$$

選手の最大心拍数がわかっている場合は参照値として用いることができ，この値で 5 分間走の心拍数（5 分間最大下ランニング直後の心拍数）を割ることで，以下のように個人の典型的な最大心拍数に対する割合（%）を求めることができる[10]。

$$最大値に対する運動後心拍数の割合（\%）＝ \frac{5分間走心拍数}{最大心拍数}$$

5 分間最大下ランニング中のスピードは，一連のあらかじめ録音された音，あるいは選手が以下に挙げる値を用いて一定時間内に達成した特定の距離を表わす時間計測システムを利用して設定することができる。

時速 9 km の場合
　8 秒ごとに 20 m
　20 秒ごとに 50 m
　40 秒ごとに 100 m

あるいは，トレッドミルを使用して目的とするスピードを設定することもできる。また，自転車を用いる方法もあり，毎分回転数を 85 回，130 W に設定したステーショナリーバイクを 5 分間漕ぐ方法もある[58]。

第 9 章で説明した最大下テストの中には，45 秒スクワットテストや最大下ローイングエルゴメーターテストのように，アセスメント中に心拍数の測定を行うものがいくつかあるが，多くの標準的な運動は，身体的準備度を評価できるように変更を加えることができるだろう。よくある方法として，最大下強度で行うヨーヨーテストのレベル 1（Yo-Yo IR1）とレベル 2（Yo-Yo IR2）がある。最大下の Yo-Yo IR1 は，最初の 6 分だけ行い（時速 14.5 km のステージ 6 を完走する），テスト終了直後，90 秒または 120 秒の休息後に立位で心拍数を測定する[46]。その後，以下の公式を用いて，心拍リカバリーの割合を算出できる。

$$心拍リカバリーの割合（\%）＝ \frac{6分間走心拍数 − 回復後心拍数}{6分間走心拍数} \times 100$$

選手の最大心拍数がわかっている場合は参照値として用いることができ，この値で6分間走心拍数を割ることで，以下のように選手の最大心拍数に対する割合が求められる[38]。

$$\text{最大値に対する運動後心拍数の割合}(\%) = \frac{\text{6分間走心拍数}}{\text{最大心拍数}} \times 100$$

最大下強度でのYo-Yo IR2テストでは，標準的な20 mではなく18 mの距離で，手順の最初の4分だけ行い，テスト終了直後と，休息120秒後または180秒後に立位で心拍数を測定する[60]。その後，以下の公式を用いて心拍リカバリーの割合を算出できる。

$$\text{心拍リカバリーの割合}(\%) = \frac{\text{4分間走心拍数} - \text{回復後心拍数}}{\text{4分間走心拍数}} \times 100$$

研究からの注釈

　垂直跳びの跳躍高はトレーニング期間を通して神経筋機能をモニタリングするために用いることができる[13]（**注**：1回のベスト記録ではなく，何回かの平均値を使用するべきである[13]）。例えば，垂直跳びの跳躍高は，6日間のストレングストレーニング（最大値の93.6％），または高強度インターバルトレーニング（最大値の91.6％）の影響で減少し，3日間の回復後に基準値まで戻ることが示されている[48, 61]。サッカーの試合後24時間の垂直跳びの跳躍高の減少は，試合中の急激な方向転換の数と関連しており，その値（跳躍高）は調査期間の3日間では基準値に戻らなかった[41]。ユース年代のラグビー選手では，7週間の試合期間を通して一貫して垂直跳びの跳躍高が減少し（基準値の85.4％），約10試合を行ったことによる疲労の蓄積を示している[45]。これらの垂直跳びの跳躍高の減少は，選手の身体的準備度が，通常の疲れのない状態でのパフォーマンス能力と比較して影響を受けていることを意味している。

　5分の最大下ランニング後の心拍数は，心肺機能の高い（5分間走心拍数が小さい）若年期のサッカー選手と低い（5分間走心拍数が大きい）選手を区別することができ，一方で心拍リカバリーは反復スプリントのパフォーマンスと深い関連性があった[11]。

　最大値に対する最大下強度でのYo-Yo IR1テストの運動後心拍数の割合（％）は，サッカーの試合中の高強度ランニングと関係があることが示されており，この値が低いと高いスピードでより長い距離を走ることのできる可能性を表わしている[2]。最大下強度でのYo-Yo IR1テスト後のサッカー選手で測定した心拍数はプレシーズン中は176 bpmだったものが，レギュラーシーズンを通して166～169 bpmに落ちていた[38]。この結果は，プレシーズン（約97％）から競技期間の始まり（約87％）にかけての最大値に対する運動後心拍数の割合の減少と一致しており，シーズンへの準備期間中に心肺機能が改善したことを表わしている[38]。

実用例

以下に5つの実用例を挙げる。

シナリオ1

標準的な垂直跳びの跳躍高が82 cmで，トレーニング前の垂直跳びテストで78 cm跳んだ選手の最大ジャンプ高の割合を求める。

$$標準的運動能力に対する割合（\%）= \frac{78\ cm（ジャンプの測定結果）}{82\ cm（ジャンプの標準的値）} \times 100 = 95.0\%$$

このシナリオでは，選手は標準的値の95％を跳んだが，同時に標準的な日よりもジャンプの跳躍高が5％低かったとも受け取ることができる。

シナリオ2

30 mスプリントの標準的なタイムが4.5秒で，トレーニング前の30 m走では4.8秒だった選手の最大スプリントタイムに対する割合を求める。

$$標準的運動能力に対する割合（\%）= \frac{4.5秒（標準的スプリントタイム）}{4.8秒（スプリントの計測結果）} \times 100 = 93.8\%$$

このシナリオでは，選手の30 mスプリントスピードは普段の標準的値の93.8％であったが，同時に目的の距離を完走するのに6.2％長くかかったとも受け取ることができる。

シナリオ3

最大心拍数は202 bpm，時速9 kmで5分のランニング直後の心拍数が172 bpm，60秒休息後の心拍数が118 bpmだった選手の心拍リカバリーと運動後心拍数を求める。

$$心拍リカバリーの絶対値 = 172\ bpm（5分間走心拍数）- 118\ bpm（回復後心拍数）= 54\ bpm$$

$$最大値に対する運動後心拍数の割合（\%）= \frac{172\ bpm（5分間走心拍数）}{202\ bpm（最大心拍数）} = 85.1\%$$

シナリオ4

最大心拍数198 bpm，6分間の最大下強度でのYo-Yo IR1テスト直後の心拍数が170 bpm，90秒休息後の心拍数が105 bpmだった選手の心拍リカバリーと運動後心拍数を求める。

$$心拍リカバリーの割合(\%) = \frac{170 \text{ bpm}(6分間走心拍数) - 105 \text{ bpm}(回復後心拍数)}{170 \text{ bpm}(6分間走心拍数)} \times 100 = 38.2\%$$

$$最大値に対する運動後心拍数の割合(\%) = \frac{170 \text{ bpm}(6分間走心拍数)}{198 \text{ bpm}(最大心拍数)} \times 100 = 85.9\%$$

シナリオ5

4分の最大下強度のYo-Yo IR2テスト直後の心拍数が175 bpm, 休息90秒後の心拍数が110 bpmと測定されたアスリートの心拍リカバリーの割合を求める。

$$心拍リカバリーの割合(\%) = \frac{175 \text{ bpm}(4分間走心拍数) - 110 \text{ bpm}(回復後心拍数)}{175 \text{ bpm}(4分間走心拍数)} \times 100$$
$$= 37.1\%$$

文　献

第1章

1. Armstrong, LE, Maresh, CM, Castellani, JW, Bergeron, MF, Kenefick, RW, LaGasse, KE, and Riebe, D. Urinary indices of hydration status. *Int J Sport Nutr* 4:265-279, 1994.
2. Armstrong, LE, Soto, JA, Hacker, FT, Jr., Casa, DJ, Kavouras, SA, and Maresh, CM. Urinary indices during dehydration, exercise, and rehydration. *Int J Sport Nutr* 8:345-355, 1998.
3. Australian Institute of Sport. AIS Sports Draft searches for future champions. 2015. www.ausport.gov.au/news/ais_news/story_635185_ais_sports_draft_searches_for_future_champions. Accessed December 6, 2017.
4. Center for Community Health and Development. Assessing community needs and resources. Section 14. SWOT analysis: Strengths, weaknesses, opportunities, and threats. In *Community Tool Box*. Lawrence, KS: University of Kansas, 2017. http://ctb.ku.edu/en/table-of-contents/assessment/assessing-community-needs-and-resources/swot-analysis/main.
5. David, FR. *Strategic Management: Concepts and Cases*. 13th ed. Upper Saddle River, NJ: Prentice Hall, 2011.
6. Gonzalez-Badillo, JJ, and Sanchez-Medina, L. Movement velocity as a measure of loading intensity in resistance training. *Int J Sports Med* 31:347-352, 2010.
7. Hewett, TE, Ford, KR, Hoogenboom, BJ, and Myer, GD. Understanding and preventing ACL injuries: Current biomechanical and epidemiologic considerations—Update 2010. *N Am J Sports Phys Ther* 5:234-251, 2010.
8. Hewett, TE, Myer, GD, Ford, KR, Heidt, RS, Jr., Colosimo, AJ, McLean, SG, van den Bogert, AJ, Paterno, MV, and Succop, P. Biomechanical measures of neuromuscular control and valgus loading of the knee predict anterior cruciate ligament injury risk in female athletes: A prospective study. *Am J Sports Med* 33:492-501, 2005.
9. Johnson, CN. The benefits of PDCA: Use this cycle for continual process improvement. *Quality Progress* 35:120-120, 2002.
10. Lloyd, RS, and Oliver, JL. The youth physical development model: A new approach to long-term athletic development. *Strength Cond J* 34:61-72, 2012.
11. Lloyd, RS, and Oliver, JL. *Strength and Conditioning for Young Athletes: Science and Application*. New York: Routledge, 2013.
12. Lloyd, RS, Oliver, JL, Faigenbaum, AD, Howard, R, De Ste Croix, MB, Williams, CA, Best, TM, Alvar, BA, Micheli, LJ, Thomas, DP, Hatfield, DL, Cronin, JB, and Myer, GD. Long-term athletic development, part 1: A pathway for all youth. *J Strength Cond Res* 29:1439-1450, 2015.
13. Maughan, RJ, and Shirreffs, SM. Dehydration and rehydration in competative sport. *Scand J Med Sci Sports* 20 Suppl 3:40-47, 2010.
14. Meir, R, Diesel, W, and Archer, E. Developing a prehabilitation program in a collision sport: A model developed within English premiership rugby union football. *Strength Cond J* 29:50-62, 2007.
15. Meylan, C, and Cronin, JB. Talent identification. In *Strength and Conditioning for Young Athletes: Science and Application*. Lloyd, RS, Oliver, JL, eds. New York: Routledge, 19-32, 2013.
16. Newell, KM. Constraints on the development of coordination. In *Motor Development in Children: Aspects of Coordination and Control*. Wade, MG, Whiting, HTA, eds. Boston: Martinus Nijhoff, 341-361, 1986.
17. Philippaerts, RM, Vaeyens, R, Janssens, M, Van Renterghem, B, Matthys, D, Craen, R, Bourgois, J, Vrijens, J, Beunen, G, and Malina, RM. The relationship between peak height velocity and physical performance in youth soccer players. *Journal of Sports Sciences* 24:221-230, 2006.
18. Rampinini, E, Bishop, D, Marcora, SM, Ferrari Bravo, D, Sassi, R, and Impellizzeri, FM. Validity of simple field tests as indicators of match-related physical performance in top-level professional soccer players. *Int J Sports Med* 28:228-235, 2007.
19. Reilly, T, Williams, AM, Nevill, A, and Franks, A. A multidisciplinary approach to talent identification in soccer. *J Sports Sci* 18:695-702, 2000.
20. Rivera-Brown, AM, and De Felix-Davila, RA. Hydration status in adolescent judo athletes before and after training in the heat. *Int J Sports Physiol Perform* 7:39-46, 2012.
21. Stolberg, M, Sharp, A, Comtois, AS, Lloyd, RS, Oliver, JL, and Cronin, J. Triple and quintuple hops: Utility, reliability, asymmetry, and relationship to performance. *Strength Cond J* 38:18-25, 2016.
22. Suchomel, TJ, and Bailey, CA. Monitoring and managing fatigue in baseball players. *Strength Cond J* 36:39-45, 2014.
23. Vaeyens, R, Lenoir, M, Williams, AM, and Philippaerts, RM. Talent identification and development programmes in sport: Current models and future directions. *Sports Med* 38:703-714, 2008.
24. Wattie, N, Schorer, J, and Baker, J. The relative age effect in sport: A developmental systems model. Sports Med 45:83-94, 2015.
25. Weihrich, H. The tows matrix: A tool for situational analysis. *Long Range Planning* 15:54-66, 1982.
26. Wild, CY, Steele, JR, and Munro, BJ. Why do girls sustain more anterior cruciate ligament injuries than boys? A review of the changes in estrogen and musculoskeletal structure and function during puberty. *Sports Med* 42:733-749, 2012.
27. Williams, CA, Oliver, JL, and Lloyd, RS. Talent Development. In *Strength and Conditioning for Young Athletes: Science and Application*. Lloyd, RS, Oliver, JL, eds. New York: Routledge, 33-46, 2013.

第2章

1. Brechue, WF. Structure-function relationships that determine sprint performance and running speed in

sport. *Int J Appl Sports Sci* 23:313-350, 2011.
2. Coswig, VS, Machado Freitas, DF, Gentil, P, Fukuda, DH, and Del Vecchio, FB. Kinematics and kinetics of multiple sets using lifting straps during deadlift training. *J Strength Cond Res* 29:3399-3404, 2015.
3. Earp, JE, and Newton, RU. Advances in electronic timing systems: Considerations for selecting an appropriate timing system. *J Strength Cond Res* 26:1245-1248, 2012.
4. Fukuda, DH, Smith-Ryan, AE, Kendall, KL, Moon, JR, and Stout, JR. Simplified method of clinical phenotyping for older men and women using established field-based measures. *Exp Gerontol* 48:1479-1488, 2013.
5. Heyward, VH, and Wagner, DR. *Bioelectrical Impedance Analysis Method*. 2nd ed. Champaign, IL: Human Kinetics, 2004.
6. Hudy, A. Facility design, layout, and organization. In *Essentials of Strength Training and Conditioning*. 4th ed. Haff, G, Triplett, NT, eds. Champaign, IL: Human Kinetics, 623-639, 2016.
7. Kattan, MW, and Marasco, J. What is a real nomogram? *Seminars in Oncology* 37:23-26, 2010.
8. Kendall, KL, Fukuda, DH, Hyde, PN, Smith-Ryan, AE, Moon, JR, and Stout, JR. Estimating fat-free mass in elite-level male rowers: A four-compartment model validation of laboratory and field methods. *J Sports Sci* 35:624-633, 2017.
9. Malyszek, KK, Harmon, RA, Dunnick, DD, Costa, PB, Coburn, JW, and Brown, LE. Comparison of Olympic and hexagonal barbells with midthigh pull, deadlift, and countermovement jump. *J Strength Cond Res* 31:140-145, 2017.
10. McGuigan, M. Principles of test selection and administration. In *Essentials of Strength Training and Conditioning*. 4th ed. Haff, G, Triplett, NT, eds. Champaign, IL: Human Kinetics, 249-258, 2016.
11. Rana, S, and White, JB. Fitness assessment selection and administration. In *NSCA's Essentials of Personal Training*. 2nd ed. Coburn, JW, Malek, MH, eds. Champaign, IL: Human Kinetics, 179-200, 2012.
12. Renfro, GJ, and Ebben, WP. A review of the use of lifting belts. *Strength Cond J* 28:68-74, 2006.
13. Tanner, JM, Goldstein, H, and Whitehouse, RH. Standards for children's height at ages 2-9 years allowing for heights of parents. *Arch Dis Child* 45:755-762, 1970.

第3章
1. Bredin, SS, Gledhill, N, Jamnik, VK, and Warburton, DE. PAR-Q+ and ePARmed-X+: New risk stratification and physical activity clearance strategy for physicians and patients alike. *Can Fam Physician* 59:273-277, 2013.
2. Center for Community Health and Development. Assessing community needs and resources. Section 14. SWOT analysis: Strengths, weaknesses, opportunities, and threats. In *Community Tool Box*. Lawrence, KS: University of Kansas, 2017. http://ctb.ku.edu/en/table-of-contents/assessment/assessing-community-needs-and-resources/swot-analysis/main.
3. Chiarlitti, NA, Delisle-Houde, P, Reid, RER, Kennedy, C, and Andersen, RE. The importance of body composition in the national hockey league combine physiologic assessments. *J Strength Cond Res*, 2017.
4. David, FR. *Strategic Management: Concepts and Cases*. 13th ed. Upper Saddle River, NJ: Prentice Hall, 2011.
5. Fernandez-Fernandez, J, Ulbricht, A, and Ferrauti, A. Fitness testing of tennis players: How valuable is it? *Br J Sports Med* 48 Suppl 1:i22-31, 2014.
6. Flanagan, SP. Putting it all together. In *Biomechanics: A Case-Based Approach*. 1st ed. Burlington, MA: Jones & Bartlett Learning, 327-354, 2014.
7. Hurley, WL, Denegar, CR, and Hertel, J. Validity and reliability. In *Research Methods: A Framework for Evidence-Based Clinical Practice*. 1st ed. Philadelphia: Wolters Kluwer/Lippincott Williams & Wilkins Health, 139-154, 2011.
8. Julio, UF, Panissa, VLG, Esteves, JV, Cury, RL, Agostinho, MF, and Franchini, E. Energy-system contributions to simulated judo matches. *Int J Sports Physiol Perform* 12:676-683, 2017.
9. Kondo, M, Abe, T, Ikegawa, S, Kawakami, Y, and Fukunaga, T. Upper limit of fat-free mass in humans: A study on Japanese sumo wrestlers. *Am J Hum Biol* 6:613-618, 1994.
10. Kovacs, MS. Tennis physiology: Training the competitive athlete. *Sports Med* 37:189-198, 2007.
11. Little, T, and Williams, AG. Effects of sprint duration and exercise: Rest ratio on repeated sprint performance and physiological responses in professional soccer players. *J Strength Cond Res* 21:646-648, 2007.
12. Mann, JB, Stoner, JD, and Mayhew, JL. NFL-225 test to predict 1RM bench press in NCAA Division I football players. *J Strength Cond Res* 26:2623-2631, 2012.
13. McBride, JM, Triplett-McBride, T, Davie, A, and Newton, RU. A comparison of strength and power characteristics between power lifters, Olympic lifters, and sprinters. *J Strength Cond Res* 13:58-66, 1999.
14. McGuigan, M. Administration, scoring, and interpretation of selected tests. In *Essentials of Strength Training and Conditioning*. 4th ed. Haff, G, Triplett, NT, eds. Champaign, IL: Human Kinetics, 259-316, 2016.
15. McGuigan, M. Principles of test selection and administration. In *Essentials of Strength Training and Conditioning*. 4th ed. Haff, G, Triplett, NT, eds. Champaign, IL: Human Kinetics, 249-258, 2016.
16. Newell, KM. Constraints on the development of coordination. In *Motor Development in Children: Aspects of Coordination and Control*. Wade, MG, Whiting, HTA, eds. Boston: Martinus Nijhoff, 341-361, 1986.
17. Perrin, P, Deviterne, D, Hugel, F, and Perrot, C. Judo, better than dance, develops sensorimotor adaptabilities involved in balance control. *Gait Posture* 15:187-194, 2002.
18. Rana, S, and White, JB. Fitness assessment selection and administration. In *NSCA's Essentials of Personal Training*. 2nd ed. Coburn, JW, Malek, MH, eds. Champaign, IL: Human Kinetics, 179-200, 2012.
19. Ryan, ED, and Cramer, JT. Fitness testing protocols and norms. In *NSCA's Essentials of Personal*

Training. 2nd ed. Coburn, JW, Malek, MH, eds. Champaign, IL: Human Kinetics, 201-247, 2012.
20. Serpell, BG, Ford, M, and Young, WB. The development of a new test of agility for rugby league. *J Strength Cond Res* 24:3270-3277, 2010.
21. Wattie, N, Schorer, J, and Baker, J. The relative age effect in sport: A developmental systems model. *Sports Med* 45:83-94, 2015.
22. Weihrich, H. The tows matrix: A tool for situational analysis. *Long Range Planning* 15:54-66, 1982.
23. Wells, AJ, Hoffman, JR, Beyer, KS, Hoffman, MW, Jajtner, AR, Fukuda, DH, and Stout, JR. Regular- and postseason comparisons of playing time and measures of running performance in NCAA Division I women soccer players. *Appl Physiol Nutr Metab* 40:907-917, 2015.
24. Woolford, SM, Polglaze, T, Rowsell, G, and Spencer, M. Field testing principles and protocols. In *Physiological Tests for Elite Athletes*. 2nd ed. Tanner, RK, Gore, CJ, eds. Champaign, IL: Human Kinetics, 231-248, 2013.
25. Stratton, G. and J. L. Oliver (2013). The Impact of Growth and Maturation on Physical Performance. *Strength and Conditioning for Young Athletes: Science and Application*. R. S. Lloyd and J. L. Oliver. New York, Routledge: 3-18.

第4章

1. Artioli, GG, Franchini, E, Nicastro, H, Sterkowicz, S, Solis, MY, and Lancha, AH, Jr. The need of a weight management control program in judo: A proposal based on the successful case of wrestling. *J Int Soc Sports Nutr* 7:15, 2010.
1a. Baechle, TR, Earle, RW, eds. *Essentials of Strength Training and Conditioning*. 3rd ed. Champaign, IL: Human Kinetics, 2008.
2. Baun, WB, Baun, MR, and Raven, PB. A nomogram for the estimate of percent body fat from generalized equations. *Res Q Exerc Sport* 52:380-384, 1981.
3. Bray, GA. Definition, measurement, and classification of the syndromes of obesity. *Int J Obes* 2:99-112, 1978.
4. Bray, GA, and Gray, DS. Obesity: Part I—Pathogenesis. *West J Med* 149:429-441, 1988.
5. Douda, HT, Toubekis, AG, Avloniti, AA, and Tokmakidis, SP. Physiological and anthropometric determinants of rhythmic gymnastics performance. *Int J Sports Physiol Perform* 3:41-54, 2008.
6. Fryar, CD, Gu, Q, and Ogden, CL. Anthropometric reference data for children and adults: United States, 2007-2010. *Vital Health Stat* 11:1-48, 2012.
7. Haff, GG, and Triplett, NT, eds. *Essentials of Strength Training and Conditioning*. 4th ed. Champaign, IL: Human Kinetics, 2016.
8. Heyward, VH, and Gibson, AL. Assessing body composition. In *Advanced Fitness Assessment and Exercise Prescription*. 7th ed. Champaign, IL: Human Kinetics, 219-266, 2014.
9. Jackson, AS, and Pollock, ML. Generalized equations for predicting body density of men. *Br J Nutr* 40:497-504, 1978.
10. Jackson, AS, Pollock, ML, and Ward, A. Generalized equations for predicting body density of women. *Med Sci Sports Exerc* 12:175-181, 1980.
11. Marfell-Jones, MJ, Stewart, AD, and de Ridder, JH. *International Standards for Anthropometric Assessment*. Wellington, New Zealand: International Society for the Advancement of Kinanthropometry, 2012.
12. Moon, JR. Body composition in athletes and sports nutrition: An examination of the bioimpedance analysis technique. *Eur J Clin Nutr* 67 Suppl 1:S54-59, 2013.
13. Ratamess, NA. Body composition. In *NSCA's Guide to Tests and Assessments*. Miller, T, ed. Champaign, IL: Human Kinetics, 15-41, 2012.
14. Rossow, LM, Fukuda, DH, Fahs, CA, Loenneke, JP, and Stout, JR. Natural bodybuilding competition preparation and recovery: A 12-month case study. *Int J Sports Physiol Perform* 8:582-592, 2013.
15. Ryan, ED, and Cramer, JT. Fitness testing protocols and norms. In *NSCA's Essentials of Personal Training*. 2nd ed. Coburn, JW, Malek, MH, eds. Champaign, IL: Human Kinetics, 201-247, 2012.
16. Santos, DA, Dawson, JA, Matias, CN, Rocha, PM, Minderico, CS, Allison, DB, Sardinha, LB, and Silva, AM. Reference values for body composition and anthropometric measurements in athletes. *PLoS One* 9:e97846, 2014.
17. Sedeaud, A, Marc, A, Marck, A, Dor, F, Schipman, J, Dorsey, M, Haida, A, Berthelot, G, and Toussaint, JF. BMI, a performance parameter for speed improvement. *PLoS One* 9:e90183, 2014.
18. Slater, G, Woolford, SM, and Marfell-Jones, MJ. Assessment of physique. In *Physiological Tests for Elite Athletes*. 2nd ed. Tanner, RK, Gore, CJ, eds. Champaign, IL: Human Kinetics, 167-198, 2013.
19. W. H. O. Expert Consultation. Appropriate body-mass index for Asian populations and its implications for policy and intervention strategies. *Lancet* 363:157-163, 2004.

第5章

1. SCAT3. *Br J Sports Med* 47:259, 2013. https://bjsm.bmj.com/content/47/5/259.long. 47.
2. Acevedo, EO, and Starks, MA. Evaluating flexibility. In *Exercise Testing and Prescription Lab Manual*. 2nd ed. Champaign, IL: Human Kinetics, 65-74, 2011.
3. Boguszewski, D, Adamczyk, JG, Buda, M, Kloda, M, and Bialoszewski, D. The use of functional tests to assess risk of injuries in judokas. *Arch Budo Sci Martial Arts Extrem Sports* 12:57-62, 2016.
4. Bressel, E, Yonker, JC, Kras, J, and Heath, EM. Comparison of static and dynamic balance in female collegiate soccer, basketball, and gymnastics athletes. *J Athl Train* 42:42-46, 2007.
5. Castro-Piñero, J, Girela-Rejón, MJ, González-Montesinos, JL, Mora, J, Conde-Caveda, J, Sjöström, M, and Ruiz, JR. Percentile values for flexibility tests in youths aged 6 to 17 years: Influence of weight status. *Eur J Sport Sci* 13:139-148, 2013.
5a. Cornell, DJ, Gnacinski, SL, Langford, MH, Mims, J, and Ebersole, KT. Backwards overhead medicine ball throw and countermovement jump performance among firefighter candidates. *J Trainol* 4: 11-14, 2015.
6. Davis, WJ, Wood, DT, Andrews, RG, Elkind, LM, and Davis, WB. Concurrent training enhances athletes' strength, muscle endurance, and other measures. *J*

Strength Cond Res 22:1487-1502, 2008.
7. Dejanovic, A, Cambridge, ED, and McGill, S. Isometric torso muscle endurance profiles in adolescents aged 15-18: Normative values for age and gender differences. *Ann Hum Biol* 41:153-158, 2014.
8. Dejanovic, A, Harvey, EP, and McGill, SM. Changes in torso muscle endurance profiles in children aged 7 to 14 years: Reference values. *Arch Phys Med Rehabil* 93:2295-2301, 2012.
9. Duncan, PW, Weiner, DK, Chandler, J, and Studenski, S. Functional reach: A new clinical measure of balance. *J Gerontol* 45:M192-M197, 1990.
10. Durall, CJ, Udermann, BE, Johansen, DR, Gibson, B, Reineke, DM, and Reuteman, P. The effects of preseason trunk muscle training on low-back pain occurrence in women collegiate gymnasts. *J Strength Cond Res* 23:86-92, 2009.
11. Gorman, M, Hecht, S, Samborski, A, Lunos, S, Elias, S, and Stovitz, SD. SCAT3 assessment of non-head injured and head injured athletes competing in a large international youth soccer tournament. *Appl Neuropsychol Child* 6:364-368, 2017.
12. Haff, GG, and Dumke, C. Flexibility testing. In *Laboratory Manual for Exercise Physiology*. Champaign, IL: Human Kinetics, 79-114, 2012.
13. Hetu, FE, Christie, CA, and Faigenbaum, AD. Effects of conditioning on physical fitness and club head speed in mature golfers. *Percept Mot Skills* 86:811-815, 1998.
14. Heyward, VH, and Gibson, AL. Assessing flexibility. In *Advanced Fitness Assessment and Exercise Prescription*. 7th ed. Champaign, IL: Human Kinetics, 305-324, 2014.
15. Hoeger, WWK, Hoeger, SA, Hoeger, CI, and Fawson, AL. Muscular flexibility. In *Lifetime Physical Fitness and Wellness*. Stamford, CT: Cengage Learning, 302-330, 2018.
16. Hong, Y, Li, JX, and Robinson, PD. Balance control, flexibility, and cardiorespiratory fitness among older Tai Chi practitioners. *Br J Sports Med* 34:29-34, 2000.
17. Hutchinson, MR. Low back pain in elite rhythmic gymnasts. *Med Sci Sports Exerc* 31:1686-1688, 1999.
18. Isles, RC, Choy, NL, Steer, M, and Nitz, JC. Normal values of balance tests in women aged 20-80. *J Am Geriatr Soc* 52:1367-1372, 2004.
19. Iverson, GL, and Koehle, MS. Normative data for the balance error scoring system in adults. *Rehabil Res Pract* 2013:846418, 2013.
19a. Johnson, BL, Nelson, JK. *Practical Measurements for Evaluation in Physical Education*. Minneapolis, MN: Burgess Publishing Company, 1969.
20. Kjaer, IG, Torstveit, MK, Kolle, E, Hansen, BH, and Anderssen, SA. Normative values for musculoskeletal- and neuromotor fitness in apparently healthy Norwegian adults and the association with obesity: A cross-sectional study. *BMC Sports Sci Med Rehabil* 8:37, 2016.
21. McGill, SM, Childs, A, and Liebenson, C. Endurance times for low back stabilization exercises: Clinical targets for testing and training from a normal database. *Arch Phys Med Rehabil* 80:941-944, 1999.
22. McGuigan, M. Administration, scoring, and interpretation of selected tests. In *Essentials of Strength Training and Conditioning*. 4th ed. Haff, G, Triplett, NT, eds. Champaign, IL: Human Kinetics, 259-316, 2016.
23. McLeod, TC, Armstrong, T, Miller, M, and Sauers, JL. Balance improvements in female high school basketball players after a 6-week neuromuscular-training program. *J Sport Rehabil* 18:465-481, 2009.
24. Nieman, DC. Musculoskeletal Fitness. In *Exercise Testing and Prescription: A Health-Related Approach*. 7th ed. Boston: McGraw-Hill, 136-158, 2011.
25. Oldham, JR, DiFabio, MS, Kaminski, TW, DeWolf, RM, and Buckley, TA. Normative tandem gait in collegiate student-athletes: Implications for clinical concussion assessment. *Sports Health* 9:305-311, 2017.
26. Reiman, MP, and Manske, RC. Balance testing. In *Functional Testing in Human Performance*. Champaign, IL: Human Kinetics, 103-117, 2009.
27. Reiman, MP, and Manske, RC. Trunk testing. In *Functional Testing in Human Performance*. Champaign, IL: Human Kinetics, 211-240, 2009.
28. Ryan, ED, and Cramer, JT. Fitness testing protocols and norms. In *NSCA's Essentials of Personal Training*. 2nd ed. Coburn, JW, Malek, MH, eds. Champaign, IL: Human Kinetics, 201-247, 2012.
29. Santo, A, Lynall, RC, Guskiewicz, KM, and Mihalik, JP. Clinical utility of the Sport Concussion Assessment Tool 3 (SCAT3) tandem-gait test in high school athletes. *J Athl Train* 52:1096-1100, 2017.
30. Schneiders, AG, Sullivan, SJ, Gray, AR, Hammond-Tooke, GD, and McCrory, PR. Normative values for three clinical measures of motor performance used in the neurological assessment of sports concussion. *J Sci Med Sport* 13:196-201, 2010.
31. Schneiders, AG, Sullivan, SJ, Handcock, P, Gray, A, and McCrory, PR. Sports concussion assessment: The effect of exercise on dynamic and static balance. *Scand J Med Sci Sports* 22:85-90, 2012.
32. Sekendiz, B, Cug, M, and Korkusuz, F. Effects of Swiss-ball core strength training on strength, endurance, flexibility, and balance in sedentary women. *J Strength Cond Res* 24:3032-3040, 2010.
33. Stanziano, DC, Signorile, JF, Mow, S, Davidson, EE, Ouslander, JG, and Roos, BA. The modified total body rotation test: A rapid, reliable assessment of physical function in older adults. *J Am Geriatr Soc* 58:1965-1969, 2010.
34. Tomkinson, GR, Carver, KD, Atkinson, F, Daniell, ND, Lewis, LK, Fitzgerald, JS, Lang, JJ, and Ortega, FB. European normative values for physical fitness in children and adolescents aged 9-17 years: Results from 2 779 165 Eurofit performances representing 30 countries. *Br J Sports Med*, 2017.
35. Vescovi, JD, Murray, TM, and Vanheest, JL. Positional performance profiling of elite ice hockey players. *Int J Sports Physiol Perform* 1:84-94, 2006.
36. Warr, BJ, Heumann, KJ, Dodd, DJ, Swan, PD, and Alvar, BA. Injuries, changes in fitness, and medical demands in deployed National Guard soldiers. *Mil Med* 177:1136-1142, 2012.

第6章

1. Beckett, JR, Schneiker, KT, Wallman, KE, Dawson, BT, and Guelfi, KJ. Effects of static stretching on repeated sprint and change of direction performance. *Med Sci Sports Exerc* 41:444-450, 2009.
2. Burgess, DJ, and Gabbett, TJ. Football (soccer) players. In *Physiological Tests for Elite Athletes*. 2nd ed. Tanner, RK, Gore, CJ, eds. Champaign, IL: Human Kinetics, 323-330, 2013.
3. Castro-Pinero, J, Gonzalez-Montesinos, JL, Keating, XD, Mora, J, Sjostrom, M, and Ruiz, JR. Percentile values for running sprint field tests in children ages 6-17 years: Influence of weight status. *Res Q Exerc Sport* 81:143-151, 2010.
4. Gabbett, T, and Georgieff, B. Physiological and anthropometric characteristics of Australian junior national, state, and novice volleyball players. *J Strength Cond Res* 21:902-908, 2007.
5. Gabbett, TJ, Kelly, JN, and Sheppard, JM. Speed, change of direction speed, and reactive agility of rugby league players. *J Strength Cond Res* 22:174-181, 2008.
6. Gabbett, TJ, and Sheppard, JM. Testing and training agility. In *Physiological Tests for Elite Athletes*. 2nd ed. Tanner, RK, Gore, CJ, eds. Champaign, IL: Human Kinetics, 199-205, 2013.
7. Gillam, GM, and Marks, M. 300 yard shuttle run. *Strength Cond J* 5:46-46, 1983.
8. Grier, TL, Canham-Chervak, M, Bushman, TT, Anderson, MK, North, WJ, and Jones, BH. Evaluating injury risk and gender performance on health- and skill-related fitness assessments. *J Strength Cond Res* 31:971-980, 2017.
9. Haff, GG, and Dumke, C. Anaerobic fitness measurements. In *Laboratory Manual for Exercise Physiology*. Champaign, IL: Human Kinetics, 305-360, 2012.
10. Haugen, T, Tonnessen, E, Hisdal, J, and Seiler, S. The role and development of sprinting speed in soccer. Int *J Sports Physiol Perform* 9:432-441, 2014.
11. Herman, SL, and Smith, DT. Four-week dynamic stretching warm-up intervention elicits longer-term performance benefits. *J Strength Cond Res* 22:1286-1297, 2008.
12. Hoffman, J. Anaerobic power. In *Norms for Fitness, Performance, and Health*. Champaign, IL: Human Kinetics, 53-66, 2006.
13. Hoffman, J. Athletic performance testing and normative data. In *Physiological Aspects of Sport Training and Performance*. Second edition. ed. Champaign, IL: Human Kinetics, 237-267, 2014.
14. Langley, JG, and Chetlin, RD. Test re-test reliability of four versions of the 3-cone test in non-athletic men. *J Sports Sci Med* 16:44-52, 2017.
15. Lockie, RG, Jeffriess, MD, McGann, TS, Callaghan, SJ, and Schultz, AB. Planned and reactive agility performance in semiprofessional and amateur basketball players. *Int J Sports Physiol Perform* 9:766-771, 2014.
16. Mangine, GT, Hoffman, JR, Vazquez, J, Pichardo, N, Fragala, MS, and Stout, JR. Predictors of fielding performance in professional baseball players. *Int J Sports Physiol Perform* 8:510-516, 2013.
17. McGuigan, M. Administration, scoring, and interpretation of selected tests. In *Essentials of Strength Training and Conditioning*. 4th ed. Haff, G, Triplett, NT, eds. Champaign, IL: Human Kinetics, 259-316, 2016.
18. Nuzzo, JL. The National Football League scouting combine from 1999 to 2014: Normative reference values and an examination of body mass normalization techniques. *J Strength Cond Res* 29:279-289, 2015.
19. Paul, DJ, Gabbett, TJ, and Nassis, GP. Agility in team sports: Testing, training and factors affecting performance. *Sports Med* 46:421-442, 2016.
20. Pauole, K, Madole, K, Garhammer, J, Lacourse, M, and Rozenek, R. Reliability and validity of the T-test as a measure of agility, leg power, and leg speed in college-aged men and women. *J Strength Cond Res* 14:443-450, 2000.
21. Rampinini, E, Bishop, D, Marcora, SM, Ferrari Bravo, D, Sassi, R, and Impellizzeri, FM. Validity of simple field tests as indicators of match-related physical performance in top-level professional soccer players. *Int J Sports Med* 28:228-235, 2007.
22. Reiman, MP, and Manske, RC. Lower extremity anaerobic power testing. In *Functional Testing in Human Performance*. Champaign, IL: Human Kinetics, 263-274, 2009.
23. Reiman, MP, and Manske, RC. Speed, agility, and quickness testing. In *Functional Testing in Human Performance*. Champaign, IL: Human Kinetics, 191-208, 2009.
24. Reiman, MP, and Manske, RC. Strength and power testing. In *Functional Testing in Human Performance*. Champaign, IL: Human Kinetics, 131-190, 2009.
25. Robbins, DW, Goodale, TL, Kuzmits, FE, and Adams, AJ. Changes in the athletic profile of elite college American football players. J Strength Cond Res 27:861-874, 2013.
26. Seitz, LB, Reyes, A, Tran, TT, Saez de Villarreal, E, and Haff, GG. Increases in lower-body strength transfer positively to sprint performance: a systematic review with meta-analysis. *Sports Med* 44:1693-1702, 2014.
27. Sheppard, JM, Young, WB, Doyle, TL, Sheppard, TA, and Newton, RU. An evaluation of a new test of reactive agility and its relationship to sprint speed and change of direction speed. *J Sci Med Sport* 9:342-349, 2006.
28. Sierer, SP, Battaglini, CL, Mihalik, JP, Shields, EW, and Tomasini, NT. The National Football League Combine: performance differences between drafted and nondrafted players entering the 2004 and 2005 drafts. *J Strength Cond Res* 22:6-12, 2008.
29. Slater, LV, Vriner, M, Zapalo, P, Arbour, K, and Hart, JM. Difference in agility, strength, and flexibility in competitive figure skaters based on level of expertise and skating discipline. *J Strength Cond Res* 30:3321-3328, 2016.
30. Speirs, DE, Bennett, MA, Finn, CV, and Turner, AP. Unilateral vs. bilateral squat training for strength, sprints, and agility in academy rugby players. *J Strength Cond Res* 30:386-392, 2016.
31. Spiteri, T, Nimphius, S, Hart, NH, Specos, C, Sheppard, JM, and Newton, RU. Contribution of

strength characteristics to change of direction and agility performance in female basketball athletes. *J Strength Cond Res* 28:2415-2423, 2014.
32. Triplett, NT. Speed and agility. In *NSCA's Guide to Tests and Assessments*. Miller, T, ed. Champaign, IL: Human Kinetics, 253-274, 2012.
33. Wong del, P, Chan, GS, and Smith, AW. Repeated-sprint and change-of-direction abilities in physically active individuals and soccer players: Training and testing implications. *J Strength Cond Res* 26:2324-2330, 2012.
34. Wong del, P, Hjelde, GH, Cheng, CF, and Ngo, JK. Use of the RSA/RCOD index to identify training priority in soccer players. *J Strength Cond Res* 29:2787-2793, 2015.

第 7 章

1. Beckenholdt, SE, and Mayhew, JL. Specificity among anaerobic power tests in male athletes. *J Sports Med Phys Fitness* 23:326-332, 1983.
2. Chu, DA. Assessment. In *Explosive Power and Strength: Complex Training for Maximum Results*. Champaign, IL: Human Kinetics, 167-180, 1996.
3. Clayton, MA, Trudo, CE, Laubach, LL, Linderman, JK, De Marco, GM, and Barr, S. Relationships between isokinetic core strength and field based athletic performance tests in male collegiate baseball players. *J Exerc Physiol Online* 14, 2011.
4. Clemons, J, and Harrison, M. Validity and reliability of a new stair sprinting test of explosive power. *J Strength Cond Res* 22:1578-1583, 2008.
5. Clemons, JM, Campbell, B, and Jeansonne, C. Validity and reliability of a new test of upper body power. *J Strength Cond Res* 24:1559-1565, 2010.
5a. Cornell, DJ, Gnacinski, SL, Langford, MH Mims, J, and Ebersole, KT. Backwards overhead medicine ball throw and canter movement jump performance among firefighter candidates. *J Trainol* 4:11-14, 2015.
6. Davis, KL, Kang, M, Boswell, BB, DuBose, KD, Altman, SR, and Binkley, HM. Validity and reliability of the medicine ball throw for kindergarten children. *J Strength Cond Res* 22:1958-1963, 2008.
7. Dobbs, CW, Gill, ND, Smart, DJ, and McGuigan, MR. Relationship between vertical and horizontal jump variables and muscular performance in athletes. *J Strength Cond Res* 29:661-671, 2015.
8. Duncan, MJ, Al-Nakeeb, Y, and Nevill, AM. Influence of familiarization on a backward, overhead medicine ball explosive power test. *Res Sports Med* 13:345-352, 2005.
9. Ellenbecker, TS, and Roetert, EP. An isokinetic profile of trunk rotation strength in elite tennis players. *Med Sci Sports Exerc* 36:1959-1963, 2004.
10. Fernandez-Fernandez, J, Saez de Villarreal, E, Sanz-Rivas, D, and Moya, M. The effects of 8-week plyometric training on physical performance in young tennis players. *Pediatr Exerc Sci* 28:77-86, 2016.
11. Freeston, JL, Carter, T, Whitaker, G, Nicholls, O, and Rooney, KB. Strength and power correlates of throwing velocity on subelite male cricket players. *J Strength Cond Res* 30:1646-1651, 2016.
12. Haff, GG, and Dumke, C. Anaerobic fitness measurements. In *Laboratory Manual for Exercise Physiology*. Champaign, IL: Human Kinetics, 305-360, 2012.
13. Hamilton, RT, Shultz, SJ, Schmitz, RJ, and Perrin, DH. Triple-hop distance as a valid predictor of lower limb strength and power. *J Athl Train* 43:144-151, 2008.
14. Harris, C, Wattles, AP, DeBeliso, M, Sevene-Adams, PG, Berning, JM, and Adams, KJ. The seated medicine ball throw as a test of upper body power in older adults. *J Strength Cond Res* 25:2344-2348, 2011.
15. Hetzler, RK, Vogelpohl, RE, Stickley, CD, Kuramoto, AN, Delaura, MR, and Kimura, IF. Development of a modified Margaria-Kalamen anaerobic power test for American football athletes. *J Strength Cond Res* 24:978-984, 2010.
16. Hoffman, J. Athletic performance testing and normative data. In *Physiological Aspects of Sport Training and Performance*. 2nd ed. Champaign, IL: Human Kinetics, 237-267, 2014.
17. Hoffman, JR, Ratamess, NA, Klatt, M, Faigenbaum, AD, Ross, RE, Tranchina, NM, McCurley, RC, Kang, J, and Kraemer, WJ. Comparison between different off-season resistance training programs in Division III American college football players. *J Strength Cond Res* 23:11-19, 2009.
18. Hoog, P, Warren, M, Smith, CA, and Chimera, NJ. Functional hop tests and tuck jump assessment scores between female Division I collegiate athletes participating in high versus low ACL injury prone sports: A cross sectional analysis. *Int J Sports Phys Ther* 11:945-953, 2016.
19. Housh, TJ, Cramer, JT, Weir, JP, Beck, TW, and Johnson, GO. Muscular power. In *Physical Fitness Laboratories on a Budget*. Scottsdale, AZ: Holcomb Hathaway, 127-162, 2009.
20. Ikeda, Y, Kijima, K, Kawabata, K, Fuchimoto, T, and Ito, A. Relationship between side medicine-ball throw performance and physical ability for male and female athletes. *Eur J Appl Physiol* 99:47-55, 2007.
21. Izquierdo-Gabarren, M, Exposito, RG, de Villarreal, ES, and Izquierdo, M. Physiological factors to predict on traditional rowing performance. *Eur J Appl Physiol* 108:83-92, 2010.
22. Kellis, SE, Tsitskaris, GK, Nikopoulou, MD, and Mousikou, KC. The evaluation of jumping ability of male and female basketball players according to their chronological age and major leagues. *J Strength Cond Res* 13:40-46, 1999.
23. Kendall, KL, and Fukuda, DH. Rowing ergometer training for combat sports. *Strength Cond J* 33:80-85, 2011.
24. Lawton, TW, Cronin, JB, and McGuigan, MR. Strength, power, and muscular endurance exercise and elite rowing ergometer performance. *J Strength Cond Res* 27:1928-1935, 2013.
25. Lockie, RG, Stage, AA, Stokes, JJ, Orjalo, AJ, Davis, DL, Giuliano, DV, Moreno, MR, Risso, FG, Lazar, A, Birmingham-Babauta, SA, and Tomita, TM. Relationships and predictive capabilities of jump assessments to soccer-specific field test performance in Division I collegiate players. *Sports* 4, 2016.
26. Loturco, I, Pereira, LA, Cal Abad, CC, D'Angelo, RA, Fernandes, V, Kitamura, K, Kobal, R, and Nakamura, FY. Vertical and horizontal jump tests are strongly

associated with competitive performance in 100-m dash events. *J Strength Cond Res* 29:1966-1971, 2015.
27. Marques, MC, Izquierdo, M, Gabbett, TJ, Travassos, B, Branquinho, L, and van den Tillaar, R. Physical fitness profile of competitive young soccer players: Determination of positional differences. *Int J Sports Sci Coa* 11:693-701, 2016.
28. Marques, MC, Tillaar, R, Vescovi, JD, and Gonzalez-Badillo, JJ. Changes in strength and power performance in elite senior female professional volleyball players during the in-season: A case study. *J Strength Cond Res* 22:1147-1155, 2008.
29. Marques, MC, van den Tillaar, R, Gabbett, TJ, Reis, VM, and Gonzalez-Badillo, JJ. Physical fitness qualities of professional volleyball players: Determination of positional differences. *J Strength Cond Res* 23:1106-1111, 2009.
30. Mayhew, JL, Bemben, MG, Rohrs, DM, and Bemben, DA. Specificity among anaerobic power tests in college female athletes. *J Strength Cond Res* 8:43-47, 1994.
31. Mayhew, JL, Bird, M, Cole, ML, Koch, AJ, Jacques, JA, Ware, JS, Buford, BN, and Fletcher, KM. Comparison of the backward overhead medicine ball throw to power production in college football players. *J Strength Cond Res* 19:514-518, 2005.
32. Mayhew, JL, Piper, FC, Etheridge, GL, Schwegler, TM, Beckenholdt, SE, and Thomas, MA. The Margaria-Kalamen anaerobic power test: Norms and correlates. *J Hum Movement Stud* 18:141-150, 1991.
33. McGuigan, MR, Doyle, TL, Newton, M, Edwards, DJ, Nimphius, S, and Newton, RU. Eccentric utilization ratio: Effect of sport and phase of training. *J Strength Cond Res* 20:992-995, 2006.
34. Metikos, B, Mikulic, P, Sarabon, N, and Markovic, G. Peak power output test on a rowing ergometer: A methodological study. *J Strength Cond Res* 29:2919-2925, 2015.
35. Moran, JJ, Sandercock, GR, Ramirez-Campillo, R, Meylan, CM, Collison, JA, and Parry, DA. Age-related variation in male youth athletes' countermovement jump after plyometric training: A meta-analysis of controlled trials. *J Strength Cond Res* 31:552-565, 2017.
36. Myers, BA, Jenkins, WL, Killian, C, and Rundquist, P. Normative data for hop tests in high school and collegiate basketball and soccer players. *Int J Sports Phys Ther* 9:596-603, 2014.
37. Noyes, FR, Barber, SD, and Mangine, RE. Abnormal lower limb symmetry determined by function hop tests after anterior cruciate ligament rupture. *Am J Sports Med* 19:513-518, 1991.
38. Nuzzo, JL. The National Football League scouting combine from 1999 to 2014: Normative reference values and an examination of body mass normalization techniques. *J Strength Cond Res* 29:279-289, 2015.
39. Palozola, MV, Koch, AJ, and Mayhew, JL. Relationship of backward overhead medicine ball throw with Olympic weightlifting performances. *J Strength Cond Res* 24:1, 2010.
40. Patterson, DD, and Peterson, DF. Vertical jump and leg power norms for young adults. *Meas Phys Educ Exerc Sci* 8:33-41, 2004.
41. Peterson, MD. Power. In *NSCA's Guide to Tests and Assessments*. Miller, T, ed. Champaign, IL: Human Kinetics, 217-252, 2012.
42. Power, A, Faught, BE, Przysucha, E, McPherson, M, and Montelpare, W. Establishing the test–retest reliability & concurrent validity for the Repeat Ice Skating Test (RIST) in adolescent male ice hockey players. *Meas Phys Educ Exerc Sci* 16:69-80, 2012.
43. Read, PJ, Lloyd, RS, De Ste Croix, M, and Oliver, JL. Relationships between field-based measures of strength and power and golf club head speed. *J Strength Cond Res* 27:2708-2713, 2013.
44. Reiman, MP, and Manske, RC. *Functional Testing in Human Performance*. Champaign, IL: Human Kinetics, 2009.
45. Reiman, MP, and Manske, RC. Strength and power testing. In *Functional Testing in Human Performance*. Champaign, IL: Human Kinetics, 131-190, 2009.
46. Reiman, MP, and Manske, RC. Upper extremity testing. In *Functional Testing in Human Performance*. Champaign, IL: Human Kinetics, 241-262, 2009.
47. Salonia, MA, Chu, DA, Cheifetz, PM, and Freidhoff, GC. Upper-body power as measured by medicine-ball throw distance and its relationship to class level among 10- and 11-year-old female participants in club gymnastics. *J Strength Cond Res* 18:695-702, 2004.
48. Sayers, SP, Harackiewicz, DV, Harman, EA, Frykman, PN, and Rosenstein, MT. Cross-validation of three jump power equations. *Med Sci Sports Exerc* 31:572-577, 1999.
49. Seiler, S, Taylor, M, Diana, R, Layes, J, Newton, P, and Brown, B. Assessing anaerobic power in collegiate football players. *J Strength Cond Res* 4:9-15, 1990.
50. Stockbrugger, BA, and Haennel, RG. Validity and reliability of a medicine ball explosive power test. *J Strength Cond Res* 15:431-438, 2001.
51. Stockbrugger, BA, and Haennel, RG. Contributing factors to performance of a medicine ball explosive power test: a comparison between jump and nonjump athletes. *J Strength Cond Res* 17:768-774, 2003.
52. Stoggl, R, Muller, E, and Stoggl, T. Motor abilities and anthropometrics in youth cross-country skiing. *Scand J Med Sci Sports* 25:e70-81, 2015.
53. Stojanovic, E, Ristic, V, McMaster, DT, and Milanovic, Z. Effect of plyometric training on vertical jump performance in female athletes: A systematic review and meta-analysis. *Sports Med* 47:975-986, 2017.
54. Stolberg, M, Sharp, A, Comtois, AS, Lloyd, RS, Oliver, JL, and Cronin, J. Triple and quintuple hops: Utility, reliability, asymmetry, and relationship to performance. *Strength Cond J* 38:18-25, 2016.
55. Suchomel, TJ, Sole, CJ, and Stone, MH. Comparison of methods that assess lower-body stretch-shortening cycle utilization. *J Strength Cond Res* 30:547-554, 2016.
56. Szymanski, DJ, Szymanski, JM, Schade, RL, Bradford, TJ, McIntyre, JS, DeRenne, C, and Madsen, NH. The relation between anthropometric

and physiological variables and bat velocity of high-school baseball players before and after 12 weeks of training. *J Strength Cond Res* 24:2933-2943, 2010.
57. Tomkinson, GR, Carver, KD, Atkinson, F, Daniell, ND, Lewis, LK, Fitzgerald, JS, Lang, JJ, and Ortega, FB. European normative values for physical fitness in children and adolescents aged 9-17 years: Results from 2 779 165 Eurofit performances representing 30 countries. *Br J Sports Med*, 2017.
58. Ulbricht, A, Fernandez-Fernandez, J, and Ferrauti, A. Conception for fitness testing and individualized training programs in the German Tennis Federation. *Sport Orthop Traumatol* 29:180-192, 2013.
59. Wagner, DR, and Kocak, MS. A multivariate approach to assessing anaerobic power following a plyometric training program. *J Strength Cond Res* 11:251-255, 1997.
60. Zwolski, C, Schmitt, LC, Thomas, S, Hewett, TE, and Paterno, MV. The utility of limb symmetry indices in return-to-sport assessment in patients with bilateral anterior cruciate ligament reconstruction. *Am J Sports Med* 44:2030-2038, 2016.

第8章

1. American College of Sports Medicine. Health-related physical fitness testing and interpretation. In *ACSM's Guidelines for Exercise Testing and Prescription*. 9th ed. Pescatello, LS, Arena, R, Riebe, D, Thompson, PD, eds. Philadelphia: Wolters Kluwer/Lippincott Williams & Wilkins Health, 60-113, 2014.
2. Baker, DG, and Newton, RU. Discriminative analyses of various upper body tests in professional rugby-league players. *Int J Sports Physiol Perform* 1:347-360, 2006.
3. Baláš, J, Pecha, O, Martin, AJ, and Cochrane, D. Hand–arm strength and endurance as predictors of climbing performance. *Eur J Sport Sci* 12:16-25, 2012.
4. Bianco, A, Lupo, C, Alesi, M, Spina, S, Raccuglia, M, Thomas, E, Paoli, A, and Palma, A. The sit up test to exhaustion as a test for muscular endurance evaluation. *Springerplus* 4:309, 2015.
5. Bohannon, RW, Steffl, M, Glenney, SS, Green, M, Cashwell, L, Prajerova, K, and Bunn, J. The prone bridge test: Performance, validity, and reliability among older and younger adults. *J Bodyw Mov Ther*, 22:385-389, 2018.
6. Brzycki, M. Strength testing—predicting a one-rep max from reps-to-fatigue. *J Phys Health Educ Recreat Dance* 64:88-90, 1993.
7. Caulfield, S, and Berninger, D. Exercise technique for free weight and machine training. In *Essentials of Strength Training and Conditioning*. 4th ed. Haff, G, Triplett, NT, eds. Champaign, IL: Human Kinetics, 351-408, 2016.
8. Centers for Disease Control and Prevention. *National Health and Nutrition Examination Survey (NHANES): Muscle Strength Procedures Manual*. Atlanta: Centers for Disease Control and Prevention, 2011.
9. Cronin, J, Lawton, T, Harris, N, Kilding, A, and McMaster, DT. A brief review of handgrip strength and sport performance. *J Strength Cond Res* 31:3187-3217, 2017.
10. Haff, GG, Berninger, D, and Caulfield, S. Exercise technique for alternative modes and nontraditional implement training. In *Essentials of Strength Training and Conditioning*. 4th ed. Haff, G, Triplett, NT, eds. Champaign, IL: Human Kinetics, 409-438, 2016.
11. Heyward, VH, and Gibson, AL. Assessing muscular fitness. In *Advanced Fitness Assessment and Exercise Prescription*. 7th ed. Champaign, IL: Human Kinetics, 153-180, 2014.
12. Hodgdon, JA. A history of the US Navy physical readiness program from 1976 to 1999. San Diego, CA: Naval Health Research Center, 1999.
13. Hoffman, J. Muscular endurance. In *Norms for Fitness, Performance, and Health*. Champaign, IL: Human Kinetics, 41-52, 2006.
14. Hoffman, J. Muscular strength. In *Norms for Fitness, Performance, and Health*. Champaign, IL: Human Kinetics, 27-40, 2006.
15. Jurimae, T, Perez-Turpin, JA, Cortell-Tormo, JM, Chinchilla-Mira, IJ, Cejuela-Anta, R, Maestu, J, Purge, P, and Jurimae, J. Relationship between rowing ergometer performance and physiological responses to upper and lower body exercises in rowers. *J Sci Med Sport* 13:434-437, 2010.
16. Kayihan, G. Comparison of physical fitness levels of adolescents according to sports participation: Martial arts, team sports and non-sports. *Arch Budo* 10:227-232, 2014.
17. Kim, PS, Mayhew, JL, and Peterson, DF. A modified YMCA bench press test as a predictor of 1 repetition maximum bench press strength. *J Strength Cond Res* 16:440-445, 2002.
18. Kramer, JF, Leger, A, Paterson, DH, and Morrow, A. Rowing performance and selected descriptive, field, and laboratory variables. *Can J Appl Physiol* 19:174-184, 1994.
19. Kyrolainen, H, Hakkinen, K, Kautiainen, H, Santtila, M, Pihlainen, K, and Hakkinen, A. Physical fitness, BMI and sickness absence in male military personnel. *Occup Med (Lond)* 58:251-256, 2008.
20. Leyk, D, Witzki, A, Willi, G, Rohde, U, and Ruther, T. Even one is too much: Sole presence of one of the risk factors overweight, lack of exercise, and smoking reduces physical fitness of young soldiers. *J Strength Cond Res* 29 Suppl 11:S199-S203, 2015.
21. McGuigan, M. Administration, scoring, and interpretation of selected tests. In *Essentials of Strength Training and Conditioning*. 4th ed. Haff, G, Triplett, NT, eds. Champaign, IL: Human Kinetics, 259-316, 2016.
22. McIntosh, G, Wilson, L, Affieck, M, and Hall, H. Trunk and lower extremity muscle endurance: Normative data for adults. *J Rehabil Outcome Meas* 2:20-39, 1998.
23. Moir, GL. Muscular endurance. In *NSCA's Guide to Tests and Assessments*. Miller, T, ed. Champaign, IL: Human Kinetics, 193-216, 2012.
24. Nieman, DC. Physical fitness norms. In *Exercise Testing and Prescription: A Health-Related Approach*. 7th ed. Boston: McGraw-Hill, 582-622, 2011.
25. Pearson, SN, Cronin, JB, Hume, PA, and Slyfield, D. Kinematics and kinetics of the bench-press and bench-pull exercises in a strength-trained sporting population. *Sports Biomech* 8:245-254, 2009.

26. Peterson, MD, and Krishnan, C. Growth charts for muscular strength capacity with quantile regression. *Am J Prev Med* 49:935-938, 2015.
27. Phillips, M, Petersen, A, Abbiss, CR, Netto, K, Payne, W, Nichols, D, and Aisbett, B. Pack hike test finishing time for Australian firefighters: Pass rates and correlates of performance. *Appl Ergon* 42:411-418, 2011.
28. Reiman, MP, and Manske, RC. Trunk testing. In Functional Testing in Human Performance. Champaign, IL: Human Kinetics, 211-240, 2009.
29. Reiman, MP, and Manske, RC. Upper extremity testing. In *Functional Testing in Human Performance*. Champaign, IL: Human Kinetics, 241-262, 2009.
30. Reynolds, JM, Gordon, TJ, and Roberts, RA. Prediction of one repetition maximum strength from multiple repetition maximum testing and anthropometry. *J Strength Cond Res* 20:584-592, 2006.
31. Ryman Augustsson, S, and Ageberg, E. Weaker lower extremity muscle strength predicts traumatic knee injury in youth female but not male athletes. *BMJ Open Sport Exerc Medi* 3:e000222, 2017.
32. Sanchez-Medina, L, Gonzalez-Badillo, JJ, Perez, CE, and Pallares, JG. Velocity- and power-load relationships of the bench pull vs. bench press exercises. *Int J Sports Med* 35:209-216, 2014.
33. Schram, B, Hing, W, and Climstein, M. Profiling the sport of stand-up paddle boarding. *J Sports Sci* 34:937-944, 2016.
34. Sheppard, JM, and Triplett, NT. Program design for resistance training. In Essentials of Strength Training and Conditioning. 4th ed. Haff, G, Triplett, NT, eds. Champaign, IL: Human Kinetics, 439-470, 2016.
35. Speranza, MJ, Gabbett, TJ, Johnston, RD, and Sheppard, JM. Muscular strength and power correlates of tackling ability in semiprofessional rugby league players. *J Strength Cond Res* 29:2071-2078, 2015.
36. Speranza, MJ, Gabbett, TJ, Johnston, RD, and Sheppard, JM. Effect of strength and power training on tackling ability in semiprofessional rugby league players. *J Strength Cond Res* 30:336-343, 2016.
37. Stoggl, T, Muller, E, Ainegren, M, and Holmberg, HC. General strength and kinetics: Fundamental to sprinting faster in cross country skiing? *Scand J Med Sci Sports* 21:791-803, 2011.
37a. Strand, SL, Hjelm, J, Shoepe, TC, and Fajardo, MA. Norms for an Isometric Muscle Endurance Test. *J Hum Kinet* 40:93-102, 2014.
38. Tanner, RK, Gore, CJ, and Australian Institute of Sport. *Physiological Tests for Elite Athletes*. 2nd ed. Champaign, IL: Human Kinetics, 2013.
39. Tomkinson, GR, Carver, KD, Atkinson, F, Daniell, ND, Lewis, LK, Fitzgerald, JS, Lang, JJ, and Ortega, FB. European normative values for physical fitness in children and adolescents aged 9-17 years: Results from 2 779 165 Eurofit performances representing 30 countries. *Br J Sports Med*, 2017.
40. Tong, RJ, and Wood, GL. A comparison of upper body strength in collegiate rugby players. In Science and Football III: Proceedings of the Third World Congress of Science and Football, Cardiff, Wales, 9-13 April, 1995. Bangsbo, J, Reilly, T, Hughes, M, eds. London: Taylor & Francis, 16-20, 1997.
41. Vaara, JP, Kyrolainen, H, Niemi, J, Ohrankammen, O, Hakkinen, A, Kocay, S, and Hakkinen, K. Associations of maximal strength and muscular endurance test scores with cardiorespiratory fitness and body composition. *J Strength Cond Res* 26:2078-2086, 2012.
42. Wathen, D. Load selection. In *Essentials of Strength and Conditioning*. 1st ed. Baechle, TR, ed. Champaign, IL: Human Kinetics, 435-436, 1994.
43. Wilkerson, GB, Giles, JL, and Seibel, DK. Prediction of core and lower extremity strains and sprains in collegiate football players: A preliminary study. *J Athl Train* 47:264-272, 2012.
44. Wind, AE, Takken, T, Helders, PJ, and Engelbert, RH. Is grip strength a predictor for total muscle strength in healthy children, adolescents, and young adults? *Eur J Pediatr* 169:281-287, 2010.
45. Zourladani, A, Zafrakas, M, Chatzigiannis, B, Papasozomenou, P, Vavilis, D, and Matziari, C. The effect of physical exercise on postpartum fitness, hormone and lipid levels: A randomized controlled trial in primiparous, lactating women. *Arch Gynecol Obstet* 291:525-530, 2015.

第9章

1. *Army Physical Readiness Training, Training Circular 3-22.20*. Washington, DC: Headquarters, Department of the Army, 2010.
2. Adams, GM, and Beam, WC. Aerobic stepping. In *Exercise Physiology Laboratory Manual*. 7th ed. New York: McGraw-Hill, 135-144, 2014.
3. Almansba, R, Sterkowicz, S, Belkacem, R, Sterkowicz-Przybycien, K, and Mahdad, D. Anthropometrical and physiological profiles of the Algerian Olympic judoists. *Arch Budo* 6:185-193, 2010.
4. American College of Sports Medicine. Health-related physical fitness testing and interpretation. In *ACSM's Guidelines for Exercise Testing and Prescription*. 9th ed. Pescatello, LS, Arena, R, Riebe, D, Thompson, PD, eds. Philadelphia: Wolters Kluwer/Lippincott Williams & Wilkins Health, 60-113, 2014.
5. Asaka, M, and Higuchi, M. Rowing: A favorable tool to promote elderly health which offers both aerobic and resistance exercise. In *Physical Activity, Exercise, Sedentary Behavior and Health*. Kanosue, K, Oshima, S, Cao, Z-B, Oka, K, eds. Tokyo: Springer Japan, 307-318, 2015.
6. Bangsbo, J, Iaia, FM, and Krustrup, P. The Yo-Yo intermittent recovery test: A useful tool for evaluation of physical performance in intermittent sports. *Sports Med* 38:37-51, 2008.
7. Bendiksen, M, Ahler, T, Clausen, H, Wedderkopp, N, and Krustrup, P. The use of Yo-Yo intermittent recovery level 1 and Andersen testing for fitness and maximal heart rate assessments of 6- to 10-year-old school children. *J Strength Cond Res* 27:1583-1590, 2013.
8. Bennett, H, Parfitt, G, Davison, K, and Eston, R. Validity of submaximal step tests to estimate maximal oxygen uptake in healthy adults. *Sports Med* 46:737-750, 2016.
9. Bohannon, RW, Bubela, DJ, Wang, YC, Magasi, SS, and Gershon, RC. Six-minute walk test vs. three-

minute step test for measuring functional endurance. *J Strength Cond Res* 29:3240-3244, 2015.
10. Bradley, PS, Bendiksen, M, Dellal, A, Mohr, M, Wilkie, A, Datson, N, Orntoft, C, Zebis, M, Gomez-Diaz, A, Bangsbo, J, and Krustrup, P. The application of the Yo-Yo intermittent endurance level 2 test to elite female soccer populations. *Scand J Med Sci Sports* 24:43-54, 2014.
11. Castagna, C, Impellizzeri, FM, Belardinelli, R, Abt, G, Coutts, A, Chamari, K, and D'Ottavio, S. Cardiorespiratory responses to Yo-Yo intermittent endurance test in nonelite youth soccer players. *J Strength Cond Res* 20:326-330, 2006.
12. Castagna, C, Impellizzeri, FM, Rampinini, E, D'Ottavio, S, and Manzi, V. The Yo-Yo intermittent recovery test in basketball players. *J Sci Med Sport* 11:202-208, 2008.
13. Cooper, KH. A means of assessing maximal oxygen intake: Correlation between field and treadmill testing. *J Amer Med Assoc* 203:201-&, 1968.
14. Cureton, KJ, Sloniger, MA, O'Bannon, JP, Black, DM, and McCormack, WP. A generalized equation for prediction of VO2peak from 1-mile run/walk performance. *Med Sci Sports Exerc* 27:445-451, 1995.
15. Fanchini, M, Castagna, C, Coutts, AJ, Schena, F, McCall, A, and Impellizzeri, FM. Are the Yo-Yo intermittent recovery test levels 1 and 2 both useful? Reliability, responsiveness and interchangeability in young soccer players. *J Sports Sci* 32:1950-1957, 2014.
16. George, JD, Vehrs, PR, Allsen, PE, Fellingham, GW, and Fisher, AG. VO2max estimation from a submaximal 1-mile track jog for fit college-age individuals. *Med Sci Sports Exerc* 25:401-406, 1993.
17. Gorski, T, Rosser, T, Hoppeler, H, and Vogt, M. An anthropometric and physical profile of young Swiss alpine skiers between 2004 and 2011. *Int J Sports Physiol Perform* 9:108-116, 2014.
18. Gorski, T, Rosser, T, Hoppeler, H, and Vogt, M. Relative age effect in young Swiss Alpine skiers from 2004 to 2011. *Int J Sports Physiol Perform* 11:455-463, 2016.
19. Haff, GG, and Dumke, C. Aerobic power field assessments. In *Laboratory Manual for Exercise Physiology*. Champaign, IL: Human Kinetics, 187-208, 2012.
20. Haff, GG, and Dumke, C. Submaximal exercise testing. In *Laboratory Manual for Exercise Physiology*. Champaign, IL: Human Kinetics, 165-186, 2012.
21. Heyward, VH, and Gibson, AL. Assessing cardiorespiratory fitness. In *Advanced Fitness Assessment and Exercise Prescription*. 7th ed. Champaign, IL: Human Kinetics, 79-120, 2014.
22. Hoffman, J. Aerobic power and endurance. In *Norms for Fitness, Performance, and Health*. Champaign, IL: Human Kinetics, 67-80, 2006.
23. Ingebrigtsen, J, Bendiksen, M, Randers, MB, Castagna, C, Krustrup, P, and Holtermann, A. Yo-Yo IR2 testing of elite and sub-elite soccer players: Performance, heart rate response and correlations to other interval tests. *J Sports Sci* 30:1337-1345, 2012.
24. Johnston, RD, Gabbett, TJ, Jenkins, DG, and Hulin, BT. Influence of physical qualities on post-match fatigue in rugby league players. *J Sci Med Sport* 18:209-213, 2015.
25. Kendall, KL, and Fukuda, DH. Rowing ergometer training for combat sports. *Strength Cond J* 33:80-85, 2011.
26. Krustrup, P, and Bangsbo, J. Physiological demands of top-class soccer refereeing in relation to physical capacity: Effect of intense intermittent exercise training. *J Sports Sci* 19:881-891, 2001.
27. Krustrup, P, and Mohr, M. Physical demands in competitive Ultimate Frisbee. *J Strength Cond Res* 29:3386-3391, 2015.
28. Krustrup, P, Mohr, M, Nybo, L, Jensen, JM, Nielsen, JJ, and Bangsbo, J. The Yo-Yo IR2 test: Physiological response, reliability, and application to elite soccer. *Med Sci Sports Exerc* 38:1666-1673, 2006.
29. Lakomy, HK, and Lakomy, J. Estimation of maximum oxygen uptake from submaximal exercise on a Concept II rowing ergometer. *J Sports Sci* 11:227-232, 1993.
30. Latour, AW, Peterson, DD, Rittenhouse, MA, and Riner, DD. Comparing alternate aerobic tests for United States Navy physical readiness test. *Int J Kinesiol High Educ* 1:89-99, 2017.
31. Leger, LA, Mercier, D, Gadoury, C, and Lambert, J. The multistage 20 metre shuttle run test for aerobic fitness. *J Sports Sci* 6:93-101, 1988.
32. Lockie, RG, Moreno, MR, Lazar, A, Orjalo, AJ, Giuliano, DV, Risso, FG, Davis, DL, Crelling, JB, Lockwood, JR, and Jalilvand, F. The physical and athletic performance characteristics of Division I collegiate female soccer players by position. *J Strength Cond Res* 32:334-343, 2018.
33. Mara, JK, Thompson, KG, Pumpa, KL, and Ball, NB. Periodization and physical performance in elite female soccer players. *Int J Sports Physiol Perform* 10:664-669, 2015.
34. Mayorga-Vega, D, Aguilar-Soto, P, and Viciana, J. Criterion-related validity of the 20-m shuttle run test for estimating cardiorespiratory fitness: A meta-analysis. *J Sports Sci Med* 14:536-547, 2015.
35. Mayorga-Vega, D, Bocanegra-Parrilla, R, Ornelas, M, and Viciana, J. Criterion-related validity of the distance- and time-based walk/run field tests for estimating cardiorespiratory fitness: A systematic review and meta-analysis. *PLoS One* 11:e0151671, 2016.
36. McArdle, WD, Katch, FI, and Katch, VL. Measuring and evaluating human-generating capacities during exercise. In *Essentials of Exercise Physiology*. 3rd ed. Baltimore, MD: Lippincott Williams & Wilkins, 223-259, 2006.
37. McClain, JJ, and Welk, GJ. Comparison of two versions of the PACER aerobic fitness test. *Med Sci Sports Exerc* 36:S5-S5, 2004.
38. McGuigan, M. Administration, scoring, and interpretation of selected tests. In *Essentials of Strength Training and Conditioning*. 4th ed. Haff, G, Triplett, NT, eds. Champaign, IL: Human Kinetics, 259-316, 2016.
39. Mello, RP, Murphy, MM, and Vogel, JA. Relationship between a two mile run for time and maximal oxygen uptake. *J Strength Cond Res* 2:9-12, 1988.
40. Mohr, M, and Krustrup, P. Yo-Yo intermittent

recovery test performances within an entire football league during a full season. *J Sports Sci* 32:315-327, 2014.
40a. Morrow, JR, Jackson, A, Disch, J, and Mood, D. *Measurement and evaluation in human performance.* 3E. Champaign, IL: Human Kinetics, 2005.
41. Mujika, I, Santisteban, J, Impellizzeri, FM, and Castagna, C. Fitness determinants of success in men's and women's football. *J Sports Sci* 27:107-114, 2009.
42. Owen, C, Jones, P, and Comfort, P. The reliability of the submaximal version of the Yo-Yo intermittent recovery test in elite youth soccer. *J Trainol* 6:31-34, 2017.
43. Perroni, F, Guidetti, L, Cignitti, L, and Baldari, C. Absolute vs. weight-related maximum oxygen uptake in firefighters: Fitness evaluation with and without protective clothing and self-contained breathing apparatus among age group. *PLoS One* 10:e0119757, 2015.
44. Piquet, L, Dalmay, F, Ayoub, J, Vandroux, JC, Menier, R, Antonini, MT, and Pourcelot, L. Study of blood flow parameters measured in femoral artery after exercise: Correlation with maximum oxygen uptake. *Ultrasound Med Biol* 26:1001-1007, 2000.
45. Purkhus, E, Krustrup, P, and Mohr, M. High-intensity training improves exercise performance in elite women volleyball players during a competitive season. *J Strength Cond Res* 30:3066-3072, 2016.
46. Reiman, MP, and Manske, RC. Aerobic testing. In *Functional Testing in Human Performance.* Champaign, IL: Human Kinetics, 119-130, 2009.
47. Rikli, RE, and Jones, CJ. *Senior fitness test manual.* 2nd ed. Champaign, IL: Human Kinetics, 2013.
48. Roberts, CK, Freed, B, and McCarthy, WJ. Low aerobic fitness and obesity are associated with lower standardized test scores in children. *J Pediatr* 156:711-718, 718 e711, 2010.
49. Rospo, G, Valsecchi, V, Bonomi, AG, Thomassen, IW, van Dantzig, S, La Torre, A, and Sartor, F. Cardiorespiratory improvements achieved by American College of Sports Medicine's exercise prescription implemented on a mobile app. *JMIR Mhealth Uhealth* 4:e77, 2016.
50. Santana, CCA, Azevedo, LB, Cattuzzo, MT, Hill, JO, Andrade, LP, and Prado, WL. Physical fitness and academic performance in youth: A systematic review. *Scand J Med Sci Sports* 27:579-603, 2017.
51. Sartor, F, Bonato, M, Papini, G, Bosio, A, Mohammed, RA, Bonomi, AG, Moore, JP, Merati, G, La Torre, A, and Kubis, HP. A 45-second self-test for cardiorespiratory fitness: Heart rate-based estimation in healthy individuals. *PLoS One* 11:e0168154, 2016.
52. Silva, G, Aires, L, Mota, J, Oliveira, J, and Ribeiro, JC. Normative and criterion-related standards for shuttle run performance in youth. *Pediatr Exerc Sci* 24:157-169, 2012.
53. Tachibana, K, Yashiro, K, Miyazaki, J, Ikegami, Y, and Higuchi, M. Muscle cross-sectional areas and performance power of limbs and trunk in the rowing motion. *Sports Biomech* 6:44-58, 2007.
54. Tomkinson, GR, Lang, JJ, Tremblay, MS, Dale, M, LeBlanc, AG, Belanger, K, Ortega, FB, and Leger, L. International normative 20 m shuttle run values from 1 142 026 children and youth representing 50 countries. *Br J Sports Med* 51:1545-1554, 2017.
55. Tomkinson, GR, Leger, LA, Olds, TS, and Cazorla, G. Secular trends in the performance of children and adolescents (1980-2000): An analysis of 55 studies of the 20m shuttle run test in 11 countries. *Sports Med* 33:285-300, 2003.
56. Vernillo, G, Silvestri, A, and La Torre, A. The Yo-Yo intermittent recovery test in junior basketball players according to performance level and age group. *J Strength Cond Res* 26:2490-2494, 2012.
57. Veugelers, KR, Naughton, GA, Duncan, CS, Burgess, DJ, and Graham, SR. Validity and reliability of a submaximal intermittent running test in elite Australian football players. *J Strength Cond Res* 30:3347-3353, 2016.
58. Wong, PL, Chaouachi, A, Castagna, C, Lau, PWC, Chamari, K, and Wisloff, U. Validity of the Yo-Yo intermittent endurance test in young soccer players. *Eur Sport Sci* 11:309-315, 2011.
59. Woolford, SM, Polglaze, T, Rowsell, G, and Spencer, M. Field testing principles and protocols. In *Physiological Tests for Elite Athletes*. 2nd ed. Tanner, RK, Gore, CJ, eds. Champaign, IL: Human Kinetics, 231-248, 2013.
60. YMCA of the USA. *YMCA Fitness Testing and Assessment Manual*. 4th ed. Champaign, IL: Human Kinetics, 2000.
61. Thomas, A, Dawson, B, and Goodman, C. The yo-yo-test: reliability and association with a 20-m shuttle run and VO(2max). *Int J Sports Physiol Perform* 1:137-149, 2006.

第10章

1. Armstrong, LE. Assessing hydration status: The elusive gold standard. *J Am Coll Nutr* 26:575S-584S, 2007.
1a. Baker, LB, Barnes, KA, Anderson, ML, Passe, DH, and Stofan, JR. Normative data for regional sweat sodium concentration and whole-body sweating rate in athletes. *J Sports Sci* 34: 358-368, 2016.
2. Bangsbo, J, Iaia, FM, and Krustrup, P. The Yo-Yo intermittent recovery test: A useful tool for evaluation of physical performance in intermittent sports. *Sports Med* 38:37-51, 2008.
3. Bartolomei, S, Sadres, E, Church, DD, Arroyo, E, Gordon, JA, III, Varanoske, AN, Wang, R, Beyer, KS, Oliveira, LP, Stout, JR, and Hoffman, JR. Comparison of the recovery response from high-intensity and high-volume resistance exercise in trained men. *Eur J Appl Physiol* 117:1287-1298, 2017.
4. Bellenger, CR, Fuller, JT, Thomson, RL, Davison, K, Robertson, EY, and Buckley, JD. Monitoring athletic training status through autonomic heart rate regulation: A systematic review and meta-analysis. *Sports Med* 46:1461-1486, 2016.
5. Borg, E, and Borg, G. A comparison of AME and CR100 for scaling perceived exertion. *Acta Psychol (Amst)* 109:157-175, 2002.
6. Borg, GA. Perceived exertion. *Exerc Sport Sci Rev* 2:131-153, 1974.
7. Bosquet, L, Merkari, S, Arvisais, D, and Aubert, AE. Is heart rate a convenient tool to monitor over-reaching? A systematic review of the literature. *Br J*

文 献

8. Buchheit, M. Monitoring training status with HR measures: Do all roads lead to Rome? *Front Physiol* 5:73, 2014.
9. Buchheit, M, Mendez-Villanueva, A, Quod, MJ, Poulos, N, and Bourdon, P. Determinants of the variability of heart rate measures during a competitive period in young soccer players. *Eur J Appl Physiol* 109:869-878, 2010.
10. Buchheit, M, Simpson, BM, Garvican-Lewis, LA, Hammond, K, Kley, M, Schmidt, WF, Aughey, RJ, Soria, R, Sargent, C, Roach, GD, Claros, JCJ, Wachsmuth, N, Gore, CJ, and Bourdon, PC. Wellness, fatigue and physical performance acclimatisation to a 2-week soccer camp at 3600 m (ISA3600). *Br J Sports Med* 47:i100-i106, 2013.
11. Buchheit, M, Simpson, MB, Al Haddad, H, Bourdon, PC, and Mendez-Villanueva, A. Monitoring changes in physical performance with heart rate measures in young soccer players. *Eur J Appl Physiol* 112:711-723, 2012.
12. Cheuvront, SN, Carter, R, 3rd, Montain, SJ, and Sawka, MN. Daily body mass variability and stability in active men undergoing exercise-heat stress. *Int J Sport Nutr Exerc Metab* 14:532-540, 2004.
13. Claudino, JG, Cronin, J, Mezencio, B, McMaster, DT, McGuigan, M, Tricoli, V, Amadio, AC, and Serrao, JC. The countermovement jump to monitor neuromuscular status: A meta-analysis. *J Sci Med Sport* 20:397-402, 2017.
14. Daanen, HA, Lamberts, RP, Kallen, VL, Jin, A, and Van Meeteren, NL. A systematic review on heart-rate recovery to monitor changes in training status in athletes. *Int J Sports Physiol Perform* 7:251-260, 2012.
15. Edwards, AM, Bentley, MB, Mann, ME, and Seaholme, TS. Self-pacing in interval training: A teleoanticipatory approach. *Psychophysiology* 48:136-141, 2011.
16. Eston, R. Use of ratings of perceived exertion in sports. *Int J Sports Physiol Perform* 7:175-182, 2012.
17. Fernandez-Elias, VE, Martinez-Abellan, A, Lopez-Gullon, JM, Moran-Navarro, R, Pallares, JG, De la Cruz-Sanchez, E, and Mora-Rodriguez, R. Validity of hydration non-invasive indices during the weightcutting and official weigh-in for Olympic combat sports. *PLoS One* 9:e95336, 2014.
18. Foster, C, Florhaug, JA, Franklin, J, Gottschall, L, Hrovatin, LA, Parker, S, Doleshal, P, and Dodge, C. A new approach to monitoring exercise training. *J Strength Cond Res* 15:109-115, 2001.
19. Franchini, E, Brito, CJ, and Artioli, GG. Weight loss in combat sports: Physiological, psychological and performance effects. *J Int Soc Sports Nutr* 9:52, 2012.
20. Fullagar, HH, Skorski, S, Duffield, R, Julian, R, Bartlett, J, and Meyer, T. Impaired sleep and recovery after night matches in elite football players. *J Sports Sci* 34:1333-1339, 2016.
21. Gabbett, TJ, Nassis, GP, Oetter, E, Pretorius, J, Johnston, N, Medina, D, Rodas, G, Myslinski, T, Howells, D, Beard, A, and Ryan, A. The athlete monitoring cycle: A practical guide to interpreting and applying training monitoring data. *Br J Sports Med* 51:1451-1452, 2017.
22. Gathercole, RJ, Sporer, BC, Stellingwerff, T, and Sleivert, GG. Comparison of the capacity of different jump and sprint field tests to detect neuromuscular fatigue. *J Strength Cond Res* 29:2522-2531, 2015.
23. Gibson, JC, Stuart-Hill, LA, Pethick, W, and Gaul, CA. Hydration status and fluid and sodium balance in elite Canadian junior women's soccer players in a cool environment. *Appl Physiol Nutr Metab* 37:931-937, 2012.
24. Haddad, M, Stylianides, G, Djaoui, L, Dellal, A, and Chamari, K. Session-RPE method for training load monitoring: Validity, ecological usefulness, and influencing factors. *Front Neurosci* 11:612, 2017.
25. Hagerman, P. Aerobic endurance training program design. In *NSCA's Essentials of Personal Training*. 2nd ed. Coburn, JW, Malek, MH, eds. Champaign, IL: Human Kinetics, 389-410, 2012.
26. Heyward, VH, and Gibson, AL. Preliminary health screening and risk classification. In *Advanced Fitness Assessment and Exercise Prescription*. 7th ed. Champaign, IL: Human Kinetics, 23-46, 2014.
27. Hooper, SL, Mackinnon, LT, Howard, A, Gordon, RD, and Bachmann, AW. Markers for monitoring overtraining and recovery. *Med Sci Sports Exerc* 27:106-112, 1995.
28. Kavouras, SA, Johnson, EC, Bougatsas, D, Arnaoutis, G, Panagiotakos, DB, Perrier, E, and Klein, A. Validation of a urine color scale for assessment of urine osmolality in healthy children. *Eur J Nutr* 55:907-915, 2016.
29. Lau, WY, Blazevich, AJ, Newton, MJ, Wu, SS, and Nosaka, K. Assessment of muscle pain induced by elbow-flexor eccentric exercise. *J Athl Train* 50:1140-1148, 2015.
30. Laurent, CM, Fullenkamp, AM, Morgan, AL, and Fischer, DA. Power, fatigue, and recovery changes in national collegiate athletic association Division I hockey players across a competitive season. *J Strength Cond Res* 28:3338-3345, 2014.
31. Laurent, CM, Green, JM, Bishop, PA, Sjokvist, J, Schumacker, RE, Richardson, MT, and Curtner-Smith, M. A practical approach to monitoring recovery: Development of a perceived recovery status scale. *J Strength Cond Res* 25:620-628, 2011.
32. Lieberman, HR. Hydration and cognition: A critical review and recommendations for future research. *J Am Coll Nutr* 26:555S-561S, 2007.
33. Malone, S, Owen, A, Newton, M, Mendes, B, Tiernan, L, Hughes, B, and Collins, K. Wellbeing perception and the impact on external training output among elite soccer players. *J Sci Med Sport* 21:29-34, 2018.
34. Marston, KJ, Peiffer, JJ, Newton, MJ, and Scott, BR. A comparison of traditional and novel metrics to quantify resistance training. *Sci Rep* 7:5606, 2017.
35. McBride, JM, McCaulley, GO, Cormie, P, Nuzzo, JL, Cavill, MJ, and Triplett, NT. Comparison of methods to quantify volume during resistance exercise. *J Strength Cond Res* 23:106-110, 2009.
36. McDermott, BP, Anderson, SA, Armstrong, LE, Casa, DJ, Cheuvront, SN, Cooper, L, Kenney, WL, O'Connor, FG, and Roberts, WO. National Athletic Trainers' Association position statement: Fluid replacement for the physically active. *J Athl Train*

52:877-895, 2017.
37. McGuigan, M. Quantifying training stress. In *Monitoring Training and Performance in Athletes*. Champaign, IL: Human Kinetics, 69-102, 2017.
38. Mohr, M, and Krustrup, P. Yo-Yo intermittent recovery test performances within an entire football league during a full season. *J Sports Sci* 32:315-327, 2014.
39. Murray, B. Hydration and physical performance. *J Am Coll Nutr* 26:542S-548S, 2007.
40. Nagahara, R, Morin, JB, and Koido, M. Impairment of sprint mechanical properties in an actual soccer match: A pilot study. *Int J Sports Physiol Perform* 11:893-898, 2016.
41. Nedelec, M, McCall, A, Carling, C, Legall, F, Berthoin, S, and Dupont, G. The influence of soccer playing actions on the recovery kinetics after a soccer match. *J Strength Cond Res* 28:1517-1523, 2014.
42. Nilsson, J, Csergo, S, Gullstrand, L, Tveit, P, and Refsnes, PE. Work-time profile, blood lactate concentration and rating of perceived exertion in the 1998 Greco-Roman Wrestling World Championship. *J Sports Sci* 20:939-945, 2002.
43. Nuccio, RP, Barnes, KA, Carter, JM, and Baker, LB. Fluid balance in team sport athletes and the effect of hypohydration on cognitive, technical, and physical performance. *Sports Med* 47:1951-1982, 2017.
44. Ohnhaus, EE, and Adler, R. Methodological problems in the measurement of pain: A comparison between the verbal rating scale and the visual analogue scale. *Pain* 1:379-384, 1975.
45. Oliver, JL, Lloyd, RS, and Whitney, A. Monitoring of in-season neuromuscular and perceptual fatigue in youth rugby players. *Eur J Sport Sci* 15:514-522, 2015.
46. Owen, C, Jones, P, and Comfort, P. The reliability of the submaximal version of the Yo-Yo intermittent recovery test in elite youth soccer. *J Trainol* 6:31-34, 2017.
47. Peterson, MD, Pistilli, E, Haff, GG, Hoffman, EP, and Gordon, PM. Progression of volume load and muscular adaptation during resistance exercise. *Eur J Appl Physiol* 111:1063-1071, 2011.
48. Raeder, C, Wiewelhove, T, Simola, RA, Kellmann, M, Meyer, T, Pfeiffer, M, and Ferrauti, A. Assessment of fatigue and recovery in male and female athletes after 6 days of intensified strength training. *J Strength Cond Res* 30:3412-3427, 2016.
49. Rauch, JT, Ugrinowitsch, C, Barakat, CI, Alvarez, MR, Brummert, DL, Aube, DW, Barsuhn, AS, Hayes, D, Tricoli, V, and De Souza, EO. Auto-regulated exercise selection training regimen produces small increases in lean body mass and maximal strength adaptations in strength-trained individuals. *J Strength Cond Res*, 2017.
50. Rivera-Brown, AM, and De Felix-Davila, RA. Hydration status in adolescent judo athletes before and after training in the heat. *Int J Sports Physiol Perform* 7:39-46, 2012.
51. Santos, L, Fernandez-Rio, J, Winge, K, Barragán-Pérez, B, Rodríguez-Pérez, V, González-Díez, V, Blanco-Traba, M, Suman, OE, Philip Gabel, C, and Rodríguez-Gómez, J. Effects of supervised slackline training on postural instability, freezing of gait, and falls efficacy in people with Parkinson's disease. *Disabil Rehabil* 39:1573-1580, 2017.
52. Saw, AE, Main, LC, and Gastin, PB. Monitoring the athlete training response: Subjective self-reported measures trump commonly used objective measures: A systematic review. *Br J Sports Med* 50:281-291, 2016.
53. Sikorski, EM, Wilson, JM, Lowery, RP, Joy, JM, Laurent, CM, Wilson, SM, Hesson, D, Naimo, MA, Averbuch, B, and Gilchrist, P. Changes in perceived recovery status scale following high-volume muscle damaging resistance exercise. *J Strength Cond Res* 27:2079-2085, 2013.
54. Slimani, M, Davis, P, Franchini, E, and Moalla, W. Rating of perceived exertion for quantification of training and combat loads during combat sport-specific activities: A short review. *J Strength Cond Res* 31:2889-2902, 2017.
55. Smith, MF, Newell, AJ, and Baker, MR. Effect of acute mild dehydration on cognitive-motor performance in golf. *J Strength Cond Res* 26:3075-3080, 2012.
56. Stone, MH, O'Bryant, HS, Schilling, BK, Johnson, RL, Pierce, KC, Haff, GG, and Koch, AJ. Periodization: Effects of manipulating volume and intensity. Part 1. *Strength Cond J* 21:56, 1999.
56a. Tanaka, H, Monahan, KD, and Seals, DR. Age-predicted maximal heart rate revisited. *J Am Coll Cardiol* 37:153-6, 2001.
57. Thorpe, RT, Strudwick, AJ, Buchheit, M, Atkinson, G, Drust, B, and Gregson, W. Tracking morning fatigue status across in-season training weeks in elite soccer players. *Int J Sports Physiol Perform* 11:947-952, 2016.
58. Thorpe, RT, Strudwick, AJ, Buchheit, M, Atkinson, G, Drust, B, and Gregson, W. The influence of changes in acute training load on daily sensitivity of morning-measured fatigue variables in elite soccer players. *Int J Sports Physiol Perform* 12:S2107-S2113, 2017.
59. Turner, AN, Buttigieg, C, Marshall, G, Noto, A, Phillips, J, and Kilduff, L. Ecological validity of the session rating of perceived exertion for quantifying internal training load in fencing. *Int J Sports Physiol Perform* 12:124-128, 2017.
60. Veugelers, KR, Naughton, GA, Duncan, CS, Burgess, DJ, and Graham, SR. Validity and reliability of a submaximal intermittent running test in elite Australian football players. *J Strength Cond Res* 30:3347-3353, 2016.
61. Wiewelhove, T, Raeder, C, Meyer, T, Kellmann, M, Pfeiffer, M, and Ferrauti, A. Markers for routine assessment of fatigue and recovery in male and female team sport athletes during high-intensity interval training. *PLoS One* 10:e0139801, 2015.

索　引

あ行

握力計　22
アジリティ　4, 34, 102
アジリティテスト　103
アセスメント　1
アセスメントの原則　37
アセスメントの手順　45, 49
安静時心拍数　251
安定性　96

育成　9
意思決定過程　3
1 RM　166
1 RMテスト　166
1マイルRockport歩行テスト　224
一般化可能性　16
衣服　26

ウエイトマシン　20
ウエスト–ヒップ比　33, 50, 57, 59
ウェルネスインベントリー　266
ウォームアップ　45, 47
腕屈曲状態でのぶら下がり　187
腕立て伏せ　192, 194
腕の挙上テスト　82
運動課題　39
運動密度　259

オーバーヘッドアスリート　150
オーバーヘッドスポーツ　83
オーバーヘッド動作　82
オリンピック（ウエイト）リフティング　20, 154

か行

改善　7
回旋動作　156
階段スプリントパワーテスト　159
外的トレーニング負荷　36, 258
外的負荷　247
学習効果　45
加速　34, 103, 118

片脚3段跳びテスト　143
片脚スタンステスト　97
カットオフ値　102, 145
可動性　73
カラー　21
環境　40
関節過可動性　34
関連性　31

機会　13, 36
機器　19
器具　15
キャリパー　16, 20, 67
キャリブレーション　19, 28
ギューリック　19
脅威　13, 36
教育　4
距離　23
距離を基準とした歩行・走行テスト　223
筋持久力　35, 165, 202
筋力　20, 35, 165

空間　27

計画　7
計算図表　27
　─1 RM　179, 204
　─ウエスト–ヒップ比　60
　─最大酸素摂取量　211, 225〜227, 232, 237, 240
　─体脂肪率　68
　─BMI　53
　─ピークパワー出力　137
頸動脈　250
懸垂　193, 194
検討　7
倹約性　4

後方へのオーバーヘッドメディシンボール投げテスト　153
5-10-5テスト　104

個別的動作　38
コンカレントエクササイズ　79
コンタクトマット　24
コントロール　143
コンバイン　16

さ行

最高速度　34
最大握力テスト　182
最大下ステップテスト　235
最大下ローイングエルゴメーターテスト　239, 272
最大挙上重量　35, 166
最大挙上重量テスト　166
最大酸素摂取量　206, 224, 231, 240
最大心拍数　251
サイドブリッジテスト　88
才能　9
左右差　143
左右対称性指数　145
3点コーンドリル　110
300ヤードシャトルラン　130

視覚的アナログスケール　267
自覚的運動強度　3, 26, 261
自覚的回復状態　266
自覚的回復状態のスケール　267
自覚的準備度　262
視覚的スケール　25
時間　23
時間計測機器　103
時間を基準とした歩行・走行テスト　231
持久力　87
持続可能性　12
実行　7
シットアンドリーチテスト　74
　　―バックセーバー　75
質問表　25
シャトルラン　104
周期的動作　38
周径囲　19, 57
習熟過程　45
柔軟性　23, 33, 73, 74, 78, 82, 84
12分間走行・歩行テスト　232
重要性　39

順序　41
身体的準備度　248, 271
身長　19, 51
伸張性筋力　108
伸張性動作利用率　136
伸張-短縮サイクル　136
心肺機能　35, 206, 207, 215, 223, 231, 235, 239, 243
心拍数測定　250
心拍センサー　24
心拍リカバリー　272
信頼性　31, 41
心拍計　24

推奨事項　44
垂直跳び　273
垂直跳び高　136
垂直跳びテスト　134
水分補給　253, 255
数字を用いた評価システム　25
スカウティングコンバイン　35, 106, 112, 139, 142
スクリーニング　44
スクワット　192
スクワットジャンプテスト　135
スクワットテスト　194
ステップテスト　237
ストップウォッチ　23
スパイダーグラフ　42
スピード　34, 103, 104, 107, 110, 113, 115, 118
スプリント　103, 118, 124, 127, 130
スポーツドラフト　10

正規分布曲線　8
生体インピーダンス（分析）法　16, 20, 33, 70
生態学的妥当性　40
静的筋持久力テスト　187
静的筋力　182
静的ストレッチング　131
静的バランス　99
精密性　41
制約　39
セッションRPE　262

セッション負荷　262
絶対筋力　35, 166, 176
前十字靱帯　6, 145
全身回旋テスト　84
前方へのオーバーヘッドメディシンボール投げテスト　149

相対筋力　35, 166, 172, 176, 177
属性　8
測定人数　41

た行

ターン　127
体格指数　33
体幹屈曲テスト　88
体幹伸展テスト　87
体型　33, 50
体質量　33
体脂肪率　68, 70
体脂肪率の計算図表　68
体重　19, 51
体重管理　253
体重の変化率　253
体水分損失量　255
体組成　15, 33, 50
台秤　19
体密度　68
タイミング　42
立ち幅跳びテスト　140
脱水　253
妥当性　31, 40
タンデムスタンステスト　98
タンデム歩行　73
タンデム歩行テスト　101

知覚的健康状態　248, 266
力の発揮率　34
長座体前屈　74

強み　13, 36

データ記録用紙　18
テープメジャー　19

動機づけ　11
橈骨動脈　250
等尺性筋力　35
動的ウォームアップ　131
動的筋持久力テスト　191
動的ストレッチング　131
動的バランス　94
導入　10
頭部外傷　99
特異性　11, 37
トレーニング強度　259
トレーニングプログラム　5
トレーニング量　258
トレッドミル　24

な行

内的トレーニング負荷　36, 261
内的負荷　247

ニーズ　38
20 m マルチステージシャトルラン　207
ニューウェルの三角形　12, 39
尿　253
認知機能障害　73

脳振盪　73
ノモグラフ　27　→「計算図表」もみよ

は行

ハートレートモニター　24
ハーフスクワット　187
バーベル　21
爆発（的筋）力　34, 133, 134, 140, 143, 146, 149, 153, 156, 159, 162
発汗率　255
バックスクラッチテスト　78
バックスクワット　167, 172, 173
バックセーバー・シットアンドリーチテスト　75
パフォーマンス　4, 6
バランス　34, 73, 143
バランスエラースコアリングシステム　73, 96
パワー　15, 20, 34, 133, 134, 140, 143, 146, 149, 153, 156, 159, 162
パワーラック　22

反応アジリティテスト　114
反復スプリント能力テスト　124, 128
反復方向転換テスト　127

ピークパワー　136, 162
ビープテスト　207
膝屈曲での上体起こし　194
皮脂厚　33, 50, 66
標準データ　4, 42
費用対効果　15

ファンクショナルリーチテスト　94
フィールドテスト　4, 206
フィットネス特性　33
部位別周径囲　57
負荷量　258
複数回挙上重量テスト　171, 176
プッシュアップ　192
プッシュ動作　146, 149, 153, 162
部分上体起こし　191
プライオメトリックトレーニング　138, 160
プランク　187
フリーウエイト　20, 22
プリハビリテーション　4, 5
プルアップ　193
プル動作　162
プレテスト　45
プロアジリティ　104
分析によりもたらされる麻痺状態　13

平行スタンステスト　97
米国海軍体力テスト　197
ベースラインアセスメント　3
ヘキサゴン・アジリティテスト　115
ベンチプル　170
ベンチプレス　169, 173, 202
ベンチプレス・スローテスト　148
弁別的妥当性　40

方向転換　103, 104, 107, 110, 113, 115, 130

ま行
マージナルゲイン　31, 37
マルガリア・カラメンテスト　159

メディシンボール　21
メディシンボール・チェストパステスト　146
メディシンボール回旋投げテスト　156
メンテナンス　28

モニタリング　36, 247
モビリティ　73

や行
優位性　39

腰部の安定性テスト　87
ヨーヨーテスト　215
ヨーヨー持久力テスト　217
予算　12
弱み　13, 36
45秒スクワットテスト　243, 272

ら行
リソース　11
両親の中間身長　27

レーダーチャート　42
レッグプレス　168, 174
連続的動作　38

ローイングエルゴメーター　24, 162, 239
ローイングエルゴメーターによるピークパワーテスト　162
6分間歩行テスト　231

欧文索引
ACL：anterior cruciate ligament　145

back-scratch test　78
backward overhead medicine ball throw test　153
BESS：balance error scoring system　96
BMI：body mass index　33, 50, 51
BMIの計算図表　53
BMIの分類　53

dynamic muscular endurance tests　191

EUR：eccentric utilization ratio　136

索 引

Eurofit テスト　209

5-10-5 test　104
Forestry ステップテスト　236
45-second squat test　243
forward overhead medicine ball throw test　149
functional reach test　94

GPS：global position system　13, 24, 259

hexagon agility test　115

maximal handgrip strength test　182
medicine ball chest pass test　146
multiple-repetition maximum strength test　176

Newell　12

1-mile Rockport walk test　224
one-repetition maximum strength test　166

PACER（progressive aerobic cardiovascular endurance run）テスト　207
PAR-Q：Physical Activity Readiness Questionnaire　44
PDCA サイクル　6
perceptual well-being　248
physical readiness　248

RDI：Ruffier-Dickson index　244
relevance　31
reliability　31
repeated change-of-direction test　127
repeated sprint ability test　124
RM：repetition maximum　166, 176
RM テスト　176
rotating medicine ball throw test　156
rowing ergometer peak power test　162
RPE：rating of perceived exertion　261

RPE スケール　262
RSA／RCOD 指標　128

SCAT3：Sport Concussion Assessment Tool, 3rd Edition　99, 102
shoulder elevation test　82
single-leg triple hop test　143
sit-and-reach test　74
stair sprint power test　159
standing long jump test　140
static muscular endurance tests　187
submaximal rowing ergometer test　239
submaximal step test　235
SWOT 分析　13, 14, 36

tandem gait test　101
three-cone drill　110
300-yard shuttle run　130
total body rotation test　84
T-test　107
20-meter multi-stage shuttle run　207
T テスト　107

validity　31
VAS：visual analog scale　267
vertical jump test　134
$\dot{V}O_2max$　206

wellness inventory　266

Y-shaped reactive agility test　113
YMCA bench press test　202
YMCA ステップテスト　236
YMCA ベンチプレステスト　202
Yo-Yo intermittent endurance test　217
Yo-Yo intermittent recovery test　215
Yo-Yo IR1　215, 272
Yo-Yo IR2　215, 272
Y 字反応アジリティテスト　113

■訳者紹介

渡部　一郎（わたなべ　いちろう）（監訳，第1章，第2章，第3章，第4章）
MA, CSCS, NSCAジャパン Human Performance Center アシスタントストレングス＆コンディショニング（S&C）コーチ。
2007年にUniversity of Nebraska Omaha（米国ネブラスカ州）でExercise Scienceの修士号を取得後，同大学のスポーツパフォーマンス・アシスタントディレクターに就任。様々なチームのS&Cトレーニング考案・指導を長年行う。帰国後，S&C施設にて一般からトップアスリートまでの動作分析およびトレーニング指導を行い，2017年4月より現職。

嶋田あゆみ（しまだ　あゆみ）（第5章，第6章，第7章）
米国BOC認定アスレティックトレーナー（BOC-ATC），NSCA認定ストレングス＆コンディショニングスペシャリスト（CSCS）。
2010年にATC取得後，Niagara University（米国ニューヨーク州）にアスレティックトレーナーとして勤務。2015年に日本帰国後は，スポーツチームでのアスレティックトレーナーとしての活動に加え，パーソナルトレーニング指導やスポーツ医科学関連記事の翻訳活動に取り組んでいる。

近江　顕一（おうみ　けんいち）（第8章，第9章，第10章）
米国国家資格ドクターオブカイロプラクティック（DC），ACBSP認定・国際認定スポーツカイロプラクター（CCSP・FICS-ICSC）。
2014年にDC取得，修士課程修了（スポーツ科学）。米国バージニア州のカイロプラクティックオフィスで勤務後，日本に帰国。2018年にOUMIスポーツカイロプラクティックを東京・立川に開院し，様々なレベルのアスリートに対しケアを提供するかたわら，治療家向けの講習会などで講師としても活動している。

スポーツパフォーマンスのアセスメント
競技力評価のための測定と分析

2019年12月15日　第1版　第1刷

著　者　David H. Fukuda
監訳者　渡部　一郎　Ichiro Watanabe
発行者　長島　宏之
発行所　有限会社ナップ
　　　　〒111-0056　東京都台東区小島1-7-13 NKビル
　　　　TEL 03-5820-7522／FAX 03-5820-7523
　　　　ホームページ　http://www.nap-ltd.co.jp/
印　刷　三報社印刷株式会社

© 2019　Printed in Japan

ISBN 978-4-905168-62-1

JCOPY　〈出版者著作権管理機構　委託出版物〉
本書の無断複写は著作権法上での例外を除き禁じられています。複写される場合は，そのつど事前に，出版者著作権管理機構（電話 03-5244-5088，FAX 03-5244-5089，e-mail: info@jcopy.or.jp）の許諾を得てください。